ESTADO, ADMINISTRAÇÃO PÚBLICA E SOCIEDADE

—novos paradigmas—

L435e Leal, Rogério Gesta

Estado, administração pública e sociedade: novos paradigmas / Rogério Gesta Leal. – Porto Alegre: Livraria do Advogado Ed., 2006.

206 p.; 23 cm.

ISBN 85-7348-394-6

1. Administração pública. 2. Estado. 3. Política pública. 4. Política e governo. 5. Sociedade. I. Título.

CDU - 35

Índices para o catálogo sistemático:

Administração pública
Estado
Política e governo
Política pública
Sociedade

(Bibliotecária responsável: Marta Roberto, CRB-10/652)

Rogério Gesta Leal

ESTADO, ADMINISTRAÇÃO PÚBLICA E SOCIEDADE

—novos paradigmas—

Porto Alegre, 2006

Capa, projeto gráfico e diagramação
Livraria do Advogado Editora

Pintura da capa
Urban Order, de Markc Thoms
exposta no Nevada Museun

Revisão
Rosane Marques Borba

Livraria do Advogado Editora Ltda.
Rua Riachuelo, 1338
90010-273 Porto Alegre RS
Fone/fax: 0800-51-7522
editora@livrariadoadvogado.com.br
www.doadvogado.com.br

Impresso no Brasil / Printed in Brazil

Agradecimentos

O presente texto é fruto de uma pesquisa desenvolvida junto à Universidade de Santa Cruz do Sul ao longo dos últimos dois anos, financiada parcialmente pela Fundação de Amparo à Pesquisa do Rio Grande do Sul – FAPERGS –, com bolsas de iniciação científica, razão pela qual merece registro o agradecimento a estas duas instituições.

A versão final do texto foi maturada com os meus alunos do Programa de Mestrado em Direito da UNIS e do Programa de Mestrado da Universidade Estácio de Sá, do Rio de Janeiro, onde atuo como professor convidado.

Devo também fazer um pleito de reconhecimento ao Poder Judiciário do Rio Grande do Sul, ao qual pertenço honrosamente na condição de Desembargador do Tribunal de Justiça, que tem me oportunizado aplicar todos os conhecimentos aqui desenvolvidos no exercício da judicatura.

Aos demais colegas e amigos juízes, advogados, professores universitários do Brasil e alunos, os quais direta ou indiretamente estão presentes neste trabalho, minha gratidão eterna.

À Mônia, pela paciência germânica.

Prefácio

Tengo mucho gusto en prologar el libro de mi buen amigo y colega Rogerio Gesta Leal "Estado, sociedad y Administración pública: nuevos paradigmas" que, como él mismo confiesa, trata de explorar las consecuencias de las teorías de Habermas en relación con la formulación y definición de conceptos clásicos de la Teoría del Estado y del Derecho Político como pueden ser la democracia, el Estado de Derecho y el Estado Social. La trascendencia del trabajo del profesor Gesta Leal, pues, no necesita de mayores comentarios en la medida en que revisa desde las aproximaciones habermasianas categorías como la globalización, el localismo, la participación, la gestión compartida y, por supuesto, el significado de la ciudadanía en la nueva dimensión de un espacio público que supera las rígidas barreras de una representación política de signo eminentemente estático.

Ciertamente, los tiempos que nos han tocado vivir son de transformación de muchos conceptos, categorías e instituciones considerados hasta no hace mucho tiempo como auténticos exponentes de una manera de entender las ciencias sociales que pretendía tener validez universal casi por encima del tiempo. La realidad, sin embargo, está facilitando que los científicos de las ciencias sociales, y los juristas muy especialmente, adquiramos una mayor conciencia de la necesidad de aplicar los postulados del llamado pensamiento abierto, plural, dinámico y complementario sobre, para lo que ahora interesa, el Estado, la Sociedad y la Administración pública.

Tiene razón Habermas cuándo se plantea la necesidad de un revolución educacional que permita rescatar la conciencia activa del ciudadano en la construcción del Estado y la Sociedad desde una perspectiva abierta y compartida. Tiene razón Habermas cuando reclama la necesidad de dar impulso y nueva vida a conceptos que, como la democracia, el Estado de Derecho o el Estado Social, no se proyectan automáticamente sobre la realidad. Para ello, insisto es menester que el ciudadano adquiera una mayor conciencia de la necesidad de su participación y aportación al espacio público. Tarea que sólo, me parece, se puede asumir desde la educación y la formación, por lo que, también, es relevante examinar los modelos educativos y cuestionarse hasta que punto los sistemas de enseñanza facilitan nuevos enfoques más en sintonía con lo que he denominado libertad solidaria y con el gusto por el aprendizaje y la aproximación crítica.

Hoy, todavía campean con no poca fuerza teorías y construcciones doctrinales que siguen defendiendo una construcción del interés general a cargo de la tecnoestructura que, desde estas aproximaciones, justifica su papel preponderante en la medida en que se le otorga la rúbrica de especialista en el manejo de lo público, que va escapando de la vitalidad de lo real y cotidiano para confiarse a esas minorías o castas de funcionarios que se sienten legitimados para decir a la ciudadanía lo que le conviene o es políticamente correcto.

La necesidad, por tanto, de la gestión pública compartida de la que nos habla en su libro Rogerio Gesta constituye una bocanada de aire puro en una literatura científica plagada de apelaciones y desconstrucciones que intentan, sin conseguirlo, llamar la atención sobre la necesidad de superar algunos enfoques de políticas públicas deudores del pensamiento único, unilateral, estático y cerrado. Justo lo contrario de lo que nos propone Rogerio Gesta en su libro cuando reclama un nuevo estatuto para la ciudadanía. He aquí, pues, la clave: colocar al ciudadano en el centro del nuevo edificio del Estado, la Sociedad y la Administración pública.

El Estado del nuevo siglo es un Estado que garantiza los derechos y libertades de los ciudadanos. Es un Estado que renuncia a la configuración completa y total de la realidad social pues, en expresión antihegeliana, ya no es la encarnación del ideal ético. De la misma manera, el mercado no es la fuente, solo faltaría , de los derechos y libertades por la sencilla razón de que son previos al Estado y al mercado: los tiene el ciudadano por el hecho de serlo, de manera que las instituciones políticas y sociales lo que tienen que hacer es facilitar el libre desarrollo de la persona desde los postulados que he denominado de la libertad solidaria. Este Estado, ya no está en contraposición dialéctica con la Sociedad, sino que, de acuerdo con ella, desde una concepción compatible y complementaria, puede colaborar al pleno desarrollo de todos los derechos fundamentales, individuales y colectivos, de los ciudadanos.

En este concepto, aparece un especio de deliberación pública llamado a establecer puentes de comunicación entre el Estado y la Sociedad que permite el entendimiento y fomenta instancias de participación real de los ciudadanos en la configuración de los intereses públicos. Aquí, en este planteamiento, la Administración juega un papel capital en la medida que entienda que ya no es propietaria, ni del interés público ni de los procedimientos, porque está al servicio de los ciudadanos ya que en una democracia moderna el ciudadano adquiere una mayor autoconciencia de su condición plena de propietario responsable de lo público. Esta transformación del papel y funcionalidad de la Administración pública supone reforzar y revitalizar el servicio real, permanente y completo de la organización pública, y de sus agentes, a un nuevo concepto de interés público que se define permanentemente desde los postulados del pensamiento abierto, plural, dinámico y complementario.

Esta nueva manera de acercarse a algunos conceptos tradicionales del Derecho Público nos invita a expresar mejor, desde nuestro punto de vista, el sentido del Derecho Administrativo en el siglo XXI como el Derecho del poder para la libertad. Desde este punto de vista, las instituciones todas del Derecho Administrativo deben reinterpretarse y repensarse para evitar que un Derecho demasiado instalado en el pensamiento único pueda seguir siendo el cómodo y fácil expediente que justifique, como tantas veces a hecho desgraciadamente, la arbitrariedad. Por el contrario, desde el papel central del ciudadano, el Derecho Administrativo se nos presenta como un Derecho que racionaliza y limita jurídicamente un ejercicio del poder que, lamentablemente, cada vez se percibe desde la óptica del dominio y la exclusión de los adversarios.

El trabajo del profesor Rogerio Leal se inscribe, pues, en esta tradición de colocar a la ciudadanía en la posición central de las nuevas ciencias sociales. Una ciudadanía que debe ser activa y protagonista en la construcción del Estado, de la Sociedad y de la Administración pública. Para ello, es menester subrayar el papel de la participación ciudadana, cuestión hoy fundamental en la agenda administrativa mundial. Es muy fácil llamar la atención sobre la relevancia de la ciudadanía y de su participación para la mejor definición, ejecución y evaluación de los intereses públicos, pero es bien difícil dar con una fórmula que propicie mayores y más libres espacios de libre participación de los ciudadanos. Lo que está claro, y demostrado, es que con lo que tenemos y hemos construido no vamos, en el momento presente muy lejos. Son necesarios nuevos enfoques como los de Rogerio Gesta que partan de los postulados del pensamiento abierto, plural, dinámico y complementario.

El presente estudio del profesor Rogerio Gesta se puede incluir en un proyecto de investigación de mayor calado que la Universidad de Santa Cruz do Sul de Brasil y la Universidad de La Coruña de España han puesto en marcha este año, con la finalidad de analizar las profundas implicaciones que las nuevas tendencias de la participación traen consigo en orden a replantear numerosas categorías, instituciones y conceptos del Derecho Público, la Ciencia de la Administración pública y la Sociología.

La Coruña, España, Octubre de 2004.

JAIME RODRÍGUEZ-ARANA

Catedrático de Derecho Administrativo y,
actualmente, miembro del Comité de Expertos en
Administración Pública de Naciones Unidas

Sumário

Introdução

Ao longo dos últimos anos estivemos (e estamos) envolvidos com pesquisas enfocando temas pertinentes às relações entre a Sociedade, a Administração Pública e o Estado, procurando imprimir nas reflexões daí decorrentes algumas perspectivas diferenciadas de compreensão, e mesmo de fundamentação, das razões e argumentos que os têm sustentado.

Um dos pressupostos fáticos e contemporâneos que funda nossa proposta aqui é o de que, em termos históricos, temos aceitado a contingência de que o Estado das sociedades capitalistas desenvolvidas mais aguçaram do que abrandaram os distúrbios sociais e políticos até então existentes (étnicos, raciais, religiosos e econômicos). Como pífia resposta a isto, eles construíram, dentre outras experiências, sistemas de seguridade social com ajuda de burocracias que não serviram propriamente como resguardo para seus clientes/cidadãos. Ao longo do terceiro quartel de nosso século, porém, o Estado social na Europa e em outros países da Organização para a Cooperação e Desenvolvimento Econômico (OCDE), procuraram compensar, em grande parte, as conseqüências indesejadas de um sistema econômico altamente produtivo.

Talvez seja esta uma das primeiras vezes em que o capitalismo não impediu, antes possibilitou, que se tentasse cumprir a promessa civilizada da Razão Moderna de inclusão igualitária de cidadãos – única forma de superação do flagelo das trágicas ambiências sociais existentes. Daí, decorreram profundas transformações na compreensão do fenômeno político e governamental dirigido à inclusão dos destinatários das ações de Estado e à sociabilidade mais igualitária no processo de tomada de decisões,[1] questões estas insertas nos textos constitucionais hodiernos, em especial, na Carta Política brasileira de 1988.

Na verdade, o conjunto de fenômenos acima caracterizados altera, mesmo, a própria compreensão de Constituição, outorgando-lhe muito mais que um significado meramente dogmático-formal de norma posta, ao mes-

[1] Conforme SCHONBERGER, Roland Jordan. *Legitimate expectations in administrative law*. Oxford: Oxford Press, 2000.

mo tempo que reforça sua dimensão de pacto político-social instituidor da civilidade e das condições de sociabilidade e desenvolvimento das relações sociais, a partir de determinados postulados/premissas necessariamente vinculantes.[2] Nesse sentido, quando compreendemos o texto de nossas Constituições como elemento material da realização de uma sociedade socialmente justa, a idéia da autolegislação, segundo a qual os destinatários das leis devem ser entendidos ao mesmo tempo como seus autores, ganha a dimensão eficacial de uma sociedade que atua sobre si mesma.

Como que paradoxalmente, todavia, no Plano Nacional Brasileiro, as dificuldades de gestão das demandas sociais têm-se dificultado e se distanciado daqueles comandos constitucionais. De um lado, em face da forma centralizada com que a Administração Pública gerencia o cotidiano destas demandas, valendo-se do pressuposto de que detém a autoridade absoluta sobre tais ações, impondo-se – paternalística e assistencialmente – como a única capaz de demarcar prioridades e políticas públicas, bem como executá-las, sempre protegido/vigiado pelo princípio da legalidade;[3] de outro lado, em face da apatia política de grande parte da sociedade civil, que não compreende a administração dos seus interesses como compromisso seu, mas outorgado – na democracia representativa – a outrem, ao Estado, valendo-se de uma concepção fragmentada e exclusivista de espaço público e privado.[4]

Assim é que o debate veiculado neste trabalho tem uma dupla perspectiva : (1) a que diz respeito à concepção de Estado, Sociedade e Administração Pública contemporâneos, seus fundamentos filosóficos e políticos e suas formas de organização e gestão; (2) a que diz respeito à caracterização da Cidadania, enquanto ator social constitutivo do poder político e do seu exercício, tanto pelos mecanismos e instrumentos institucionais de participação, como pelas suas formas espontâneas de mobilização.

Demonstraremos, pois, que os níveis de complexidade que apresenta a sociedade brasileira contemporânea está a exigir a revisão dos paradigmas que informam classicamente o problema da Gestão Pública (reduzida a aspectos técnico-burocráticos de competência exclusiva do aparelho estatal). Para tanto, estamos propondo, como referencial teórico alternativo a este modelo clássico, algumas contribuições da filosofia política e da sociologia, nuclearmente a contribuição de Jürgen Habermas, no que tange à

[2] Conforme XESTA, Fernando y VAZQUEZ, Ernesto. *La Orden Civil de la Republica. Ciudadania y distincion en el Estado igualitario.* Madrid: Civitas, 2001, p. 92.

[3] No sentido de que a Administração Pública só pode agir/fazer aquilo que a Lei/Direito permite, enquanto o cidadão pode fazer/agir tudo aquilo que a Lei/Direito não proíbe. Abordamos esta perspectiva em nosso livro LEAL, Rogério Gesta. *Hermenêutica e Direito: considerações sobre a Teoria do Direito e os Operadores Jurídicos.* 3ª ed. Santa Cruz do Sul: Edunisc, 2002.

[4] Tratamos este tema no livro LEAL, Rogério Gesta. *Teoria do Estado: cidadania e poder político na modernidade.* 2ª ed. Porto Alegre: Livraria do Advogado, 2001.

Teoria Procedimental da Democracia e seus pressupostos informativos, quando procura aferir, dentre outras coisas, quais as condições e possibilidades de uma Sociedade Democrática.

Acreditamos que a proposta do trabalho ganha fôlego e legitimidade na medida em que os modelos de democracia representativa ou participativa institucionais não têm dado respostas satisfatórias ao tema da participação social na administração das demandas públicas emergentes, porque, primeiro, não contam com um adequado diagnóstico do fenômeno político das relações sociais contemporâneas (desconsiderando a complexidade dos múltiplos aspectos de sua configuração) e segundo, porque carecem de uma teoria filosófica e política de base capaz de alcançar o maior número de variáveis que estão presentes na formatação de tais relações.

Para a abordagem destes tópicos, optamos por dividir o texto em sete (07) capítulos, assim distribuídos:

1) No capítulo primeiro, trataremos das questões que envolvem a formatação conceitual e operacional do poder político do Estado e da Sociedade, a partir da Idade Moderna, eis que são referenciais neurais à compreensão dos fenômenos, objetos da pesquisa.

2) No capítulo segundo, enfrentaremos questões atinentes à necessária revisão crítica da idéia moderna, e mesmo contemporânea, de administração dos interesses comunitários e políticos da sociedade, propondo uma nova concepção de sua gestão.

3) No terceiro capítulo, abordaremos os pressupostos epistemológicos e filosóficos da idéia de gestão pública em um Estado Democrático de Direito, bem como as possibilidades identificatórias de suas bases normativas.

4) Já no quarto capítulo, vamos tratar do perfil do Estado Administrador no Brasil, suas formas constitutivas e estruturas conceituais e operacionais, históricas e políticas.

5) No capítulo quinto, investigaremos quais os princípios fundamentais que estão a vincular, e mesmo a definir, a Administração Pública contemporânea no Brasil, observando todos os construtos teóricos e reflexivos ponderados nos capítulos anteriores.

6) No capítulo sexto, partiremos para uma análise exemplificativa das possíveis dimensões jurídico-políticas de participação social no âmbito da gestão dos interesses comunitários, concebidas como espécies do gênero dos Direitos Civis.

7) Por fim, no capítulo sétimo, vamos perscrutar sobre a ampliação dos espaços de gestão pública compartida no Brasil, tendo em conta os marcos normativos de regulação das organizações sociais e as parcerias que

se podem estabelecer entre o público e o privado (conceitos cada vez mais porosos e abertos).

Em termos de metodologia do trabalho desenvolvido, optamos por adotar uma abordagem mais dedutiva, numa perspectiva histórica e crítica, procurando dar tratamento localizado no tempo à matéria objeto do estudo. Já em termos de fontes da investigação, contamos com a consulta em documentação indireta de referência à pesquisa, utilizando documentos bibliográficos (de fontes secundárias): publicações avulsas pertinentes à matéria; boletins, jornais, revistas, livros, etc., todos identificados na bibliografia geral.

1. Poder Político, Estado e Sociedade

1.1. Notas introdutórias

Os temas que pretendemos tratar neste capítulo apresentam-se conectados, em termos de abordagem, no âmbito da filosofia política e mesmo da Teoria do Direito. Significa dizer que partirmos do postulado de que Poder Político, Estado e Sociedade, ao menos em nível de enfrentamento teórico, relacionam-se reciprocamente.

A partir desta premissa, queremos demonstrar, enquanto escopo fundamental, que é impossível – para uma perspectiva crítica e conseqüente – debater a gestão dos interesses públicos em geral, e no Brasil em particular, fora desses cenários.[5]

Todavia, como veremos, grande parte das referências teóricas envolvendo este tema não tem destacado as relações necessárias aqui identificadas, contribuindo à despolitização da gestão dos interesses sociais e comunitários, no sentido de transformá-los em matéria eminentemente técnico-burocrática, despida de ideologia ou condicionantes políticos dos mais variados.

1.2. Sobre o poder político na modernidade

As relações entre poder político, sociedade e governo, ao longo da história do Ocidente encontram-se presentes em todas as esferas da vida, geralmente sob a forma de uma organização política – institucionalizada ou não.[6]

Para alguns teóricos do Estado, esta figura estranha e por vezes insondável surge como uma extensão da natureza humana, necessariamente con-

---

[5] Como já fizemos referência em nosso livro LEAL, Rogério Gesta. *Teoria do Estado: cidadania e poder político na modernidade.* Porto Alegre: Livraria do Advogado, 1997.

[6] Conforme LANDI, Guido. *Manuale di Diritto Amministrativo.* Milano: Giuffrè, 1990, p. 34 e ss.

cebida como manifestação espontânea do indivíduo racional e intrinsecamente social.[7]

Para outros, entretanto, o surgimento do espaço social, e mesmo do Estado, está ligado ao florescer de uma cultura de produção calcada na exploração de mão-de-obra diferenciada e marginalizante e, portanto, serve tão-somente, para reproduzir determinadas estruturas sociais voltadas aos interesses profundamente privados e minoritários no âmbito da coletividade.[8]

Em termos de história, os textos de Platão, Sócrates e Aristóteles, dão conta de que o fenômeno social e político das relações sociais vai ser mediado por um determinado modelo de poder que se institucionaliza, gradativamente, a partir da idéia de competências naturais de agir e de obediência a ordens advindas de lugares oficiais da representação popular/divina.[9]

> Estes autores, a despeito da insofismável contribuição legada à nossa cultura, viveram um profundo esforço restaurador de suas histórias, que conta o desenvolvimento do berço da civilização moderna, principalmente quando a pólis grega vai se desfazendo aos golpes desintegradores do princípio cosmopolita e das teses individualistas vigentes.[10]

A sofística, por exemplo, nesse período, surgindo num momento em que as disputas políticas deixam perceber, de modo explícito, a linha por onde a posição popular se separa das ambições aristocráticas, abaladas pela ascensão da democracia, denunciam que é a luta travada entre nobreza e povo pauta todo o desenrolar da filosofia política e jurídica da Grécia, evidenciando-se, a partir daí, uma justificativa empírica para a desintegração daquele modelo de comunidade.[11]

De qualquer sorte, o poder político, nesse diapasão, passa a ser entendido como proveniente de um processo histórico e mundano de constituição do social, mediado por mecanismos de gestão operacional dos interesses sociais e privados e, enquanto tal, será criticamente localizado num tempo

[7] Esta é a posição de grande parte da filosofia política clássica da Grécia e mesmo Romana, conforme SABINE, George H. *Historia de la teoria politica.* México: Fondo de Cultura Económica, 1994, p. 38 e ss.

[8] Um dos textos clássicos que enfrenta esta reflexão é o de ENGELS, Friedrich. *A origem da Família, da Propriedade Privada e do Estado.* São Paulo: Alfa-omega, 1989. Ver também JAEGER, Werner. *Paideia.* México: Fondo de Cultura Económica, 1992. Em linhas gerais, esta é a perspectiva das correntes mais voltadas à filosofia política marxista.

[9] Conforme BARKER, Edmund. *Greek Political Theory: Plato and his predecessors.* London: Goodwin, 1988, p. 78/91. No texto *A Politica.* III, 1278 b, Barcelona: Paidós, 1990, Aristóteles refere que "En realidad se la polis es una comunidad, y es una comunidad de ciudadanos participantes de una constitución (politeía), cuando la constitución se vuelve específicamente diferente y disímil, parece que necessariametne también la pólis no es ya la misma".

[10] CARNOY, Martin. *Estado e Teoria Política.* São Paulo: Papirus, 1988, p. 46.

[11] Conforme CASSIN, Barbara. *Ensaios Sofísticos.* São Paulo: Ciciliano, 1990, p. 35.

e num espaço específico.[12] Nesse tempo e espaço, a Sofística proclama como injusta a desigualdade do cidadão, decompondo o *mythos*, o *logos* e a *pólis* dos velhos tempos, sustentando que nenhum Deus instituiu a cidade/Estado, mas que foi obra exclusiva de homens e, contrapondo, ainda, aos valores absolutos da verdade, da justiça e da virtude, todos meramente contingentes.

Na verdade, fica patenteado desde o berço de nossa civilização, que tanto o poder político como as leis que regem as relações sociais, são forjados pelo espírito objetivo humano[13] – medida de todas as coisas – (e não por Deus ou seus representantes na terra), que se corporifica, com o passar dos tempos, na figura do cidadão (ser que vive nos limites territoriais da cidade/Estado e, dentro dele, tem direitos e obrigações). De qualquer sorte, o ordenamento jurídico, enquanto somatório de tradições, usos, costumes, arbítrio deste ou daquele tirano, exprimirá uma certa síntese valorativa, condicionamento de todo o Direito, que, por isto mesmo, se apresenta como variável no espaço e no tempo , refletindo sempre o *ethos* social e político vigente em cada *pólis.*[14]

Mesmo autores modernos como Souza[15] e Merlin,[16] tratam de forma similar o tema do poder político e o conseqüente processo de formação do Estado, da Sociedade e do Governo na cultura ocidental, a partir de sua vinculação orgânica, tendo por exemplo, o modelo de produção existente em cada época, ou ao menos, a forma hegemônica de cultura de classes.

Habermas, lembrando Hanna Arendt,[17] refere que o fenômeno do poder moderno não se caracteriza como a chance de impor, no âmbito de uma

---

[12] É interessante notar que, por exemplo, CASSIN, Barbara. *Ensaios Sofísticos.* São Paulo: Siciliano, 1990, p. 57 e ss, registra que os Sofistas arruinam os postulados fundamentais da *pólis*; plantam dúvidas nos espíritos, insinuam a descrença nos valores, levantam mais problemas que resolvem, aniquilando a tradição mítica então operante na cultura da época, apagando o culto dos heróis e afrouxando as tradições domésticas; fazem da crença na origem divina das leis um anacronismo pueril.

[13] Apesar de Platão, no diálogo Protagorás, consignar que no pensamento sofista, o justo e bom é o que, como tal, se afigura ao Estado, na medida em que este o assim entender. Veja-se que o mito de Protagorás não implica uma contradição com sua medida relativista e antropológica. O Zeus de Protagorás é o *Logos*, a razão humana, que está na terra e não no céu, que nada tem a ver com o Zeus da mitologia; é puramente alegórico. Neste sentido, ver PLATÃO. *Dialoghi.* Torino: Giapichelli, 1970, p. 118.

[14] Ver a obra de LEFORT, Claude. *As formas da história.* São Paulo: Brasiliense, 1979. Queremos dizer que desde a cidade/Estado Grega o âmbito do político e do social é ordenado a partir de um processo de constituição da Lei, que, por sua vez, evidencia-se como um instrumento formal de manejo daquele poder e sociedade; daqui já surgem sinais inexoráveis da figura do cidadão, sujeito de direitos e obrigações. Uma abordagem mais incisiva, no plano da filosofia política, podemos encontrar em GOLDMANN, Lucien. *Epistemologie et philosophie politique.* Paris: Denöel/Gonthier, 1988, p. 157/178.

[15] SOUZA, Herbert de. *O Estado e o desenvolvimento capitalista no Brasil.* Rio de Janeiro: Paz e Terra, 1987.

[16] MERLIN, Pierre. *Lurbanisme.* Paris: Presses Universitaires de France, 1996.

[17] Notadamente no texto ARENDT, Hanna. *On Revolution.* New York: Hortsseiner, 1989, p. 47 e ss.

relação social, a sua própria vontade contra vontades opostas, mas, sim, o potencial de uma vontade comum formada numa comunicação não coatada, isto porque o poder nasce da capacidade humana de agir ou de fazer algo, associando-se com outros e entendendo-se com eles. Todavia, isto só ocorre em espaços próprios em que possam se desenvolver estruturas de intersubjetividade formadas a partir de interlocuções não deformadas. Nas palavras do autor alemão:

> Ele (o poder) surge em lugares onde há uma formação da opinião e da vontade, a qual, junto com a liberdade comunicativa que permite a cada um fazer uso público de sua razão em todos os sentidos, faz valer a produtividade de um modo de pensar mais amplo. Este tem por característica que cada um atém o seu juízo ao juízo de outros possíveis, e se coloca no lugar de cada um dos outros.[18]

Sem optarmos por alguma matriz teórica definitiva em termos de fundamentação do poder político e suas declinações, ao menos por ora, a partir desses elementos, podemos afirmar que o poder político moderno necessita ser, a todo instante, racionalmente justificado – por umas ou outras fundamentações. Tal justificativa, porém, não pode descurar dos elementos axiológicos e principiológicos presentes nos cenários em que este poder se constitui (institucionalmente e espontaneamente), sob pena de ver-se descolado dos sujeitos e variáveis envolvidos.

O problema central, pois, que a teoria política moderna e mesmo a contemporânea tem de enfrentar, é como justificar a idéia de representação política e sua conseqüência mais imediata, o Estado, enquanto estrutura de poder impessoal e legalmente circunscrita,[19] em face do cada vez maior plexo de direitos, obrigações e deveres individuais e sociais que surgem das multifacetadas relações que operam no mundo da vida. Em outras palavras, como o Estado soberano deve se relacionar com o povo soberano, que é reconhecido como a fonte legítima dos poderes institucionais.

A filosofia política moderna tomou relevo nesta discussão, notadamente na superação da idéia de fundamentação do poder político a partir de matrizes teocráticas, passando-se a perquirir, desta fundamentação, argumentos mais mundanos e laicos, coerentes com o novo espírito científico da razão emancipadora.

Em termos de clássicos modernos neste âmbito, podemos desde logo referir Rousseau que, preocupado com a questão da existência ou não de um princípio legítimo e seguro de governo,[20] e contrariando as teorias de Hobbes e Locke, as quais afirmam que a soberania é transferida do povo para o Estado, vem a sustentar que a soberania

[18] HABERMAS, Jürgen. *Faticidade e Validade.* Rio de Janeiro: Civilização Brasileira, 1992, p. 187.

[19] Característica de perfil do Estado Moderno, como lembra TOURAINE, Alain. *Comment sortir du libéralisme ?* Paris: Arthème Fayard, 1999.

[20] ROUSSEAU, Jean J. *O contrato social.* São Paulo: Abril, 1988, p. 49.

não pode ser apresentada, pela mesma razão que não pode ser alienada... os deputados do povo não são, e não podem ser, seus representantes; eles são meramente seus agentes; e eles não podem decidir nada em termos finais.[21]

No bojo destas idéias, próprias da Idade Moderna, a concepção de poder e de governo atrela-se à figura do indivíduo/cidadão e às condições de possibilidades do seu desenvolvimento econômico e social, pois o papel do cidadão é o mais elevado a que um indivíduo pode aspirar. O exercício do poder pelos cidadãos, *nos estritos termos da Lei* e neste período histórico, é a única forma legítima pela qual a liberdade pode ser sustentada e efetivada.[22]

Claro que não estamos falando de qualquer Lei, mas exponencialmente daquela que vai ao encontro da fonte matricial do poder estatal e que representa as demandas sociais, a saber: a norma constitucional (ao menos em primeiro plano), eis que norma fundamental informativa das possibilidades/necessidades de ordenação do social, demarcando princípios e valores a serem perseguidos pela comunidade e suas representações – oficiais e não-oficiais e, portanto, vinculando a todos.[23]

Assim, parte do fato de que o exercício direto do poder de decisão por parte dos cidadãos não é incompatível com o exercício indireto através de representantes eleitos, como demonstra a existência das constituições e instituições modernas e contemporâneas, tal qual a brasileira vigente – que prevê o instituto do plebiscito e do referendum popular –, onde tanto a democracia direta quanto a indireta descendem do mesmo princípio da soberania popular, apesar de se distinguirem pelas modalidades e pelas formas com que essa soberania é exercida – matéria que, aliás, faz a diferença em termos de qualidade do modelo.[24]

---

[21] ROUSSEAU, Jean J. op. cit., p. 141.

[22] Como lembra BOBBIO, Norberto. *Origen y fundamentos del poder politico*. México: Grijalbo, 1998, p. 22: "La teoría política no puede dejar de tomar em consideración primeramente el nulo poder, independientemente de los llamados principios de legitimidad, es decir, de las razones que lo transforman em um poder legítimo, así como la teoría jurídica no puede dejar de tomar em consideración el sistema normativo em su conjunto, como uma serie de normas uma a outra vinculadas según um cierto principio de orden, independientemente del aparato de la fuerza predispuesto para su actuación".

[23] Acresça-se aqui que, na perspectiva da Ética do Discurso habermasiana, com o que concordamos, uma norma só se afigura como válida quando todos os que possam ser concernidos por ela cheguem (ou possam chegar), enquanto participantes de um discurso prático, a um acordo quanto à validez dessa norma. Isto ocorre porque o poder político moderno não pode mais se legitimar através de um direito legítimo a partir de si mesmo, isto é, o conceito de autonomia política abre uma perspectiva nova ao esclarecer por que a produção de um direito legítimo implica a mobilização das liberdades comunicativas dos cidadãos. Neste sentido ver o texto de HABERMAS, Jürgen.*Consciência Moral e Agir Comunicativo*. Rio de Janeiro: Tempo Brasileiro, 1989, p. 86.

[24] Veja-se que, desde a perspectiva weberiana que define o Estado (neste caso a reacional-legal) como o detentor do monopólio da força física legítima, tão-somente a força física não é suficiente para justificar o Estado em face da sociedade, mas impõe-se que esta força esteja acompanhada de razões de exercício que façam da obediência dos destinatários do poder não um simples acatamento externo, mas uma aceitação de caráter interno e intelectivo. Em outras palavras, "solamente se puede hablar de poder legitimo quando los gobernados por su mismo deseo asumen el contenido del mandato como

E, quando se fala em formas de exercício da soberania ou do poder soberano que pressupõe a participação efetiva do indivíduo no processo de decisão política dos temas que lhe dizem respeito, percebe-se que a esfera política e individual está imersa em uma esfera mais ampla, que é a da sociedade como um todo, e que inexiste decisão política que não esteja condicionada ou inclusive determinada, por aquilo que acontece na sociedade.[25]

Aqui, talvez tenha mais relevo a noção de poder político anteriormente referida por Hanna Arendt, ao asseverar que ele não se revela como um mero potencial à imposição de interesses próprios ou à realização de fins coletivos, nem um poder administrativo capaz de tomar decisões obrigatórias coletivamente, mas se apresenta, modernamente como uma *authorizeting force* (força autorizadora) da soberania popular que cria um direito legítimo e funda suas instituições, vinculando-as às razões que o fizeram exsurgir.[26]

Cumpre agora, de forma destacada, verificar um tema que está presente desde o início de nossa reflexão, de maneira direta ou indireta, mas que necessita ser enfrentado com maior singeleza, a saber: a natureza das relações intersubjetivas e institucionais vinculantes entre Estado e Sociedade, aqui veiculada pela idéia de pacto social instituinte.

1.3. Sobre o pacto social instituinte: novas perspectivas

As relações políticas da era moderna são marcadas pelos índices e âmbitos de racionalidade presentes na organização e justificação do poder político e sua vinculação com o social. Neste sentido, força é reconhecer que a teoria política desse período muito contribuiu para tal debate, auxiliando o desvelamento do ser social e de sua natureza.

Figuras como Thomas Hobbes, John Locke e Jean J. Rousseau, transformaram-se em lugares obrigatórios para a referida discussão, tanto em

---

máximo de su acción, se debe deducir que cuando se presente uma situación em la que el ciudadano obedece al mandato de quien detenta el poder sólo em virtud de la legalidad formal de las prescripciones, la legitimidad de este poder se resuelve completamente em la legalidad de su ejercicio". WEBER, Max. *Estado y Sociedad.* Op. cit., p. 329.

[25] Nesse sentido, ver o texto de SANTOS, Boaventura de Sousa. *Pela mão de Alice – o social e o político na pós-modernidade.* São Paulo: Cortez, 1995.

[26] ARENDT, Hanna. *On Revolution.* Op. cit., p. 112. A autora, por estas razões, diferencia poder de violência, pois o poder legítimo (e o direito e as instituições políticas legítimas) está umbilicalmente dependente e ligado às formas de comunicação política não deformadas e includentes de todos os interlocutores alcançados pelas deliberações que decorrem de sua natureza. Assim é que tanto a utilização como a aquisição e posterior manutenção do poder político dependem – em termos de legitimidade – da formação e da renovação comunicativa desse poder.

razão da profundidade de seus estudos pontuais, como em face do ineditismo de abordagem antropológico-política produzida.[27] Divergindo sobre pressupostos de base dos seus discursos e visões de mundo, esses autores trazem, aos modernos juristas e cientistas sociais, novos argumentos filosóficos sobre a vida humana e sua inexorável tendência ao desencanto.

Com efeito e nesse aspecto, damos destaque ao ideal moral de Rousseau, que diz ser a natureza reino da liberdade, da espontaneidade e da felicidade do homem (*a infelicidade deste ser deriva do fato de encontrar-se distanciado da natureza*).[28] Distanciando-se do estado de natureza e tendo-se formado o estado de sociedade, no qual ele se degenera e corrompe, o problema é dar à sociedade uma forma tal que o homem recupere nela a própria natureza, ou seja, encontrar uma forma de estado na qual a lei civil tenha o mesmo valor da lei natural e na qual os direitos subjetivos civis sejam a restituição ao indivíduo – agora cidadão – de seus direitos inatos.[29]

Assim, o problema fundamental do Contrato Social em Rousseau é:

> Encontrar uma forma de associação que defenda e proteja a pessoa e os bens de cada associado com toda a força comum, e pela qual cada um, unindo-se a todos, só obedece contudo a si mesmo, permanecendo assim tão livre quanto antes.[30]

Desta forma, o Estado Moderno, para ter legitimidade, deve nascer de um contrato pelo qual todo indivíduo aliene os seus direitos à comunidade: *Essas cláusulas, quando bem compreendidas, reduzem-se todas a uma só: a alienação total de cada associado, com todos os seus direitos, á comunidade toda .. Enfim, cada um dando-se a todos não se dá a ninguém.*[31]

Estreitamente relacionado com o conceito de contrato social, está o de vontade geral, que não é a vontade de todos, mas a vontade de cada um. Aquilo que na vontade de todo indivíduo deve coincidir com a vontade dos demais, enquanto membros da sociedade: *Há comumente muita diferença*

---

[27] Sobre estas perspectivas, vale a pena a leitura do texto de ZARKA, Yves-Charles. *Hobbes et la pensée politique moderne.*. Paris: PUF, 1999, Capítulo I e II.

[28] É oportuno lembrar que o conceito de *natureza* aqui não diz respeito a um estado de solidão ou isolamento do homem, mas, como quer Pufendorf: "o estado de natureza é aquele em que se concebem os homens enquanto não têm conjuntamente outra relação moral além da que está fundada nesta relação simples e universal que resulta da semelhança de sua natureza, independentemente de qualquer convenção e de qualquer ato humano que os tenha sujeitado uns aos outros. Com base nisto, aqueles dos quais se diz que vivem em estado de natureza são os que não se acham submetidos ao domínio um do outro, nem dependentes de um senhor comum, e que não recebem uns dos outros nem bem nem mal". DERATHÉ, Robert. *Jean-Jacques Rousseau et la science politique de son temps.* Paris: Vrin, 1984, p. 125.

[29] Ver a obra de DERATHÉ, Robert. Op. cit.,, p. 36.

[30] ROUSSEAU, Jean-Jacques. *Ouvres Complètes.* Paris: Gallimard, 1984. In *Du contract social.* Livro I, cap. VI:32. Tradução livre. Aqui, trata-se de uma liberdade diferente da natural, por óbvio: é a liberdade convencional. No mesmo texto, Rousseau afirma que *o homem nasce livre, e por toda a parte encontra-se a ferros* (Livro I, cap. I:22 – tradução nossa), aduzindo que acredita poder resolver a questão de como legitimar a situação do homem que tendo perdido sua liberdade natural, se submeteu ao poder político. A questão é resolvida mediante o instrumento/artifício do contrato social.

[31] Op. Cit., Livro I, cap. VI:33. Tradução nossa.

entre a vontade de todos e a vontade geral. Esta se prende somente ao interesse comum; a outra, ao interesse privado e não passa de uma soma das vontades particulares.[32]

Como corolário, a vontade geral é a única fonte da lei, e que não traduz interesses particulares, mas é de todo povo para todo povo. Com efeito,

> quando todo o povo estatui algo para todo povo, só considera a si mesmo e, caso estabeleça então uma relação, será entre todo o objeto sob um certo ponto de vista e todo o objeto sob um outro ponto de vista, sem qualquer divisão do todo. Então, a matéria sobre qual se estatui é geral como a vontade que a estatui. A esse ato dou o nome de Lei.[33]

Neste particular, Habermas refere que o pacto social exige uma transmissão de propriedade sem reservas, o *homme* ressurge do *citoyen,* asseverando que Rousseau desenvolve neste particular a idéia de uma penetrante sociedade política, em que a esfera privada autônoma, a sociedade civil burguesa emancipada do Estado, não tem lugar.[34] Em suas próprias palavras:

> O público pensante dos "homens" constitui-se em público dos "cidadãos", no qual ficam se entendendo sobre as questões da res publica. Essa esfera pública politicamente em funcionamento torna-se, sob a "constituição republicana", um princípio de organização do Estado Liberal de Direito. Em seu âmbito está estabelecida a sociedade civil burguesa como esfera da autonomia privada (cada qual deve poder procurar a sua "felicidade" por aquele caminho que lhe pareça útil). As liberdades civis são asseguradas através das leis gerais; à liberdade do "homem" corresponde a igualdade dos cidadãos perante a lei (abolição de todos os "direitos natos"). A própria legislação se baseia na "vontade do povo decorrente da razão", pois leis têm sua origem empiricamente na "concordância pública" do público pensante.[35]

Rousseau refere-se ainda aos requisitos de abstração e generalidade da lei: *Quando digo que o objeto das leis é sempre geral, entendo que a Lei considera os súditos como corpo e as ações como abstratas, e jamais um homem como um indivíduo ou um objeto individual.*[36]

De se observar, assim, que sendo a lei expressão da vontade geral, à qual pertence a soberania, ninguém pode lhe ser. Neste passo, releva-se o conceito de soberania popular de Rousseau, ou seja, o corpo político está

---

[32] Op. cit. Livro II, cap. III: 46-47. Tradução nossa.

[33] Livro II, cap. VI:54 (tradução nossa). Veja-se que, por mais utópico que pareça ser, esta concepção de Rousseau nos remete ao tema da soberania popular, fonte única e legítima do poder político instituído, bem como o de igualdade enquanto valor maior que está a informar a constituição da cidade/estado. Ver o texto de ULHÔA, Joel Pimentel de. *Rousseau e a utopia da soberania popular.* Goiânia: UFG, 1996, p. 34 e ss.

[34] HABERMAS, Jürgen. *Mudança Estrutural da Esfera Pública: investigações quanto a uma categoria da sociedade burguesa.* Rio de Janeiro: Tempo Brasileiro, 1984, p. 119.

[35] Op. cit., p. 168.

[36] Op. cit. Livro II, cap. VI: 54-55. Tradução nossa.

constituído por cidadãos e iguais e, portanto, não se admite nenhum tipo de submissão pessoal, isto é, todos participam, todos obedecem.[37]

Significa dizer que a unidade do poder soberano está na reunião de todos os cidadãos (o corpo soberano). A soberania não pode ser representada pela mesma razão por que não pode ser alienada, consiste essencialmente na vontade geral e a vontade absolutamente não se representa.[38]

Todavia, talvez uma crítica que possamos fazer, desde logo, a esta experimentação reflexiva rousseauniana, é o fato de que o princípio da soberania popular só pode ser realizado, como quer Habermas, pressupondo-se um uso público da razão por todos os cidadãos e entre eles a as suas representações.[39] Isto porque, a referida concordância de todos os juízos, independente da diversidade dos sujeitos entre si, recebe, para além de seu valor pragmático, um significado constitutivo: as ações políticas, ou seja, as ações voltadas para o direito dos outros, só devem poder, elas mesmas, estar em concordância com o Direito e a Moral, na medida em que as suas máximas podem ter publicidade e mesmo a exigirem, a todos envolvendo e alcançando.[40]

De qualquer sorte, diferente do que possa parecer aos menos avisados, o discurso rousseauniano apresenta-se, hoje, como significativamente contemporâneo e pertinente ao atual estado das relações sociais e de poder, principalmente em países de economia mais dependente e fragilizados no âmbito dos direitos humanos e fundamentais mais básicos (como o direito ao trabalho, à saúde, à educação, à habitação, à previdência social). Na dicção de Boaventura de Sousa Santos,

> O contrato social é a grande narrativa em que se funda a obrigação política moderna, uma obrigação complexa e contraditória porque foi estabelecida entre homens livres

[37] Lembramos que, enquanto modalidade ideal de pensar o social e a organização das relações de poder, este elemento *utópico* é tanto revolucionário no tempo de Rousseau como fundante para um discurso sobre a Democracia.

[38] Op. Cit. Livro III, cap. 107-108.

[39] HABERMAS, Jürgen. *Mudança Estrutural da Esfera Pública.* Op. cit., p. 131.

[40] Em outro texto de igual importância, Habermas, ao tratar de uma das densificações mais tradicionais da idéia de soberania moderna (a lei), refere que, mesmo com toda a autoridade que as ciências possam reclamar para si nas sociedades modernas, as normas jurídicas já não ganham legitimidade pelo fato de os seus significados serem especificados, os seus conceitos explicados, a sua consistência provada e os seus motivos de pensamento uniformizados. O trabalho profissional jusdogmático pode contribuir para a legitimação quando ajuda a satisfazer aquela necessidade de fundamentação que se põe em evidência, na medida em que o direito se torna, no seu todo, num direito positivo. Em tal direção, podemos concluir que no processo de validade pós-tradicional do direito, em princípio, as normas perderam no direito positivo o processo de validade habitual. As diferentes proposições jurídicas têm, por isso mesmo, que ser fundamentadas como parte integrante de uma ordem jurídica tornada, em resumo, compreensível a partir de princípios – onde os próprios princípios podem coligir uns com os outros e se encontram expostos a um exame discursivo. Em compensação, neste plano de discussões normativas, consegue-se pôr em evidência uma racionalidade que se encontra mais próxima da razão prática de Kant, do que uma racionalidade puramente – científica que, em todo o caso, não é moralmente neutra. HABERMAS, Jürgen. *Direito e Moral.* Instituto Piaget: Lisboa. 1986, p. 28 a 29.

e, pelo menos em Rousseau, para maximizar e não para minimizar essa liberdade. O contrato social é assim a expressão de uma tensão dialética entre regulação social e emancipação social que se reproduz pela polarização constante entre vontade individual e vontade geral, entre o interesse particular e o bem comum.[41]

Do todo ponderado até agora, entendemos que o grupo social de uma determinada comunidade, ao menos a partir da Idade Moderna no Ocidente, está obrigado a tomar decisões que, direta ou indiretamente, vinculam a todos os seus membros, com o objetivo de prover a própria subsistência: e, como estas decisões grupais são tomadas por indivíduos – por representação ou não –, para que sejam aceitas como coletivas, mister é que sejam levadas a termo com base em regras que estabeleçam quais os indivíduos autorizados a tomar decisões vinculatórias para todos os membros do grupo e quais os procedimentos.[42]

Em outras palavras, são os critérios de inclusão e exclusão desse contrato social que vão demarcar o fundamento da legitimidade da contratualização levada a efeito na constituição (*polithéia*) do social.[43]

É neste sentido que podemos atestar a crise de materialidade da vontade geral em países como o Brasil, fragmentado em seu tecido social, com profundos *défices* de políticas públicas comunitárias e com um alto índice de tensão e conflituosidade de sua cidadania, transformando o Estado Nacional em um repositório de estratégias perversas de gestão dos interesses corporativos das elites dominantes.

Vale lembrar que o modelo da democracia representativa ocidental,[44] fundada na idéia de representação social – institucional ou não –, não se

[41] SANTOS, Boaventura de Sousa. *Reinventar a democracia: entre o pré-contratualismo e o pós-contratualismo.* In Os sentidos da Democracia. Petrópolis: Vozes, 1999, p. 84.

[42] Há uma reflexão pontual sobre este tema em BOBBIO, Norberto. *Democrazia, maggioranza e minoranza.* Bologna: Il Mulino, 1981, p. 48. O autor sustenta também em outro texto: *Origen y fundamentos del poder politico*, op. cit., que *la fictio del contrato social indica sobre todo que el poder político, cualquiera que sea su origen, se desvanece cuando ya no sea en cierta manera y medida reconocido o aceptado; esto sugiere que la continuidad de un poder coactivo exclusivo se explica no tanto por su misma fuerza, como por la justificabilidad para los consociados.* P. 50. Desde a mirada inglesa e americana, tal perspectiva restou configurada, por exemplo, em Hart e outros, mostrando que os sistemas jurídicos modernos não consistem, somente, de normas de comportamento e de sanção penal, mas também, de normas secundárias de regras de autorização e organização, que servem para institucionalizar procedimentos de legislação, de jurisdição e administração. Neste sentido, ver o texto HART, Herbert L. A. *The concept of law.* Stanford: Stanford University Press, 1990, p. 49.

[43] Citando novamente Boaventura Santos (op. cit.,p. 87), esse contrato social visa, fundamentalmente criar um paradigma sociopolítico que produz, de maneira consistente, quatro tipos de bens públicos: (1) legitimidade da governação; (2) bem-estar econômico e social; (3) segurança; (4) identidade coletiva.

[44] Temos presente aqui que as raízes dos sistemas políticos de representação encontram-se nos regimes constitucionais dos Estados Modernos. Os regimes políticos antigos e medievais, pelo fato de coexistirem com sociedades escravocratas, em tese, não têm identificação com os novos cenários inaugurados com o Estado Moderno. Mesmo com o Absolutismo, em que a idéia de "contrato" já aparece em vários ideólogos do período, e a figura do súdito já seja portador de direitos, sua condição ainda é distante da qualificação de cidadão. Assim, origens dos sistemas representativos nascem de concepções liberais que expressavam o desenvolvimento e amadurecimento das sociedades mercantis e das condições objetivas de acumulação e do trabalho livre. Nesse sentido, nosso livro *Teoria do Estado*, op. cit.

reduz à dimensão simbólica, mas só existe no simbólico, pois é legitimada por significações que encarnam sentidos reconhecidos pelas comunidades/indivíduos representados, principalmente a crença de que os mandatários serão fiéis às demandas dos mandantes.[45]

Neste aspecto, novamente Bobbio é esclarecedor:

> Afirmo preliminarmente que o único modo de se chegar a um acordo quando se fala de democracia, entendida como contraposta a todas as formas de governo autocrático, é o de considerá-la caracterizada por um conjunto de regras (primárias ou fundamentais) que estabelecem quem está autorizado a tomar as decisões coletivas e com quais procedimentos.[46]

Um governo ou uma sociedade pois, nos tempos modernos, está vinculado a um outro pressuposto que se apresenta como novo em face das Idades Antiga e Média, a saber: a própria idéia de democracia. Para ser democrático, pois, deve contar, a partir das relações de poder estendidas a todos os indivíduos, com um espaço político demarcado por regras e procedimentos claros, que efetivamente assegurem, de um lado, espaços de participação e interlocução com todos os interessados e alcançados pelas ações governamentais e, de outro lado, que assegure o atendimento às demandas públicas da maior parte da população,[47] demarcadas por aquelas instâncias participativas, sejam elas oficiais ou espontâneas, fruto da organização de segmentos comunitários (estamos falando das Organizações Não-Governamentais, das Associações Civis, dos Sindicatos, dos Conselhos Populares – municipais e estaduais, etc.).

Para que isso ocorra, contudo, impõe-se a existência e eficácia de instrumentos de reflexão e debate público das questões sociais vinculadas à gestão dos interesses coletivos – e muitas vezes conflitantes – , como os direitos de liberdade de opinião, de reunião, de associação, de participação política, etc.[48] –, tendo como pressupostos informativos um núcleo de direitos invioláveis conquistados, principalmente, desde o início da Idade Moderna e ampliados pelo Constitucionalismo Social do século XX até os dias de hoje. Estamos falando, por certo, dos Direitos Humanos e Fundamentais de todas as gerações ou ciclos possíveis.[49]

---

[45] Nesse sentido MACPHERSON, C. B. *La Democracia Liberal y su época.* Madrid: Alianza Editorial, 1991, p. 135.

[46] BOBBIO, Norberto. *Estado, Governo e Sociedade.* Rio de Janeiro: Paz e Terra, 1987, p. 165.

[47] Já defendemos esta idéia em nosso livro LEAL, Rogério Gesta. *Teoria do Estado,* op. cit.

[48] Por óbvio que tudo isto só se mostra factível se contarmos com uma liberdade instrumental de todas as demais que é a de comunicação, entendida aqui como "a possibilidade – pressuposta no agir que se orienta pelo entendimento – de tomar posição frente aos proferimentos de um oponente e às pretensões de validade aí levantadas, que dependem de um reconhecimento intersubjetivo". In HABERMAS, Jürgen. *Faticidade e Validade.* Op. cit., p. 155.

[49] Ver, neste sentido, nosso livro LEAL, Rogério Gesta. *Os Direitos Humanos no Brasil: desafios à democracia.* Porto Alegre: Livraria do Advogado, 1998. De igual forma estamos fundando nossa reflexão sobre a tese de que "a proposta de uma interpretação dos direitos fundamentais à luz da teoria

No âmago desse modelo, todavia, um problema, que nos interessa neste ensaio, se apresenta à consecução dos possíveis paradigmas da referida sociedade democrática moderna: a tendência cada vez mais burocratizante e centralizadora do processo decisório, que afasta desta sociedade a oportunidade de participação e debate sobre temas que lhe dizem respeito. Seguindo esta tendência é que, no atual governo federal brasileiro, encontramos uma forma centralizada de fazer política, localizada no âmbito dos corredores palacianos de Brasília, em nome de uma democracia invisível ou ainda não percebida pela cultura popular tupiniquim.

É Habermas que, novamente, vem desenhar os quadrantes desta realidade, ao dizer que desde o modelo mais liberal do Estado de Direito, nós constatamos que a soberania popular não se encontra mais encarnada no conjunto de cidadãos reunidos em assembléias de forma autônoma e perfeitamente identificáveis, mas ela migra para outros espaços, verdadeiros círculos de comunicação de instituições e corporações, *locus* em que os sujeitos se encontram despersonificados (sem faces e corpos definidos).[50] Com esta forma anônima que o poder se comunica, delimitado pelo sistema jurídico de forma geral, conectando interesses multifacetados e por vezes antagônicos, é que o Estado Democrático de Direito vai surgir, como espaço político e jurídico de gestão comunicacional e, pela via do seu corpo administrativo, desenvolvendo ações políticas de gestão ainda e tradicionalmente forjadas em manifestações monológicas, não afetas à maturação interlocucional com os demais atores sociais envolvidos ou alcançados por suas deliberações.

Para diminuir um pouco estas dificuldades, mister é que se tenha algumas regras estabelecidas, as quais, entendemos, irão informar as condições de possibilidades de um regime democrático.

Tais regras poderiam ser apresentadas a partir da proposta de Cerroni:

> 1. Regla del consenso. Todo puede hacerse si se obtiene el consenso del pueblo; nada puede hacerse si no existe este consenso. 2. Regla de la competencia. Para construir el consenso, pueden y deben confrontarse libremente, entre sí, todas las opiniones. 3. Regla de la mayoría. Para calcular el consenso, se cuentan las cabezas, sin romperlas, y la mayoría hará la ley. 4. Regla de la minoría. Si no se obtiene lal mayoría y se está en minoría, no por eso queda uno fuera de la ciudad, sino que, por el contrario, puede llegar a ser, como decía el liberal inglés, la cabeza de la oposición, y tener una función fundamental, que es la de criticar a la mayoría y prepararse a combatirla en la próximo confrontación. 5. Regra del control. La democracia, que se rige por esta constante confrontación entre mayoría y minoría, es un

do discurso deve servir para esclarecer o nexo interno entre direitos humanos e soberania do povo, como também solucionar o paradoxo da legitimidade que surge da legalidade". In HABERMAS, Jürgen. *Faticidade e Validade*. Op. cit., p. 161.

[50] Op. cit., p. 174.

poder controlado o, al menos, controlable. 6. Regla de la legalidad. Es el equivalente de la exclusión de la violencia.[51]

Ocorre que os institutos tradicionais da democracia, em especial no Brasil, associam estes mecanismos ou regras de procedimentos das políticas públicas à proteção de uma liberdade e igualdade meramente formal, restritas no espaço e no tempo pelos termos petrificados da lei, pretendendo, com isto, reduzir a idéia da democracia a uma mera técnica de posturas e comportamentos institucionais.[52]

1.4. Estado, Governo e Sociedade: perspectivas de integração

Estamos convictos de que é na relação entre Sociedade e Estado, enquanto instituição jurídica e política, que se vai encontrar um dos espaços públicos mais ricos e necessários à análise e reflexão dos assuntos polemizados.

Ao se falar de Estado, direta ou indiretamente, fala-se de ordem jurídica, pois, desde Max Weber, é possível reconhecer a forma específica de legitimidade do Estado moderno como sendo a sua reivindicação para que as suas ordens sejam reconhecidas como vinculatórias porque são legais, isto é, porque emitidas em conformidade com normas gerais e apropriadamente promulgadas.[53] Essa figura do Estado com poder de mando, como poder com força imperativa para criar um conjunto de regras de comportamento, postulá-las como obrigatórias e fazê-las cumprir, evidencia o estreito relacionamento que ele mantém com o Direito e, mais precisamente, com o Direito Público.[54]

Em verdade, *o direito constitui o poder político, e vice e versa, o que cria entre ambos um nexo que abre e perpetua a possibilidade latente de uma instrumentalização do direito para o emprego estratégico do poder.*[55]

Assim, a participação do Estado, enquanto pessoa jurídica de direito público, na vida social, é indiscutivelmente grande em todos os momentos da cultura ocidental, principalmente após a Segunda Guerra Mundial, tendo

[51] CERRONI, Umberto. *Reglas y valores en la democracia.* México: Alianza Editorial, 1991, p. 191.

[52] Conforme FARIA, José Eduardo. *Retórica Política e Ideologia Democrática.* Rio de Janeiro: Graal, 1984.

[53] Conforme WEBER, Max. *Economía y Sociedad.* México: Fondo de Cultura Económica, 1992, p. 174.

[54] Compreende-se agora porque a afirmação de que o Estado Moderno é concebido como um muro de contenção ao absolutismo, e a lei como emanação da vontade do povo, e não como expressão da vontade do governante, o que precisa ainda ser debatido e recuperado em cada ciclo de nossa história jurídica e política.

[55] Conforme HABERMAS, Jürgen. *Faticidade e Validade.* Op. cit., p. 213.

ele adquirido um conteúdo econômico e social, para realizar, dentro de seus quadros, a nova ordem de trabalho e distribuição de bens.[56]

Nesse contexto, e paralelo a ele, é possível perceber o surgimento de um discurso ideológico que pretende assegurar uma certa lógica aos poderes instituídos, fazendo com que as divisões e as diferenças sociais apareçam como simples diversidade das condições de vida de cada cidadão, enquanto a multiplicidade de instituições forjadas pelo e no Estado, longe de representar pluralidades conflituosas, surgem como conjunto de esferas identificadas umas às outras, harmoniosa e funcionalmente entrelaçadas, condição para que um poder unitário se exerça sobre a totalidade do social e apareça, portanto, dotado da aura da universalidade, que não teria se fosse obrigado a admitir, realmente, a divisão efetivada da sociedade em classes.[57]

Lembra Marilena Chaui[58] que:

> Para ser posto como o representante da sociedade no seu todo, o discurso do poder já precisa ser um discurso ideológico, na medida em que este se caracteriza, justamente, pelo ocultamento da divisão, da diferença e da contradição.

Quando se fala em Estado de Direito, ao menos no âmbito da era contemporânea, pode-se frisar como características (insipientes), por um lado, as fornecidas por Elias Diaz:[59]

> a) império da lei: lei como expressão da vontade geral; b) Divisão dos Poderes: legislativo, executivo e judiciário; c) Legalidade da Administração, atuação segundo a lei e suficiente controle judicial; d) Direitos e liberdades fundamentais: garantia jurídico-formal e efetiva realização material.

Tal ocorre, inclusive, nos nominados países da *common law*, desde a revolução de Cromwell, oportunidade em que se demarcaram os pressupostos do *rule of law*, sintetizados em três pontos por Dicey:[60] a) a ausência de

[56] Podemos afirmar que este modelo de Estado corresponde ao que se denomina de Social de Direito, uma vez que tenta civilizar mais o mercado e as relações de capital, no sentido de garantir alguns direitos e garantias fundamentais à sociedade. Há uma profunda relação bibliográfica sobre esta matéria, podendo-se buscar maiores informações no livro de STRECK, Lenio Luiz, MORAIS, José Luis Bolzan de. *Ciência Política e Teoria Geral do Estado.* Porto Alegre: Livraria do Advogado, 2000. É certo, porém, que um dos modelos mais clássicos de Estado Social de Direito é o recepcionado pela Constituição de Bonn, em 1949, qualificando a Alemanha como um Estado Democrático e Social de Direito, que busca fundamentalmente a justiça e bem estar social, mesmo que de forma discursiva e notadamente formal. Neste sentido a obra de ABENDROTH, Wolfgang. *El Estado Social.* Madrid: Centro de Estudios Constitucionales, 1996, p. 9/42.

[57] Veja-se que, se tal divisão fosse reconhecida, teria o Estado de assumir-se a si mesmo como representante de uma das classes da sociedade. No entanto, o que temos é ainda a matricial concepção montesquieuniana de tripartição de poderes, harmônicos e independentes entre si.

[58] CHAUI, Marilena. *Cultura e Democracia.* São Paulo: Brasiliense, 1989, p. 21.

[59] DIAZ, Elias. *Estado de Derecho y Sociedad Democrática.* Madrid: Editorial Cuadernos para el Dialogo, 1975, p. 29.

[60] Ver o texto de DICEY, Carl. *Introduction to the study of the law the constitution.* London: MacMillan, 1981, p. 202. Tradução nossa.

poder arbitrário por parte do Governo; b) a igualdade perante a Lei; c) as regras da Constituição são a conseqüência, e não a fonte dos direitos individuais, pois, os princípios gerais da Carta Política são o resultado de decisões judiciais que determinam os direitos dos particulares em casos trazidos perante as cortes.

É o império da lei que se impõe, devendo significar que o legislador mesmo se vincule à própria lei que cria, tendo presente que a faculdade de legislar não é instrumento para uma dominação arbitrária. Esta vinculação do legislador à lei, entretanto, para os bons homens dotados de boas intenções, só é possível na medida em que ela seja constituída com certas propriedades/pressupostos: moralidade, razoabilidade e justiça, por exemplo.

Estes próprios pressupostos, por sua vez, não se encontram dados de forma exaustiva ou enclausurada pelo senso comum teórico e prático dos juristas ou da jurisprudência de plantão do *status quo* hegemônico, como quer Warat,[61] mas são fruto, de um lado, da tensional e conflitante arena do político, expostos, pois, às intempéries e aos performáticos enfrentamentos de interesses e projetos de vida dissonantes entre si; de outro lado, estão densificados de uma maneira mais geral pelos direitos humanos e fundamentais conquistados a duras penas pela e na história ocidental a partir da modernidade.

Entretanto, a história nos mostra que

> La validez simplesmente formal de las leyes establece el contraste entre ley y justicia, así como dentro de la recta razón de la ordenación legal con miras al bien común y la voluntad del legislador; o en otros términos, entre el imperio de la ordenación racional y el imperio de la voluntad del hombre.[62]

Esta leitura do Estado como condições e possibilidades de governos regidos pelos termos da Lei, portanto, não é suficiente quando se pretende enfrentar os conteúdos reais da existência de sociedades dominadas pelas contradições econômicas e culturais e de cidadanias esfaceladas em sua consciência política. Em outras palavras, a Democracia Liberal, ao designar um único e verdadeiro padrão de organização institucional baseado na liberdade tutelada pela lei, na igualdade formal, na certeza jurídica, no equilíbrio entre os poderes do Estado, abre caminho à conquista da unanimidade de um conjunto de atitudes, hábitos e procedimentos, os quais, geralmente, refletem a reprodução do *status quo* identificado com projetos de sociedade muito mais corporativos do que comunitários. Em tal quadro, compete ao Estado de Direito tão-somente regular as formas de convivência social e garantir sua conservação; *a economia se converte numa questão eminente-*

---

[61] WARAT, Luis Alberto. *Senso Comum Teórico: as vozes incógnitas das verdades jurídicas.* In: *Introdução Geral ao Direito.* Porto Alegre: Fabris, 1994.

[62] HURTADO, Juan Guillermo Ruiz. *El Estado, el Derecho y el Estado de Derecho.* Columbia: Facultad de Ciencias Jurídicas y Socio-Economicas, 1986, p. 245.

mente privada e o direito, por sua vez, se torna predominantemente direito civil, consagrando os princípios jurídicos fundamentais ao desenvolvimento capitalista, como os da autonomia da vontade, da livre disposição contratual e o da pacta sun servanda.[63]

Aliás, no Brasil, há ainda uma séria tendência, notadamente administrativa, do Poder Público tradicional em resistir à própria idéia de politização do chamado Estado de Direito, concebendo, de forma negativa, a Lei como um instrumento político, um meio para a realização de uma política governamental, motivo por que não se legitima por um conteúdo de justiça, e sim por ser expressão da vontade política do povo ou do governo (na sua acepção representativa). Assim, a politização das leis fere, não raro, a racionalidade do Direito, que gera leis irracionais.[64]

Com tal perspectiva, eminentemente formalista e neutral, há quem defende a necessidade de se reduzir o modelo de Estado e do Governo a uma vinculação e controle do ordenamento jurídico vigente, sem, portanto, conferir atenção ao processo legislativo e, principalmente, o executivo como um fórum de enfrentamento ideológico e político dos interesses efetivamente nacionais, reduzindo tal matéria a competências técnico-burocráticas. Com isto, nega-se o fato de que, do mesmo modo que o Estado denominado de Direito, o próprio Direito e a Lei representam uma forma condensada das relações de força entre os grupos sociais que determinam a sua origem, seu conteúdo e a lógica de seu funcionamento.[65]

Por tudo isso, é inegável que na maioria dos países de democracia liberal ou neoliberal, como o Brasil, o sistema de representação político-institucional vive um processo de crise de legitimidade, que se expressa na abstenção eleitoral, na apatia e não participação político-social, bem como nos baixos índices de filiação partidária.

As causas variam entre os vários países, mas, pode-se dizer, com Pont, que as principais residem: (a) no processo de burocratização e caráter autoritário das administrações e parlamentares; (b) a falta de controle dos eleitores e/ou do Partido sobre os eleitos; (c) os sistemas eleitorais que distorcem a representação fraudando a vontade popular, através dos mecanismos distritais e/ou barreiras e obstáculos para partidos pequenos; (d) a falta de coerência entre projeto e programa eleitoral e a prática dos eleitos; (e) as trocas partidárias sem perda de mandato, onde o Brasil deve ser recordista mundial, resguardados pela lei; (f) a incapacidade desses siste-

---

[63] Conforme FARIA, José Eduardo. *Justiça e Conflito.* São Paulo: Revista dos Tribunais, 1991, p. 57.

[64] De uma certa forma esta tem sido, majoritária e historicamente, a experiência da Administração Púbica Federal do país. Ver o trabalho de MARTINS JR., Wallace Paiva. *Transparência Administrativa.* São Paulo: Saraiva, 2004.

[65] Nesse sentido, a obra de FANO, Enrico (org.). *Trasformazioni e Crisi del Welfare State.* Piemonte: Donato, 1993, p. 38.

mas garantirem a reprodução do capitalismo com legitimidade frente a evidência de ser reprodutor da desigualdade e da exploração sociais.[66]

Pode-se dizer, enfim, que a idéia de Estado, como o próprio tema da Democracia e do Poder Político, passa pela avaliação da eficácia e legitimidade dos procedimentos utilizados no exercício de gestão dos interesses públicos e sua própria demarcação, a partir de novos espaços de comunicação política e novos instrumentos políticos de participação (por exemplo, as chamadas organizações populares de base, os conselhos populares, as parcerias com o setor privado), que expandem, como prática histórica, a dimensão democrática da construção social de uma cidadania contemporânea, representativa da intervenção consciente de novos sujeitos sociais neste processo. Como lembra Warat:

> No existe nada de antemano establecido como sentido del Estado de derecho, la enunciación de sus sentidos sera permanentemente inventada para permitir una gobernabilidad no disociada de las condiciones democraticas de existencia.[67]

O Estado brasileiro, enquanto instituição jurídica e política, neste contexto, vai ter uma função importantíssima, na medida em que, pelos termos da dicção constitucional vigente, se responsabiliza pela mediação da ordenação do social e pela garantia de algumas prerrogativas/direitos que irão se ampliar no âmbito do processo de desenvolvimento das lutas sociais e políticas contemporâneas.

---

[66] PONT, Raul. *Democracia Representativa e Democracia Participativa*. Porto Alegre: www.portoalegre.gov.rs. Neste mesmo texto, adverte o autor, e com ele condordamos, que: "A democracia participativa, por seu potencial mobilizador e conscientizador, permite aos cidadãos desvendar o Estado, geri-lo e estabelecer um efeito demonstração para outros setores da sociedade traduzirem o método para outras esferas da luta política e da competência administrativa ... as principais características da nossa experiência (o autor está falando da Administração Pública na cidade gaúcha de Porto Alegre, em que é Prefeito Municipal neste ano de 2000) podem ser resumidas em alguns aspectos suscetíveis de servirem de referência e de método, independente do conhecimento insubstituível de cada realidade, para outras experiências.
A primeira delas é a *participação popular*, direta ou indiretamente, como no caso de Porto Alegre onde a participação direta no Orçamento Participativo, *regional* e *temática*, não é contraditório com uma rede de conselhos municipais formados por representantes de entidades e associações que também influenciam, fortemente, nas políticas públicas.
A segunda característica é a *prática direta*, a ação insubstituível dos cidadãos nas reuniões, nas discussões e momentos de conhecimento dos dados, dos números para que as pessoas se apropriem dos elementos necessários para decidir. Formem comissões de controle, de fiscalização e tenham o espaço para a cobrança e a crítica. Quanto mais isto for feito diretamente sem transferir para outros, sejam eles líderes comunitários, sindicais ou vereadores, maior e mais rápido será o avanço da consciência democrática.
A terceira característica da nossa experiência é a *auto-organização*, expressa na auto-regulamentação construída e decidida pelos próprios participantes num saudável exercício de soberania popular que não fique sempre à mercê de leis e decretos decididos por outros. A experiência da auto regulamentação foi riquíssima, incorporando critérios que vinham da própria prática desenvolvida: Conselheiros com delegação imperativa e substituição ou revogação dos mandatos quando conselheiros ou suplentes abandonam ou não cumprem as funções assumidas."

[67] WARAT, Luis Alberto. *Fobia al Estado de Derecho*, *in* Anais do Curso de Pós-graduação em Direito, Universidade Integrada do Alto Uruguais e Missões – URI, 1994, p. 18.

1.5. Considerações finais

Por tudo o que dissemos, pois, o Estado Democrático de Direito brasileiro deve ser pensado e constituído a partir de suas particularidades sociais, culturais e econômicas, evidenciadoras de profundos *défices* de inclusão social e participação política, o que, no âmbito da Administração Pública, implica levar em conta que:

> No sistema da administração pública concentra-se um poder que precisa regenerar-se a cada passo a partir do poder comunicativo. Por esta razão, o direito não é apenas constitutivo para o código do poder que dirige o processo de administração. Ele forma simultaneamente o médium para a transformação do poder comunicativo em administrativo. Por isso, é possível desenvolver a idéia do Estado de direito com o auxílio de princípios segundo os quais o direito legítimo é produzido a partir do poder comunicativo e este último é novamente transformado em poder administrativo pelo caminho do direito legitimamente normatizado.[68]

Ao lado disto, um outro complicador que se apresenta no país é o fato de não se conhecer ou negar que a sociedade brasileira vem se modificando muito rapidamente, tornando-se cada vez mais complexa, heterogênea e diferenciada; *novas clivagens surgem e cruzam transversalmente a estrutura de classe, desfazem identidades tradicionais, criam outras tantas e geram uma pluralidade de interesses nem sempre convergentes, quando não conflitantes e mutuamente excludentes.*[69]

Em um contexto no qual as organizações estatais não dão conta das exigências cidadãs e no qual referências identitárias tradicionais são erodidas pela emergência de diferenças sociais, culturais e simbólicas que escapam aos mecanismos tradicionais de representação, a questão que está a desafiar a imaginação política é o difícil problema de tornar comensurável a heterogeneidade inscrita na vida social.

A partir daqui, este Estado tem colocado sérias questões a serem respondidas pela teoria política contemporânea, sendo que a principal delas, ao menos no âmbito dos países ditos em desenvolvimento, como o Brasil, é a de saber sobre as condições de se atribuir aos poderes públicos a responsabilidade de proporcionar espaços de interlocução, deliberação e execução, a toda sociedade e cidadãos, das prestações necessárias e os serviços públicos adequados para o pleno desenvolvimento de suas vidas, contempladas não só a partir das liberdades burguesas tradicionais, mas sim, a partir das prerrogativas e direitos fundamentais e humanos garantidos pela nova ordem constitucional.

---

[68] HABERMAS, Jürgen. *Faticidade e Validade.* Op. cit., p. 215.

[69] TELLES, Vera da Silva. *Sociedade civil e espaços públicos: os caminhos (incertos) da cidadania no Brasil atual.* Belo Horizonte: Ed. UFMG, 1999, p. 142.

Nesta linha de raciocínio, revela-se imprescindível conceber o Estado Democrático de Direito proclamado pelo texto constitucional brasileiro, principalmente em seu Título Primeiro, como resultado e condicionado à Soberania Popular, observados, dentre outros, os seguintes princípios reitores: (a) o do direito subjetivo à participação, com igualdade de condições e chances, na formação democrática da vontade política de autodeterminação dos cidadãos, através de instrumentos e procedimentos eficazes e transparentes; (b) o da garantia de uma tutela jurisdicional independente; (c) o do controle social, judicial e parlamentar da administração; (d) o da separação política entre Estado e Sociedade[70] que visa a impedir que o poder social se transforme, tão-somente, em poder administrativo, sem passar pelo *filtro comunicativo do poder*, viabilizado pelas múltiplas instâncias de mobilização de indivíduos e grupos sociais específicos (consumidores, aposentados, ambientalistas, grupos de gênero, étnicos, etc.).[71]

A partir destes quadrantes teóricos, importa verificar, em linhas gerais, quais são as bases epistemológicas e filosóficas que podem fundamentar uma gestão pública que leve em conta os argumentos supradeduzidos, o que vamos fazer no próximo capítulo deste trabalho.

---

[70] Esta separação é meramente estratégica no campo do embate político de reflexão e ação administrativa dos interesses comunitários, pois concordamos com a advertência de Boaventura de Souza Santos, quando assevera que "a crítica da distinção Estado/sociedade civil defronta-se com três objeções fundamentais. A primeira é que não parece correto que se ponha em causa esta distinção precisamente no momento em que a sociedade civil parece estar, por toda a parte, a reemergir do jugo do Estado e a autonomizar-se em relação a ele, capacitando-se para o desempenho de funções que antes estavam confiadas ao Estado. A segunda objeção é que, mesmo admitindo que a distinção é criticável, é difícil encontrar uma alternativa conceptual ou é mesmo logicamente impossível, pelo menos enquanto vigorar a ordem social burguesa. A terceira objeção é que, sobretudo nas sociedades periféricas e semiperiféricas (como a nossa) caracterizadas por uma sociedade civil fraca, pouco organizada e pouco autônoma, é politicamente perigoso pôr em causa a distinção Estado/sociedade civil". SANTOS, Boaventura de Sousa. *O Estado e os modos de produção de poder social.* São Paulo: Cortez, 1995, p. 123.

[71] HABERMAS, Jürgen. *Faticidade e Validade.* Op. cit.

2. Gestão Pública Compartida no Brasil: construtos epistemológicos

2.1. Notas introdutórias

Em termos de modernidade, a partir do século XVIII, no Ocidente, até em face das novas propostas de organização do político e do social que surgem com as Revoluções Francesa e Americana, as atividades de governo e do Estado serão objeto de controle e minimização por parte dos novos atores sociais hegemônicos,[72] principalmente com o escopo de evitar a centralidade experimentada pelas monarquias e do medievo.[73]

De qualquer sorte, para o desenvolvimento de suas atividades técnico-burocráticas, o Estado/governo, enquanto instituição jurídica e política, têm, ao longo de sua conformação histórica, instituído procedimentos e mecanismos de operacionalização de gestão, tudo regulado positivamente por normativas cogentes.[74] Entretanto, isso, por si só, de um lado, não ga-

[72] Entendidos aqui na perspectiva gramsciana de categorias sociais que se articulam e mobilizam em face de identificações ideológicas, como os donos de capital, possuidores que são de um projeto de crescimento econômico em detrimento do desenvolvimento social. Neste sentido, ver o trabalho de GRAMSCI, Antonio. *Os intelectuais e a organização da cultura.* Rio de Janeiro: Civilização Brasileira, 1985, p. 48. Preferimos tal conceito porque ele melhor dimensiona a natureza multifacetada que informa a constituição dos espaços de poder – institucionais ou não.

[73] Conforme FORSTHOFF, Ernst. *Tratado de Derecho Administrativo.* Madrid: Druma, 1994, p. 273. Lembra o autor que tanto na França como nos Estados Unidos após as revoluções respectivas do século XVIII, forma-se toda uma preocupação em ordenar formalmente as ações políticas do governo em termos de regimentos e estatutos, fundamentalmente para controlá-las de maneira mais eficaz. No início do século XIX, há uma proliferação mais sistematizada, em França, de textos e produções de livros sobre a matéria, tendo contribuído à reflexão do Direito Administrativo as atividades desenvolvidas pelo Conselho de Estado Francês no âmbito de avaliações de contendas envolvendo a Administração Pública, geralmente acatadas pelo Poder Executivo. Odete Medauar, no livro *Direito Administrativo Moderno.* São Paulo: Revista dos Tribunais, 1998, lembra que as primeiras preocupações temáticas sobre o Direito Administrativo que vão surgir nesse período dizem respeito a: autoridade do Estado e sua personalidade jurídica; direitos subjetivos públicos; interesse legítimo; jurisdição administrativa; poder discricionário; serviço público; poder de polícia; contratos administrativos; etc.

[74] Avaliamos o evolver dessas particularidades do Estado em nosso livro LEAL, Rogério Gesta. *Teoria do Estado: cidadania e poder político na modernidade.* Porto Alegre: Livraria do Advogado, 1997.

rante êxito em suas práticas cotidianas de administração dos interesses públicos, e, de outro, não assegura um plano de visibilidade imediata dos seus comportamentos oficiosos – requisitos indispensáveis, por exemplo, para a agenda econômica e política da Idade Moderna.

Já nos dias atuais, vemos como a teoria mais tradicional da Administração Pública tem insistido na idéia de que ela serve, fundamentalmente, às atividades estatais (executivas, legislativas e judiciais) e de governo.[75] De uma certa forma, o conceito de Administração Pública, assim, tem-se sintetizado como um conjunto harmônico e sistêmico[76] de princípios, regras e ações jurídicas que regem os órgãos, os agentes e as atividades públicas, tendentes a realizar concreta, direta e imediatamente os fins desejados pelo Estado.[77]

Por todas essas razões, convencionou-se afirmar que a atividade de administrar os interesses públicos nasce com o Estado, e mais especialmente com o Estado de Direito ou, ainda, numa acepção mais clássica, com a elaboração teórica de Montesquieu sobre a tripartição de poderes, para: (1) evitar e conter o abuso do poder por quem o detém; (2) regular a conduta do Estado e mantê-la afivelada às disposições legais, visando a proteger o cidadão contra abusos ou desvios dos detentores deste poder.[78]

Parece-nos razoável tributar elogiosas congratulações ao intento de utilizar mecanismos de controle e visibilidade dos atos governamentais/estatais como forma de ruptura do modelo medieval e antigo de exercício do poder político. Todavia, força é reconhecer a insuficiência desta postura tendo em conta a evolução das Sociedades e mesmo da política, em especial no que tange às suas complexidades cada vez mais agudas e pontuais.

Em outras palavras, se podemos afirmar que todo o positivo movimento de superação do medievo deu-se conectado com uma nova proposta e agenda econômica para o Ocidente, notadamente centrada no mercado das relações de produção, onde um dos principais objetos era exatamente o de

---

[75] De uma maneira mais sofisticada, trabalhando com conceitos múltiplos, por exemplo, Augustín Gordillo, em seu *Tratado de Derecho Administrativo*. Buenos Aires: Fundación de Derecho Administrativo, 1998, insiste na concepção de que o Direito Administrativo (ou a função administrativa) diz respeito, fundamentalmente, às ações estatais tradicionais. No Brasil, Diogo de Figueiredo Moreira Neto, em sua obra *Curso de Direito Administrativo*. Rio de Janeiro: Forense, 1996, p. 04, é taxativo em afirmar que: "é comum, por isso, num primeiro vislumbre sobre o Direito Administrativo, conotá-lo principalmente às regras de funcionamento do Estado, enquanto que o Direito Constitucional seria, precipuamente, a disciplina das regras de sua estruturação".

[76] Nesse particular, há uma reflexão de FREITAS, Juarez. *A Interpretação Sistemática do Direito*. São Paulo: Malheiros, 1995.

[77] Odete Medauar, no livro *Direito Administrativo Moderno*. Op. cit., p. 31, assevera que "Em essência, o direito administrativo é o conjunto de normas e princípios que regem a atuação da Administração Pública. Inclui-se entre os ramos do direito público, por tratar priomordialmente da organização, meios de ação, formas e relações jurídicas da Administração Pública, um dos campos da atividade estatal".

[78] Conforme ALESSI, Renato. *Instituciones de Derecho Administrativo*. Buenos Aires: Casa Editorial, 1990.

se livrar das arbitrariedades impostas pelos regimes monárquicos e eclesiásticos,[79] deixando à mão invisível desse mercado a responsabilidade pelo desenvolvimento social harmônico, é inevitável reconhecermos que as promessas do liberalismo clássico não se cumpriram e que, em verdade, viram-se totalmente contraditadas pela história, gerando um processo de exclusão e marginalização social sem precedentes.

Dessa forma, evidenciada a fragilidade e insuficiência do Estado Mínimo,[80] perquirido por projetos liberais de Sociedade, diante das profundas crises e demandas sociais causadas pelo próprio modelo, impõe-se verificarmos se as funções outorgadas nos umbrais da Idade Moderna aos institutos de gestão pública ainda persistem.

Por óbvio, sabe-se que a abordagem sugerida não pode se dar com velhos e desgastados conceitos de administração pública – centrada fundamentalmente no Estado –, tampouco circunscrita a pressupostos filosóficos e epistemológicos metafísicos de justificação e de exercício do Poder – como é o da filosofia da consciência[81] –, mas a partir de outros paradigmas, em especial, o de uma filosofia e epistemologia centradas numa racionalidade emancipatória e comunicativa, aqui entendida como a estabelecida por sujeitos lingüísticos (Estado *x* Cidadão), envolvidos numa prática cujo único objetivo deve ser o entendimento/consenso,[82] o que implica permanentes e tensionais pactos de civilidade, que a despeito de provisórios, estão informados por alguns universais modernos, como os direitos humanos e fundamentais, a emancipação dos povos, o controle do poder político, o desenvolvimento auto-sustentável, etc.[83]

> No sistema da administração pública concentra-se um poder que precisa regenerar-se a cada passo a partir do poder comunicativo. Por esta razão, o direito não é apenas constitutivo para o código do poder que dirige o processo de administração; ele forma simultaneamente o medium para a transformação do poder comunicativo em administrativo.[84]

---

[79] E aqui está um elemento revolucionário do movimento burguês, conforme MALANDI, Orlando. *El nuevo derecho publico.* Buenos Aires: Astrea, 1995, p. 319.

[80] Entendido aqui como um Estado não-interventor, ocupando-se tão-somente de matérias atinentes à segurança pública, à educação técnica, etc., tudo para assegurar uma liberdade tranqüila para o capital. Neste sentido ver nosso trabalho LEAL, Rogério Gesta. *Significados e Sentidos do Estado Democrático de Direito enquanto modalidade ideal/constitucional do Estado Brasileiro.* Artigo publicado na Revista Redes, do Programa do Mestrado em Desenvolvimento Regional da UNISC, vol.3, julho de 1998. Santa Cruz do Sul: Edunisc, 1998. 25p.

[81] Em que há um sujeito cognoscente e um objeto conhecido, caracterizados por uma relação de dominação no processo de apreensão apriorística dos seus significados, previamente dado pelo sujeito que conhece. Nesse sentido, ver o texto de HABERMAS, Jürgen. *Strukturwandel der Öffentlichkeit.* Boon: Darmstadt, 1978, p. 83.

[82] Ver HABERMAS, Jürgen. *Faticidade e Validade.* Op. cit., p. 183.

[83] Nesse sentido, o texto de BERNSTEIN, Richar. *Habermas and Modernity.* Cambridge: Polity Press, 1995, p. 37. Abordamos este tema em nosso livro LEAL, Rogério Gesta. *Perspectivas hermenêuticas dos Direitos Humanos e Fundamentais no Brasil.* Porto Alegre: Livraria do Advogado, 2000.

[84] Ver HABERMAS, Jürgen. *Faticidade e Validade.* Op. cit., p. 213.

Tal perspectiva condiciona a legitimidade da Administração Pública no Estado Democrático de Direito, à existência de um processo democrático de comunicação política, que institui um espaço permanente de construção de entendimentos racionais sobre o que se pretende em termos de sociedade e governo, a partir da organização de mecanismos e instrumentos de co-gestão que garantam a visibilidade, compreensão e debate das questões comunitárias relevantes (inclusive na definição de quais sejam), para em seguida, se passar ao nível do seus dimensionamentos em políticas públicas efetivadoras das demandas que elas representam. Ao depois, de maneira não menos importante, mister é que o processo democrático de co-gestão se estenda ao plano da executoriedade e avaliação daquelas políticas definidas, eis que momento particular de esvaziamento do que até então se estabeleceu como tal (por expedientes de cooptação ideológica ou desvio de finalidade político).[85]

Esses novos paradigmas, de matriz habermasiana, serão utilizados na construção de categorias viabilizadoras à leitura e construção de novas formas de gestão do público, objeto maior deste trabalho.

2.2. Bases fundacionais da idéia de gestão pública democrática de direito

Vale lembrar, aqui, guardadas as proporções de sua incisiva abordagem econômica, a assertiva de Clauss Offe,[86] no sentido de que é bem possível que o desnível entre o modo de operação interno e as exigências funcionais impostas do exterior à administração do Estado, não se deve, tão-somente, à estrutura de uma burocracia retrógrada, mas também à estrutura de um meio socioeconômico que *fixa* a administração estatal em um certo modo de operação. É óbvio que um desnível desse gênero, entre o esquema normativo da administração e as exigências funcionais externas, não poderia ser superado através de uma reforma administrativa, mas somente através de uma reforma daquelas estruturas do meio que provocam

[85] Habermas adverte para o fato de que: "o conteúdo do princípio da soberania popular só se esgota através do princípio que garante esferas públicas autônomas e do princípio da concorrência entre os partidos. Ele exige uma estruturação discursiva das arenas públicas nas quais circulações comunicativas, engrenadas anonimamente, se soltam do nível concreto das simples interações. Esta lógica vale para qualquer representação social na arena política, não só às formas de representação política tradicional (pela via dos partidos políticos). Adverte ainda o autor que aquelas arenas devem ser protegidas por direitos fundamentais, levando em conta o espaço que devem proporcionar ao fluxo livre de opiniões, pretensões de validade e tomadas de posição; não podem,todavia, ser organizadas como corporações". Op. cit., p. 215.

[86] OFFE, Clauss. *Problemas Estruturais do Estado Capitalista.* Rio de Janeiro: Tempo Brasileiro, 1994, p. 219.

a contradição entre estrutura administrativa e capacidade de desempenho. Todavia, tais reformas o Estado não pode realizá-las sozinho, porque não consegue agregar a necessária adesão política que banque as alterações no âmbito da correlação de forças envolvidas, tamanhas as resistências que as elites hegemônicas impõem, para não perder suas regalias consolidadas.

Esta adesão política, por sua vez, só pode ser constituída a partir de compromissos e ações ético-políticas voltadas ao consenso e entendimento social, que preencham algumas condições comunicativas voltadas para aquilo que Habermas nomina de um *auto-entendimento hermenêutico de coletividades*, possibilitadora de uma autocompreensão autêntica e condutora à crítica e fortalecimento de um projeto de identidade e vida coletiva. Tal consenso e entendimento, por sua vez, não se constituem a partir de uma mera combinação arranjada circunstancialmente (acordos envolvendo bens jurídicos disponíveis no âmbito da disposição contratual e obrigacional de vontades, por exemplo), mas são frutos do autoconhecimento dos atores sociais e de suas decisões/ações sobre os projetos de vida que desejam.[87]

O espaço institucional do Estado Administrador Democrático de Direito, nesta perspectiva, é privilegiado para os fins de fomentar, e mesmo viabilizar, uma maior articulação de possibilidades implementadoras das condições objetivas à interlocução social reflexiva sobre todos estes temas, oportunizando o surgimento de um processo de autopersuasão, no qual é impossível se pensar em não-participantes, isto porque *todos os membros têm que poder tomar parte no discurso, mesmo que os modos sejam diferentes. Cada um deve ter basicamente as mesmas chances de tomar posição sobre todos os proferimentos relevantes.*[88] Quando assim não age o Estado, há uma agudização na crise de identidade, legitimidade e eficácia das instituições representativas e mesmo do poder instituído.

O resultado de tudo isto é perceptível no atual estado da arte da Administração Pública brasileira, fechada em circuitos de poderes institucionais (Executivo, Legislativo e Judiciário), como únicos espaços legítimos de deliberação e execução do interesse público, o que não mais ocorre em razão da própria falência do modelo endógeno de representação política tradicional vigente até hoje.

Ao lado disto, ainda temos o aumento quantitativo e qualitativo das demandas sociais, cada vez mais complexas e multifacetadas, envolvendo

[87] HABERMAS, Jürgen. *Faticidade e Validade*. Op. cit., p. 228. Destaca o autor ainda que "a participação simétrica de todos os membros exige que os discursos conduzidos representativamente sejam porosos e sensíveis aos estímulos, temas e contribuições, informações e argumentos fornecidos por uma esfera pública pluralista, próxima à base, estruturada discursivamente, portanto diluído pelo poder".

[88] Op. cit., p. 229.

grupos e interesses os mais diversos (não necessariamente opostos), em nome do pluralismo de idéias, crenças e modos de vida, não mais atendidos ou gestados por aquelas formas tradicionais e frágeis de comportamentos estatais e institucionais.

De uma certa forma, compreender bem o perfil da sociedade brasileira contemporânea, notadamente a partir da Carta Política de 1988, com diagnósticos fundados no reconhecimento daquela complexidade recém-referida, é essencial para pensarmos qualquer forma de Administração Pública Democrática de Direito que se pretenda legítima e eficaz, na modalidade do compartilhamento de competências, deveres e direitos. Em razão disto, pretendemos agora demarcar, em linhas gerais, que faces possuem as relações sociais no âmbito do novo texto constitucional no país, e de que forma pode ser pensado convívio de tais relações com o Estado, também redesenhado por este texto.

2.3. Estado e Sociedade no âmbito da Constituição de 1988

De alguma maneira figurativa, considerando o que até agora foi dito, em especial no que tange ao fenômeno da globalização ou transnacionalização de mercados, atitudes e comportamentos sociais, podemos dizer que estamos vivendo sob a égide de um certo *globalismo localizado*, como quer Lizt Vieira,[89] no sentido de que é perceptível no cotidiano das pessoas em geral, o impacto específico de práticas transnacionais sobre condições locais que se desestruturam ou se reestruturam para atender aos imperativos transnacionais. São exemplos disto os enclaves de livre-comércio, desmatamento e destruição de recursos naturais para pagar a dívida externa, uso turístico de sítios históricos e ecológicos, conversão de agricultura sustentável para agricultura de exportação como parte dos denominados ajustes estruturais da economia exigidos pelo FMI.

Em razão disto, tem-se dito que o Estado-Nação, clássico na Idade Moderna, que vincula os direitos e a comunidade ao território, tem hoje sua supremacia debilitada em face dos cenários traçados e está cada vez mais questionada por se contrapor a identidades, comunidades e valores mais locais e particulares, ou mais gerais, e não territoriais (democracia e pluralismo).[90]

---

[89] VIEIRA, Lizt. *Os (des)caminhos da globalização*. In: Cidadania e Globalização. Rio de Janeiro: Record, 1998, p. 69 e seguintes.

[90] Neste sentido, ver o texto de FEATHERSTONE, Mike. *Cultura Global – nacionalismo, globalização e modernidade*. Vozes: Petrópolis, 1998, p. 86. Há uma advertência neste sentido sustentando que: "Uma vez que as nações-estados continuam sendo as únicas estruturas para um balanço e as únicas fontes de iniciativa política efetiva, a 'transnacionalidade' das forças erosivas coloca-as fora do reino

Por incrível e paradoxal que pareça, este mesmo Estado Moderno foi constituído exatamente para instituir um espaço controlável e seguro de produção da ordem, com recursos suficientes para estabelecer e impor regras e normas que ditavam o rumo dos negócios num certo território; regras e normas que, esperava-se, transformassem a contingência em determinação, a ambivalência em *Eindeutigkeit* (clareza), o acaso em regularidade – em suma, a floresta primeva em um jardim cuidadosamente planejado, o caos em ordem.

No argumento pessimista de Bauman:

> No cabaré da globalização, o Estado passa por um strip-tease e no final do espetáculo é deixado apenas com necessidades básicas; seu poder de repressão. Com sua base material distribuída, sua soberania e independência anuladas, sua classe política apagada, a nação-estado torna-se um mero serviço de segurança para as mega-empresas.Os novos senhores do mundo não têm necessidade de governar diretamente. Os governos são encarregados da tarefa de administrar negócios em nome deles.A única tarefa econômica permitida ao Estado e que se espera que ele assuma é a de garantir um "orçamento equilibrado, policiando e controlando as pressões locais por intervenções estatais mais vigorosas na direção dos negócios e em defesa da população face às conseqüências mais sinistras da anarquia de mercado.[91]

O Estado hodierno (e notadamente no Brasil), em tais condições, passa a ter uma revigorada função de ordenação do caos e da agudizante exclusão social cometida por aquele modelo de organização produtiva e social, agora potencializado pelos termos dos vínculos políticos delimitados pelas diretrizes constitucionais, tendo por tarefa e principal característica revitalizada, a administração dos conflitos que perpassam a sociedade multicultural e tensa que o institui. Assim, um processo de democratização de uma sociedade é, necessariamente, também um processo de organização do Estado, em que ele se mobiliza tendo em vista propiciar a possibilidade de prevenção e resolução dos conflitos dessa sociedade, o que implica a constituição de processos e procedimentos adequados à prevenção e resolução desses conflitos.[92] Mas, afinal, o que é adequado em tal contexto?

Para responder a tal questão, mister é que, primeiro, se tenha claro que sociedade é esta que funda o novo Estado Democrático de Direito.

---

da ação deliberada, proposital e potencialmente racional. Como tudo o que elide essa ação, tais forças, suas formas e ações são ofuscadas na névoa do mistério; são objetos de adivinhação e não de análise confiável". In BAUMAN, Zygmunt. *Globalização:as consequências hum*anas. Rio de Janeiro:Jorge Zahar, 1999, p. 64.

[91] BAUMAN, Zygmunt. Op. cit., p. 76.

[92] Veja-se que estas mudanças todas identificadas têm levado o Estado a inserir-se direta e indiretamente no processo de acumulação do capital, seja para conter a tendência decrescente da taxa de lucros nas economias capitalistas, seja para atender os imperativos da divisão e exclusão do trabalho, que requer, cada vez mais, níveis mais altos de competitividade e de inclusão social. Ver o texto de BASBAUM, Leôncio. *História Sincera da República.* 04 volumes. São Paulo: Alfa-Ômega, 1981.

Em termos históricos, a formação da sociedade brasileira, se a reconstruirmos pela interpretação de intelectuais do porte de Gilberto Freyre, Caio Prado Jr., Sérgio Buarque de Hollanda, Machado de Assis, Celso Furtado e outros, revela-se como um processo complexo de violência, proibição da fala, mais modernamente privatização do público, interpretado, por alguns, como a categoria de patrimonialismo,[93] revolução pelo alto e incompatibilidade radical entre dominação de algumas elites abastadas e democracia.

Na leitura desta história por Freyre,[94] há o destaque das cores fortes da violência sexual como apropriação do corpo e anulação do outro, a proibição dos cultos africanos como proibição da fala, o rigor dos castigos como proibição da reivindicação. Já Sérgio Buarque,[95] com o *homem cordial*, insiste quase nas mesmas teclas: a astúcia da intimidade cordial é o horror das distâncias que é signo do não-reconhecimento da alteridade, das distintas proibições que anularam toda possibilidade de uma experiência subjetiva liberal.

Na verdade, em não havendo rompido nunca com as bases do poder latifundiário, de um lado, e, de outro, em cedendo sua primazia à economia internacional, as elites brasileiras realizaram a passagem para a dominação econômica de classe sem qualquer ruptura revolucionária mais drástica, eis que as revoluções que houve foram muito localizadas regionalmente e pouco marcadas por ideais de transformação da estrutura econômica. Mais que isto, as transformações que o capitalismo introduz na estrutura de relações sociais, sobretudo a emergência de um proletariado independente, a libertação do campesinato dos laços de dependência e da servidão, jamais atingiram a experiência política nacional em cheio, o que fomentou a emergência de ações institucionais autoritárias e violentas, como os governos populistas, assistencialistas e militares que tivemos.[96]

José Martins, avaliando os contornos da história do cotidiano brasileiro, tem insistido com o fato de que esta história se encontra bloqueada pelo capital e pelo poder institucional das grandes corporações, fazendo da vida cotidiana o refúgio para o desencanto de um futuro improvável. *Os grandes embates pela redenção do gênero humano de suas limitações e misérias estão sendo readaptados a esse novo território da vida e do viver. A socie-*

---

[93] Como é o caso de FAORO, Raymundo. *Os donos do poder*. Op. cit.

[94] FREYRE, Gilberto. *Casa Grande e Senzala*. Rio de Janeiro: Tempo Brasileiro, 1978, p. 119.

[95] HOLANDA, Sérgio Buarque. *Raízes do Brasil*. Rio de Janeiro: Globo, 1982.

[96] Não deixo de reconhecer aqui a importância da resistência civil a estas ditaduras governamentais, todavia, como elas não operaram uma eficácia social generalizada, restringindo-se a grupos de militância da esquerda nacional, seu efeito restou diluído numa perspectiva de mudança de estruturas de poder postas. Avaliei este tema em meu livro LEAL, Rogério Gesta. *Direitos Humanos no Brasil: desafios à democracia*. Porto Alegre: Livraria do Advogado, 1997.

dade está sendo reinventada.[97] O novo herói da vida, ao longo de um bom tempo de nossa história, é o homem comum, imerso no cotidiano, relevando a potencialidade atomizada de superação dos problemas que o mundo da vida apresenta, à moda liberal mais clássica.

Aqui, o *homo faber* ganha ainda mais distinção, porque é ele que detém, com seu trabalho e produção da riqueza, as respostas para todos os males e problemas que atingem seu semelhante; é com seu projeto de vida pessoal que ele vai fazer dar certo o seu entorno, trabalhando e criando as condições materiais necessárias ao crescimento econômico que a todos vai atingir e salvar. Ocorre que esta promessa escatológica do mercado não vingou, ao contrário, ela gerou ações inversas e perversas, muito mais de exclusão do que inclusão, redundando numa avalancha de traumas e violências jamais antes vista.[98]

Os sujeitos históricos do cotidiano, como nos mostraram as décadas de 1950 a 1970 no país, passaram de indivíduos produtores de riqueza e miséria, para grupos/coletividades que, por uma questão de sobrevivência ao modelo de desenvolvimento vigente e solidariedade comunitária, vão formando uma teia de relações materiais de apoio mútuo e, conseqüentemente, de intersubjetividades, a ponto de trabalharem questões envolvendo o tema do poder e de seu exercício, pois sabedores dos níveis de complexidade que informam seu cotidiano, aos novos tempos, desafios e demandas que não podem mais ser tomadas sob óticas e perspectivas reducionistas ou unilaterais, tanto pela própria Sociedade como pelo Mercado e pelo Estado, sob pena de provocar erros de diagnóstico e prognóstico, gerando intervenções/ações desastradas e equivocadas, complicando a situação destes atores em vez de contribuir para o equilíbrio de suas interfaces.[99]

Ao lado do esfumaceamento do poder e dos locais de decisão do político, causado pelas descentralidades espacial e temporal provocadas pela

---

[97] MARTINS, José de Souza. *O senso comum e a vida cotidiana.* São Paulo: Tempo Social – Revista Sociologia. USP, 1998, p. 39.

[98] Ver CASTORIADIS, Cornelius. *As encruzilhadas do labirinto.* Vol.I. São Paulo: Paz e Terra, 1986, p. 58 e ss.

[99] Ver DAGNINO, Eva. *Os movimentos sociais e a emergência de uma nova noção de cidadania.* In Os anos 90: política e sociedade no Brasil. São Paulo: Brasiliense, 1994. Cumpre referir que, na base constitutiva deste cenário, temos o projeto de modernização da sociedade brasileira, visto em seu plano econômico, que está basicamente circunscrito a partir da Revolução de 1930, tomando impulso na década dos 50, quando o modelo de substituição de importações cedeu lugar ao modelo de internacionalização da economia. Em sua essência, esse projeto envolvia a consolidação e conexão dos mercados de produção e consumo, impulsionados pela industrialização como sinônimo de desenvolvimento e pela ampliação das classes médias. A permanente redistribuição espacial da população, gerada por essa difusão da urbanização, onde processos de reconcentração combinam-se com processos de resdistribuição populacional, acaba por modificar laços sociais de solidariedade e laços políticos de lealdade, fazendo com que as cidades façam parte de uma identidade *nacional*, ao mesmo tempo que se configuram como *locus* da produção e reprodução societais: a politização do espaço, que precisa encontrar canal de representação no sistema político e na administração pública.

transnacionalização de Mercados, o que gerou a ficção de uma aldeia global, em que emergeria o cidadão universal,[100] temos visto surgir um outro fenômeno que é o da descentralização e emergência de inéditos sujeitos de poder, uma vez que, de um lado, as promessas da nova economia não se concretizaram para a maior parte dos cidadãos, criando um exército de verdadeiros *lupen-cidadãos*, e, de outro lado, os tradicionais atores da política (Parlamento, Executivo e Judiciário) deixam a desejar em face das demandas e pressões societais cada vez mais tensas e de híbrida natureza (ecológica, consumeirista, étnica, sexual, etc.).

Estes novos atores, muito mais coletivos do que individuais, têm uma experiência histórica localizada, por exemplo, na trajetória dos movimentos sociais, instituindo um espaço público no qual se elaborou e se difundiu, para usar a expressão de Lefort,[101] uma consciência do direito a ter direitos, conformando os termos de uma exitosa mobilização política na história brasileira, em que a cidadania é buscada como luta e conquista e a reivindicação de direitos interpela a sociedade enquanto exigência de uma negociação possível, aberta ao reconhecimento dos interesses e das razões que dão plausibilidade às aspirações por um trabalho mais digno, por uma vida mais decente, por uma sociedade mais civilizada nas suas formas de sociabilidade.[102]

Se é da tradição do Ocidente possuir mecanismos institucionais para mediar as relações sociais – como o próprio Estado –, esta tradição não se mostrou eficaz em seus intentos, pois, ou afastou-se deles, tornando estes mecanismos muito mais privados do que públicos, ou, o que é pior, nunca esteve interessado na consecução de projetos públicos de sociabilidade inclusiva.

Exemplo disto são as práticas autoritárias e decisionistas com as quais o Poder Executivo tem exercido o governo, tomando de assalto a máquina estatal para com ela levar a cabo políticas de gestão casuístas e comprometidas com universos segmentados do tecido social (em regra, os mais abastados). Para tanto, utiliza os instrumentos que o sistema jurídico lhe proporciona, como, no caso brasileiro, as Medidas Provisórias, o Orçamento Público, as trocas de favor com o Legislativo, as pressões simbólicas e

[100] Ficção porque os incluídos neste novo espaço e tempo transnacional são, fundamentalmente, os consumidores de algo ou de alguma coisa, porque, para ser um cidadão universal é preciso ter acesso aos meios para tanto (comunidade virtual, redes de comunicação, aparelhos que viabilizem a inserção, recursos para transitar pela aldeia global), o que implica possuir recursos financeiros. Diante disto, a transnacionalização mais exclui do que inclui, e quando inclui, o faz de forma autoritária e por adesão, sem nenhuma oportunidade de interlocução ou negociação sobre os seus termos e sobre o que oferta à inclusão. Neste sentido, ver o texto de PRZEWORSKI, Anthon. *Democracy, Accoutability and Representation.* Cambridge: Cambridge University Press, 2001, p. 93.

[101] LEFORT, Claude. *LInvention Democratique.* Paris: Puff, 1989, p. 51.

[102] Ver, sobre este tema, o trabalho de TELLES, Vera da Silva. *O pobre ou o cidadão: as figuras da questão social.* Belo Horizonte: UFMG, 1999, p. 34 e ss.

reais de verbas e recursos para o Judiciário, etc.[103] Com isto, vai gerando um insulamento institucional, o que lhe garante espaço e condições para governar sozinho, como detentor da onisciência capaz de identificar o que efetivamente a população necessita para seu cotidiano, numa franca relação, ou paternalista/assistencialista, em que o dolo para a provocação do mal e da corrupção vem diminuída (como no caso dos governos populistas), ou burocrática-autoritária, fundada nos permissivos normativos que autorizam comportamentos administrativos oriundos exclusivamente da autoridade competente, senhora de todas as coisas e de todos os homens, situação que facilita em muito a livre corrupção e os desvios da finalidade pública.[104]

O Poder Legislativo, por sua vez, tem perdido suas feições legiferantes, tanto em face da ação indutora e casuísta do Estado Burocrático-Administrador, autor do maior número de iniciativas legislativas nos regimes presidencialista e mesmo parlamentarista, como em razão da perda de identidade social decorrente de sua acomodação institucional e dos altos índices de corrupção em que por vezes se vê acometido. Soma-se a isto o fato de que, por vezes, os representantes políticos da Democracia Representativa usam seus mandatos, ora sem a menor noção de República e Federação, presos a noções e preocupações locais e, no máximo, regionais, olvidando-se da inserção nacional e internacional que representa sua legislatura, ora como verdadeira mercadoria de troca e de barganha comercial ou financeira, atendendo a demandas pessoais e corporativas, todas dissociadas dos vínculos políticos matriciais que informam seu mandato.[105]

Por fim, no que tange ao Poder Judiciário, a despeito de que seu posicionamento face à realidade social não tem sido objeto de estudos jurídicos mais sistematizados, especialmente porque a matéria se enquadra no âmbito da sociologia jurídica, em tese, entre nós pouco desenvolvida, podemos afirmar que ele também passa por, no mínimo, duas crises institucionais: (1) uma crise de identidade, principalmente em face da profunda anomia de responsabilidade pelos cenários que vimos anteriormente, já que nenhum dos poderes oficiais pretende assumir sua parcela no latifúndio caótico em que se vê imerso o tecido social. Assim, recaem sobre o Estado Juiz os reclames os mais diversos e polêmicos possíveis, buscando-o como tábua de salvação de uma cidadania desterrada; (2) uma crise funcional e estrutural, já que a burocracia que o assola, não raro, o torna ineficiente, não

[103] Ver o texto de SANTOS, Boaventura de Sousa. *Reinventar a Democracia*. Lisboa: Gradiva, 1999, p. 34 e ss.

[104] Conforme sinaliza o texto de MANIN, Bárbara. *The principles of representative government*. Cambridge: Cambridge Unversity Press, 1999, p. 92 e ss.

[105] Ver o excelente texto de FUNG, Norbert. *Deepening Democracy*. London: Verso Press, 2002, p. 29 e ss.

conseguindo, sequer, cumprir com suas cotidianas tarefas operativas. No exemplo de Aurélio Wander Bastos:

> Se ocorre qualquer avaria, por exemplo, o Oficial de Justiça não entrega o mandado no prazo expectado, ou um agente qualquer atua por força de gratificações extras, ou o Juiz não oferece a sentença ou, mesmo, os Cartórios e Secretarias inviabilizam-se pelo acúmulo de serviços, o Poder começa a funcionar anomicamente e aquelas demandas que facilmente poderiam ser decididas, porque gozam de amparo substantivo e adjetivo, congestionam. Este congestionamento de conflitos sociais simples mais se agrava quando falta à autoridade a competência necessária e explícita para decidir os conflitos sociais mais ou menos complexos. Os conflitos sociais simples coogestionados e os conflitos sociais mais ou menos complexos, aguardando solução ou encaminhamento legal e/ou judicial, combinadamente podem levar o Poder a uma disfuncionalidade completa e a situações de verdadeiro entumescimento, inviabilizando o cumprimento de suas funções sociais.[106]

Ora, se o Estado, mesmo com as condições materiais necessárias para desempenhar seu mister não o consegue, em face dos condicionantes referidos, a verdade é que a comunidade não pode esperar por soluções urgentes às suas demandas, estas muitas vezes primárias, condizentes com prerrogativas de subsistência – como água, luz, habitação, saúde, etc., acabando por agudizar ainda mais a exposição da falência do modelo atual de Administração Pública, em todos os seus níveis.

Para não conhecer de sua ineficiência, o Estado prefere, em algumas oportunidades, negar a existência de inúmeras tensões sociais que se avolumam sem respostas satisfativas, ou ainda, lançá-las à clandestinidade ou ilicitude, tratando-as como anomalias comportamentais que precisam ser severamente coagidas, tais como os movimentos dos sem-terra, dos sem-teto, a questão dos parcelamentos clandestinos do solo urbano, a violência generalizada, a prostituição, o narcotráfico, etc.

Deixa o Estado, assim, de compreender que administrar os conflitos da sociedade significa conservar a sociedade e ter, como legítima, a complexidade multifacetada de suas articulações e tensões; que não precisam ser extirpadas as diferenças identificadas no seu evolver, mas impõe-se a gestão da diversidade em nome da harmonia e pacificação das relações sociais, evitando que a comunidade se desintegre. Na medida em que o Estado não é capaz de resolver os conflitos, ele perde sua legitimidade, ou em outros termos, a questão da legitimidade desse Estado torna-se um problema.

Todas estas crises identificadas, ainda no plano do diagnóstico, não nos fazem propugnar pela descrença total no Estado como espaço público de gestão de interesses coletivos, mas, tão-somente, no Estado instituição

---

[106] BASTOS, Aurélio Wander. Poder Judiciário e Crise Social. In *Revista Ajuris*, Vol. 43. Porto Alegre: RTJRGS, 1988, p. 225.

tradicional, concebido a partir, exclusivamente, de seu *locus* insulado e tecno-burocrático de fala oficial, unilateral e arbitrariamente imposto a uma cidadania ainda mais expectadora dos acontecimentos.

Ocorre que a própria cidadania não mais se presta à condição de expectadora, porque boa parte dela encontra-se exaurida diante de tantos desmandos e silêncios frente às demandas que se avolumam, deixando pouca margem de escolha, senão comportamentos de autopreservação e autotutela que beiram mesmo a cenários e instâncias de ilicitude. Alguns destes cenários e instâncias, por sua vez, sofrem um processo de cooptação ideológica ou recuperação social a ponto de diminuir os índices de sua reprovabilidade e coação institucional, como é o caso dos jurássicos tipos da *sedução, vadiagem, jogo do bixo,* ou as criações jurisprudenciais neste sentido, tais como o *furto de uso, furto famérico, crime de bagatela,* etc. .

Em outras oportunidades, desejando o Estado não perder o controle social que ele exerce através e com o Direito, busca ir ao encontro de espaços de litigiosidade perdidos para a autotutela social, tanto em nome da mantença do seu poder – mais simbólico do que real hoje –, como preocupado em assegurar um mínimo de respeito e acatamento às oficiais regras do jogo, até para justificar sua existência no campo de confronto societal, como é o caso da experiência dos Juizados de Pequenas Causas e, hoje, Juizados Especiais, como ocorre com a promessa da mediação e arbitragem, estas numa perspectiva de descentralização mais formal e material da solução do conflito, compartindo com a comunidade e outros atores, que não exclusivamente o judiciário, a responsabilidade pela composição de interesses juridicamente protegidos pelo sistema vigente.[107]

Estas experiências novas, a despeito de pouco experimentadas, além de sofrer resistências da cultura belicosa com a qual é formada, por exemplo, o bacharel em direito (uma vez que estamos falando do Judiciário), muito mais preparado para o conflito do que à sua composição, precisam ser tratadas com a devida cautela e sopesamento, principalmente filosófico, eis que de nada adiante utilizarmos novos institutos e fórmulas de gestão social com velhas concepções de Poder, Estado e Sociedade, todas militarizadas por práticas autoritárias e concentradoras.[108]

Vejamos, um pouco, quais os fundamentos que devem informar uma proposta inovadora de gestão compartida de interesses públicos.

---

[107] Não há aqui nenhuma romântica expressão de solução dos índices de conflituosidade, até porque, quanto mais se oportuniza a veiculação destes, com espaços de gestão e negociação mais populares e menos formais, mais aflorarão no cotidiano, porque, na verdade, esta litigiosidade está contida, represada e, quando exsurge, às vezes o faz de maneira violenta e impactante – como é o caso dos movimentos sociais de combate (o Movimento dos Sem-Terra, dos Sem-Teto, o do Crime Organizado, etc.).

[108] Ver o excelente texto de ODONNELL, Guillermo. *Transitions from authoritarian rule: prospects for democracy.* Baltimore: Johns Hopkins Unversity Press, 1996, p. 34 e ss.

2.4. Gestão Pública Compartida: elementos constitutivos

A par do que sustentamos até agora, ser cidadão, no âmbito principalmente da Constituição brasileira de 1988, não tem a ver fundamentalmente com os direitos reconhecidos pelos aparelhos estatais, pelo fato de que esta cidadania localiza-se em território determinado, mas, notadamente, com as práticas sociais e culturais que dão sentido de pertencimento desta cidadania com o seu espaço e tempo, e fazem com que se sintam diferentes, os que possuem uma mesma língua, formas semelhantes de organização e de satisfação das necessidades.

Com tal perfil, a cidadania de que estamos falando, apresenta-se como constituidora de ações emancipadoras e politicamente confirmatórias do estatuto universal de reconhecimento que atingiu – desde a luta pelo reconhecimento dos Direitos Humanos e Fundamentais, até a sua efetivação cotidiana no mundo da vida das pessoas comuns do povo. Tais ações apresentam-se como verdadeira estratégia política para abranger as práticas emergentes não consagradas pela ordem jurídica, o papel das subjetividades na renovação da sociedade, e, ao mesmo tempo, para entender o lugar relativo destas práticas dentro da ordem democrática e procurar novas formas de legitimidade estruturadas de maneira duradoura em outro tipo de Estado. Implica, tanto em reivindicar os direitos de aceder e pertencer ao sistema sociopolítico, como no direito de participar na reelaboração do sistema, definindo portanto, aquilo de que queremos fazer parte.

Como quer Canclini, *a perda de eficácia das formas tradicionais e ilustradas de participação cidadã (partidos, sindicatos, associações de base) não é compensada pela incorporação das massas como consumidoras ou participantes ocasionais dos espetáculos que os poderes políticos, tecnológicos e econômicos oferecem através dos meios de comunicação de massa.*[109]

Significa dizer, em outras palavras, que já não bastam as clássicas instituições de representação do político e da política apresentarem respostas prontas e acabadas de soluções sobre os problemas que elas mesmas identificam como prioridades sociais. Mas, o que esta nova sociedade civil – organizada ou não – faz, é problematizar a própria noção e percepção de problemas que afligem o social, uma vez que a leitura posta por aquelas instituições não se revelam oniscientes ou onipotentes, imunes à crítica e à reflexão política cada vez mais espargidas nos multifacetados tecidos e fragmentos sociais existes (incorporados pela rede de movimentos que se ampliam a cada dia).

---

[109] CANCLINI,Nestor García. *Consumidores e cidadãos: conflitos multiculturais da globalização.* Rio de Janeiro: UFRJ, 1999, p. 46.

Ocorre que, como bem lembra Comparato, em países de grande desigualdade social como o Brasil, o aperfeiçoamento democrático não passa necessariamente, pela atribuição de maiores poderes decisórios ao povo, através da ampliação do uso obrigatório dos referendos e consultas populares. *É que, justamente, esses poderes acrescidos não serão, de fato, exercidos pelo povo, enquanto corpo coletivo unitário, mas sim pelos detentores do verdadeiro kyrion ou poder supremo efetivo, no seio do povo.*[110]

Sustenta o autor referido, e nós concordamos, que a democratização substancial de sociedades inigualitárias como nosso país, não decorre, pois, mecanicamente, da simples ampliação do sufrágio popular. É mister, antes de mais nada, atacar as fontes do poder tecno-burocrático, as quais se encontram *na própria estrutura das relações econômicas e sociais, notadamente as restrições práticas à instrução popular e o monopólio dos meios de comunicação de massa em mãos da minoria dominante.*[111]

Aquelas fontes, no entanto, já estão se alterando e alternando, talvez não ainda em níveis de mudanças abruptas nas relações intersubjetivas que ordenam, porque temos que tais alterações não são tão radicais hoje, mas com certeza, o núcleo de interessados e partícipes que inauguram os novos centros de irradiação do poder e de seu exercício, estão presentes e atuantes, não mais como consumidores de produtos políticos acabados, mas como instituidores de articulações e ações políticas fundadoras de outro pacto social, mais inclusivo, pluralista e democrático, afigurando-se como verdadeiro *ponto de partida, o grau zero [degré zéro] da legitimação pós-monárquica.*[112]

A perspectiva que estamos propondo, pois, para pensarmos o tema da gestão pública, é epistemológica, ou seja, tem bases de sustentação e justificação que se prestam ao falseamento e à problematização, pois pretende explicitar as categoriais a serem utilizadas em sua delimitação conceitual matricial.

Cumpre, agora, avaliar os termos desta base de sustentação.

A primeira base desta perspectiva é um novo conceito de sociedade, tido aqui como o conjunto de pessoas espacial e temporalmente identificadas como conformadoras de uma comunidade política, de início, agregada em um território de circunscrição nacional-estatal, constituída de múltiplas e polissêmicas culturas e práticas de vida coletiva, norteadas, porém, pelo mesmo plexo axiológico de prerrogativas e deveres individuais e coletivos (dentre os quais, os Direitos Humanos e Fundamentais).

---

[110] In MÜLLER, Friedrich. *Quem é o povo? A questão fundamental da democracia.* São Paulo: Max Limonad, 1998, p. 23.

[111] Op. cit., p. 24.

[112] Idem, p. 57.

Tomar a sociedade como base epistemológica aqui, significa um modo determinado de problematizar o tema proposto, a saber, a gestão pública dos interesses públicos. Esta forma de gestão, a partir do referido, é concebida de forma procedimental, i.é, como práticas, discursos e valores que afetam o modo como desigualdades e diferenças, direitos e deveres, são tratados e administradas no cenário público.

Direitos e deveres, por sua vez, são eles mesmos fruto de um processo tenso de negociação e edificação dentre os conflitos existentes (portanto, estes são tidos como elementos constitutivos do processo) e, a partir deles e de suas diversidades, é que se pode constituir uma síntese dialetizada da unidade necessária para, mediante um renovado pacto civilizatório, criar as condições e possiblidades de existência e desenvolvimento social digno,[113] a qualquer momento passíveis de serem revistos (seja para suas ratificações ou retificações).

Aqueles direitos e deveres operam como princípios reguladores de práticas sociais, definindo as regras das reciprocidades esperadas na vida em sociedade, através da atribuição, mutuamente acordada (e negociada), das obrigações e responsabilidades, garantias e prerrogativas de cada um. Nos termos de Vera Telles, *como forma de sociabilidade e regra de reciprocidade, os direitos constroem, portanto, vínculos propriamente civis entre indivíduos, grupos e classes.*[114]

Por certo que, como já referimos, as correlações de forças políticas aqui destacadas não têm o condão de garantir mudança alguma no cenário autoritário de poder que se desenha na trajetória da Administração dos interesses públicos no país, se desprovidas de inserção e efetividade comunitária, ou seja, é preciso que se tenha presente a necessidade de que uma sociedade democrática ativa esteja articulada em torno de uma cultura política e orgânica democrática-ativa, sob pena de cair nos mesmos vícios de discursos institucionais *democráticos* esvaziados por práticas autoritárias de poder.[115]

Em face de tais argumentos, a segunda base epistemológica de nossa perspectiva diz respeito a uma nova conceitualização de Estado, isto porque estamos convictos de que, num espaço público em que o Estado convive com interesses e organizações não-estatais, cuja atuação coordena, uma

---

[113] O parâmetro da dignidade posta neste contexto é dado de forma objetiva, a partir dos Direitos Humanos e Fundamentais erigidos pela história de cada comunidade e universalizados no seu evolver. Alguns já climatizados e incorporados nas culturas políticas e jurídicas de muitos países. Abordei este tema em meu livro LEAL, Rogério Gesta. *Perspectivas Hermenêuticas dos Direitos Humanos e Fundamentais no Brasil.* Porto Alegre: Livraria do Advogado, 2001.

[114] TELLES, Vera da Silva. *Sociedade civil e espaços públicos: os caminhos (incertos) da cidadania no Brasil atual.* Belo Horizonte: UFMG, 1999, p. 138.

[115] Há uma boa reflexão nesta direção no trabalho de JOIN-LAMBERT, Christian. *L'Etat moderne et ladministration.* Paris: LGDJ, 1997.

sociedade que se quer democrática de direito não pode confinar-se à democracia representativa, uma vez que esta foi desenhada, apenas, para ação política no marco do Estado e de suas instituições oficiais.

Aliás, para Francisco de Oliveira, reside aqui o misterioso desaparecimento da tensão entre a democracia e o capitalismo no nosso final de século.

> É que nessas condições da nova constelação política, a democracia representativa perdeu as parcas virtualidades distributivas que alguma vez teve. Nas novas condições, a democracia redistributiva tem de ser democracia participativa e a participação democrática tem de incidir tanto na atuação estatal de coordenação como na atuação dos agentes privados, empresas, organizações não governamentais, movimentos sociais, cujos interesses e desempenho o Estado coordena. Por outras palavras, não faz sentido democratizar o Estado se simultaneamente não se democratizar a esfera não estatal. Só a convergência dos dois processos de democratização garante a reconstituição do espaço público de deliberação democrática.[116]

O Estado de que estamos falando, pois, não se confunde com a instituição jurídica que toma corpo em seus poderes institucionais, mas é espaço de comunicação e explicitação de um mundo da vida ordenado por marcos normativos fundantes, vetores axiológicos positivos que estabelecem as regras do jogo democrático, a partir do qual se tem, tão-somente, um mínimo existencial assegurado, um plexo de prerrogativas e garantias que se postam como conquista histórica da humanidade em seu evolver. No mais, tudo pode e precisa ser construído, dependendo da capacidade criativa que temos de superar nossas próprias limitações, categoriais restritivas das possibilidades existenciais intersubjetivas que nos prometeu a racionalidade moderna.

Queremos crer, neste particular, e com Boaventura de Sousa Santos,[117] que tanto a Sociedade Democrática como o Estado Democrático, só se justificam a partir do reconhecimento de suas naturezas multiformes e abertas, constituindo-se ambos num campo de experimentação política emancipadora, permitindo que diferentes soluções institucionais e não-institucionais coexistam e compitam durante algum tempo, com caráter de experiências-piloto, sujeitas à monitorização permanente de organizações sociais, com vista a proceder a avaliação comparada dos seus desempenhos.[118]

---

[116] OLIVEIRA,Francisco de. PAOLI,Maria Célia.*Os sentidos da democracia.* Petrópolis,RJ: Vozes, 1999, p. 39.

[117] SANTOS, Boaventura de Sousa. *Reivindicar a democracia: entre o pré-contratualismo e o pós-contratrualismo.* In Os sentidos da democracia. Petrópolis,RJ: Vozes, 1999, p. 126.

[118] Criando, por exemplo, mecanismos de acompanhamento e avaliação permanente das instituições (Executivo, Judiciário, Legislativo), tanto no âmbito do controle interno (a ser maximizado com estratégias e instrumentos de visibilidade plena de suas ações), como do externo (com conselhos corporativos e populares, mais os tradicionais já existentes).

Esta nova forma de um possível Estado e Sociedade democráticos, deve se assentar em dois princípios de experimentação laboratorial:

> O primeiro é de que o Estado só é genuinamente experimental na medida em que às diferentes soluções institucionais são dadas iguais condições para se desenvolverem segundo a sua lógica própria. Ou seja, o Estado experimental é democrático na medida em que confere igualdade de oportunidades às diferentes propostas de institucionalidade democrática. Só assim a luta democrática se converte verdadeiramente em luta por alternativas democráticas. Só assim é possível lutar democraticamente contra o dogmatismo democrático. Esta experimentação institucional que ocorre no interior do campo democrático não pode deixar de causar alguma instabilidade e incoerência na ação estatal e pela fragmentação estatal que dela eventualmente resulte podem sub-repticiamente gerar-se novas exclusões.[119]

O segundo princípio adotado pelo pensador português, com o qual concordamos também, deixa muito clara a importância que o Estado tem ainda na constituição de uma gestão pública compartida, pois que deve servir de garante não só da igualdade de oportunidades aos diferentes projetos de institucionalidade democrática, mas também garantir padrões mínimos de inclusão, que tornem possível a cidadania ativa monitorar, acompanhar e avaliar o desempenho dos projetos alternativos. Esses padrões mínimos de inclusão são indispensáveis para transformar a instabilidade institucional em campo de deliberação democrática. *O novo Estado de bem estar é um Estado experimental e é a experimentação contínua com participação ativa dos cidadãos que garante a sustentabilidade do bem-estar.*[120]

Mas, de que forma esta relação entre Sociedade e Estado pode potencializar a idéia de gestão compartida? Por certo, não através, exclusivamente, dos atuais meios de participação oficial vigentes (voto, parlamento, plebiscito, referendo, etc.), mas de outras formas e fórmulas de participação.

E aqui vem, por fim, a terceira base epistemológica que informa nossa perspectiva de gestão pública compartida: a interlocução política de todos os atores que são afetados pela Administração, resgatando o seu lugar histórico neste âmbito, i.é, os mais legítimos fundadores do Estado, do Mercado e da Administração Pública. Estamos falando da abertura de um campo de interlocução entre a sociedade civil organizada e as tradicionais instituições existentes, como por exemplo, os Conselhos Populares que proliferaram desde a Constituição de 1988 no país; os Conselhos Regionais de Desenvolvimento, estes devendo auxiliar o Poder Executivo na Administração dos interesses dos Municípios, dos Estados-Membros e da União; as comissões temáticas, no âmbito do Poder Legislativo, contribuindo para ampliar debates de interesse social, a iniciativa popular para projetos de lei;

[119] Op. cit., p. 127.
[120] Op. cit., p. 127.

os juizados especiais, a mediação e arbitragem, no âmbito do Poder Judiciário.

O que ocorre com estes mecanismos de abertura e desconcentração dos poderes instituídos é que, muitas vezes, são verdadeiramente cooptados pelas falácias e artimanhas de velhas instituições que ainda resistem à distribuição do poder, a despeito de suas falências diante das demandas agregadas e reprimidas. Ou seja, são tomados de assalto por comportamentos e condutas corporativas e, mesmo, agentes de parcela da comunidade já encastelados nas estruturas vetustais do Leviathã Moderno, fazendo deles mais um canal de veiculação dos seus interesses do que dos interesses comunitários.[121]

2.5. Considerações finais

Em face do todo ponderado, estamos sustentando a urgência da instituição de uma Administração Pública Democrática de Direito que parte, dentre outras, da idéia de ação comunicativa de Habermas, no sentido de ser necessário, primeiro, nos colocarmos de acordo sobre as proposições assertóricas que constituem as pretensões de validade de nossos discursos e práticas fundacionais do entorno em que nos vemos inseridos (e construímos).[122]

Em outras palavras, mister é que possamos construir pactos semânticos e pragmáticos de comunicação, no intento de alcançar um entendimento sobre o mundo da vida que temos, que queremos e sobre como vamos, processualmente, alcançar isto, tendo em conta que cada etapa desta comunicação tem que conter todos os princípios, valores e fins que estão a informar aquele entendimento, o que quebra, violentamente, com o conceito de democracia representativa, para reforçar a necessidade de uma democracia mais do que participativa, mas substancial e procedimental, porque permanentemente comprometida com todo o projeto de vida envolvido e causador da própria comunicação, em cada momento dele.[123]

A comunicação do político aqui (compreendida como toda e qualquer manifestação racional sobre as possibilidades da existência) não se apresenta como absolutamente idealista e mesmo niilista, partindo de uma acepção romântica e abstrata do mundo ideal, criado por articulações cerebrinas e ufanistas, mas, pelo contrário, esta comunicação encontra-se já numa fase

---

[121] Isto ratifica nossa tese de que a falta de uma cultura política democrática interfere pontualmente neste cenário.

[122] Ver o texto de HABERMAS, Jürgen. *Erkenntnis und Interesse*. Frankfurt: Verlag, 1973.

[123] Neste sentido, ver o texto de HABERMAS, Jürgen. *Theorie und Praxis*. Frankfurt: Verlag, 1992.

ulterior da metafísica, porque está no centro fenomenológico de um viver historicamente determinado, constituída de um homem que é fruto de sua condição de ser no mundo; de um ser no mundo que construiu sua historicidade a partir de uma relação de causa e efeito com os seres que o constituem, e que, neste processo, criaram alguns parâmetros de ser e de existir, dentre os quais, numa síntese apertada, podemos indicar os Direitos Humanos e Fundamentais.

Queremos defender que, a partir dos Direitos Humanos e Fundamentais, enquanto marcos normativos de relações sociais pontencialmente dirigidas para o entendimento racional de fundação do mundo da vida, é possível alinharmos alguns contributos à definição de uma comunicação política que seja capaz de viabilizar, não só o entendimento voltado à emancipação e autonomia do cidadão democrático, mas, fundamentalmente, para articular uma proposta de gestão pública de universos e demandas tão amplos e tensionais, visando resgatar o valor da cidadania aristotélica,[124] como aquela que participa dos negócios de sua cidade.

Tal participação não é formal ou circunstancial, mas fundacional, eis que na ação de gestar a cidade, o cidadão a constitui enquanto lugar de civilização, comunhão e existência digna; é nesta cidade que o homem se torna ser no mundo, porque co-responsável pela sua criação e desenvolvimento, e tudo que diz respeito à cidade diz respeito a ele, simbólica, formal e materialmente.

A partir do espaço da cidade, constituída na cidadania, as responsabilidades de gestão dos interesses comunitários que lhes são particulares, uma vez compartilhadas, devem ser o resultado direto de políticas públicas integradoras e de inclusão social, fruto da capacidade de articulação entre os interesses públicos e privados, cujas bases filosóficas e operacionais precisam ser pensadas e executadas a partir das premissas que esboçamos acima. Este é o tema do nosso próximo capítulo.

---

[124] Notadamente em ARISTÓTELES. *Ética à Nicômacos*. Brasília: UNB, 1997.

3. Os Pressupostos Epistemológicos e Filosóficos da Gestão de Políticas Públicas no Estado Democrático de Direito

3.1. Notas introdutórias

O tema central que pretendemos desenvolver é o que diz respeito a sabermos se é possível constituirmos pressupostos filosóficos e políticos fundadores de um estatuto teórico e instrumental à Administração Pública, aqui entendida como gestão pública compartida, que conta com a efetiva participação popular em todos os seus âmbitos.

Adotaremos, para tanto, a mesma base teórico-referencial habermasiana, ao menos em termos de referência reflexiva, e a premissa – a ser fundada no esteio das razões que seguem – de que a administração pública de demandas sociais precisa ser, primeiro, compreendida a partir de uma nova perspectiva teórico-social, viabilizadora de uma racionalidade civilizatória e complexa de inclusão e compromisso comunitário; segundo, precisa ser vista como espaço permanente de controle e participação social no âmbito da gestão dos interesses públicos.

3.2. Estado e Sociedade Democrática de Direito: uma análise habermasiana

Em termos históricos, no Ocidente tem se aceitado que,[125] durante o pós-guerra do século XX, o Estado das sociedades capitalistas desenvolvi-

[125] Estamos falando das matrizes teóricas que vamos adotar nesta pesquisa, dentre as quais: COX, Raymund. *Economic Globalization and the Limits to Liberal Democracy.* In Antony McGrew (ed.), The Transformation of Democracy?. New York: Polity Press, 1997, p. 49-72; HELD, David. *Democracy and the Global Order.* New York: Polity Press, 1995, p. 99 ss.; OFFE, Clauss. *Demokratie und Wohlfahrtsstaat: Eine Europaeische Regimeform Unter dem Stress der Europaeischen Integration.* Frankfort: Streek, 1998, p. 99-136.

das mais aguçaram do que abrandaram os distúrbios sociais e políticos então existentes (étnicos, raciais, religiosos e econômicos). Além disso, eles construíram sistemas de seguridade social com ajuda de burocracias que, centradas na assistência pública do Estado, não serviram, propriamente, como resguardo para seus clientes/cidadãos. Ao longo do terceiro quartel de nosso século, porém, o Estado social na Europa e em outros países da Organização para a Cooperação e Desenvolvimento Econômico (OCDE), compensou, em grande parte, as conseqüências indesejadas de um sistema econômico altamente produtivo. É uma das poucas vezes em que o capitalismo não impediu, antes possibilitou, que se tentasse cumprir a promessa republicana da inclusão igualitária dos cidadãos – única forma de superação do flagelo da guerra.[126] Daí decorreram profundas transformações na compreensão do fenômeno político e governamental, dirigido à inclusão dos destinatários das ações de Estado para uma sociabilidade mais igualitária no processo de tomada de decisões,[127] questões estas insertas nos textos constitucionais hodiernos, em especial, na Carta Política brasileira de 1988.

Na verdade, o conjunto de fenômenos acima caracterizados altera mesmo a própria compreensão de Constituição, outorgando-lhe muito mais que um significado meramente dogmático-formal de norma posta, pois reconhecendo-a como pacto político-social instituidor da civilidade e das condições de sociabilidade e desenvolvimento das relações sociais, a partir de determinados postulados/premissas necessariamente vinculantes.[128] Nesse sentido, quando compreendemos o texto de nossas Constituições como elemento material da realização de uma sociedade socialmente justa, a idéia da autolegislação, segundo a qual os destinatários das leis devem ser entendidos, ao mesmo tempo, como seus autores, ganha a dimensão política de uma sociedade que atua sobre si mesma.

Se, ao construírem o Estado social na Europa do pós-guerra, políticos de todas as correntes se deixaram guiar por essa compreensão dinâmica do processo democrático, hoje temos consciência de que essa idéia só foi implementada, até agora, dentro dos moldes do Estado Social.[129] Mas, quando o Estado Nacional, no contexto modificado da economia e da sociedade mundiais, chega aos limites de sua eficiência (em razão de suas insipiências

---

126 Conforme o texto de FRIEDRICH, Carl J. *Authority, Reason and Discretion*. New York: Harvard University Press, 1998, p. 92.

127 Conforme SCHONBERGER, Roland Jordan. *Legitimate expectations in administrative law*. Oxford: Oxford Press, 2000.

128 Conforme XESTA, Fernando y VAZQUEZ, Ernesto. *La Orden Civil de la Republica. Ciudadania y distincion en el Estado igualitario*. Madrid: Civitas, 2001, p. 92. Também ver o texto de ENTERRÍA, Eduardo García de. *Democracia, Jueces y Control de la Administración*. Madrid: Civitas, 2001.

129 Concordamos, neste sentido, com AGERE, Saul. *Promoting Good Governance: principles, practices and perspectives*. London: Martheson, 2002, p. 81/118.

vocacionais, operacionais e eficaciais)[130], põe-se em xeque, com essa forma organizacional, tanto a domesticação política de um capitalismo global desenfreado, quanto o exemplo único de uma ampla democracia que funciona sofrivelmente.

O Estado, agrilhoado ao sistema econômico transnacional, abandona seus cidadãos à afiançada liberdade negativa de uma competição mundial e limita-se, quanto ao mais, a pôr, regularmente, à disposição do cenário político e econômico, infra-estruturas que tornem atraente sua própria posição, sob a perspectiva da rentabilidade, e fomentem atividades empresariais. Ao lado disto, uma questão igualmente inquietante impõe-se em vista do futuro da democracia, a saber: os procedimentos e ajustes democráticos, que conferem, aos cidadãos unidos, a possibilidade de atuação política sobre suas condições sociais de vida, o que se tem esvaziado à medida que o Estado Nacional perde funções e espaços de ação, sem que surjam, para tanto, equivalentes mecanismos de gestão do público, cada vez mais restrito aos termos de acepções corporativas de interesses privados.[131]

Mesmo no plano nacional, as dificuldades de gestão das demandas sociais têm-se agudizado, de um lado, em face da forma centralizada com que a Administração Pública gerencia o cotidiano destas demandas, valendo-se do pressuposto de que detém a autoridade absoluta sobre tais ações, impondo-se – paternalística e assistencialmente – como a única capaz de demarcar prioridades e políticas públicas, bem como executá-las, sempre protegido/vigiado pelo princípio da Legalidade;[132] de outro lado, em face da apatia política de grande parte da sociedade civil, que não compreende a administração dos seus interesses como compromisso seu, mas outorgado – na democracia representativa – a outrem, ao Estado, valendo-se de uma concepção fragmentada e exclusivista de espaço público e privado.[133]

Por tais razões, o debate que propomos tem uma dupla perspectiva: (1) a que diz respeito à concepção de Estado Administrador Contemporâneo

[130] Como muito bem aborda o texto de BETANCOR, August. *Las Administraciones independientes: um reto para el Estado social y democratico del Derecho.* Madrid: Siglo veinteuno, 2002, p. 34 e ss.

[131] Já está notadamente demonstrado, hoje, a pertinência ainda do modelo do Estado Nacional, rearranjado em face das novas demandas que exsurgem cotidianamente, eis que base política de gestão-indispensável à cidadania. Em outras palavras, o Estado Nacional não deve cumprir somente um papel reativo em vista das condições de utilização do capital de investimento, mas também um papel ativo em todas as tentativas de qualificar os cidadãos da sociedade e capacitá-los à competição. A nova política social não é menos universalista do que a antiga. Mas, ela não deve, em primeiro lugar, servir de resguardo contra os riscos-padrão do trabalho, e sim dotar as pessoas com qualidades empreendedoras típicas de "realizadores", que saibam cuidar de si próprios. Nesse sentido ver o texto de YOUNG, Martin. *Inclusion and Democracy.* Oxford: Masters, 2002, p. 64.

[132] No sentido de que a Administração Pública só pode agir/fazer aquilo que a Lei/Direito permite, enquanto que o cidadão pode fazer/agir tudo aquilo que a Lei/Direito não proíbe. Abordamos esta perspectiva em nosso livro LEAL, Rogério Gesta. *Hermenêutica e Direito: considerações sobre a Teoria do Direito e os Operadores Jurídicos.* Santa Cruz do Sul: Edunisc, 2 edição, 1999.

[133] Tratamos este tema no livro LEAL, Rogério Gesta. *Teoria do Estado: cidadania e poder político na modernidade.* Porto Alegre: Livraria do Advogado, 2 edição, 2001.

e seus fundamentos filosóficos e políticos; (2) a que diz respeito à caracterização da Cidadania, enquanto ator social constitutivo do poder político e do seu exercício, também a partir de sua configuração filosófico-política hodierna.

Entendemos que os níveis de complexidade que apresenta a sociedade contemporânea estão a exigir a revisão dos paradigmas que informam, classicamente, o problema da Administração Pública (reduzida a aspectos técnico-burocráticos de competência exclusiva do aparelho estatal).[134] Para tanto, estamos propondo, como referencial teórico alternativo a este modelo clássico, a contribuição de Jürgen Habermas, notadamente, no que tange à Teoria Procedimental da Democracia e seus pressupostos informativos, quando procura aferir, dentre outras coisas, quais as condições e possibilidades do Direito (e para a pesquisa, notadamente o Direito Administrativo) cumprir com uma função de integração social naquelas sociedades.

Em um texto clássico seu, Habermas sustenta que a deliberação pública, realizada fora do âmbito estatal, constituiria a base de legitimação para a ação política. Este espaço, ao menos em termos hipotéticos, permitiria a todos os potencialmente envolvidos, poder opinar e interagir comunicativamente antes de que uma decisão fosse adotada. Desta forma, a livre circulação da informação e do alongamento das oportunidades educativas erigir-se-iam em elementos nodais que explicariam a aparição desta esfera de autonomia, tendo como motivação a implementação de condições histórico-sociais que possibilitariam a emergência, expansão e transformação de uma esfera pública que ele chama de burguesa, centrada, que sempre esteve, nas instituições tradicionais de representação política forjadas no âmago da experiência estatal moderna.[135]

Segundo a perspectiva do autor, ao que nos filiamos, um conjunto crescente de organizações e movimentos societais estariam enriquecendo a comunicação e o debate nas sociedades contemporâneas, revitalizando de

[134] A teoria mais tradicional do Direito Administrativo tem insistido na idéia de que ele serve, fundamentalmente, às atividades estatais (executivas, legislativas e judiciais) e de governo. De uma maneira mais sofisticada, trabalhando com conceitos múltiplos, por exemplo, Augustín Gordillo, em seu *Tratado de Derecho Administrativo*. Buenos Aires: Fundación de Derecho Administrativo, 1998, insiste na concepção de que o Direito Administrativo (ou a função administrativa) diz respeito, fundamentalmente, às ações estatais tradicionais. No Brasil, Diogo de Figueiredo Moreira Neto, em sua obra *Curso de Direito Administrativo*. Rio de Janeiro: Forense, 1996, p. 04, é taxativo em afirmar que: *é comum, por isso, num primeiro vislumbre sobre o Direito Administrativo, conotá-lo principalmente às regras de funcionamento do Estado, enquanto que o Direito Constitucional seria, precipuamente, a disciplina das regras de sua estruturação.* Assim, de uma certa forma, o conceito de gestão pública tem-se sintetizado como um conjunto harmônico e sistêmico de princípios jurídicos que regem os órgãos, os agentes e as atividades públicas tendentes a realizar concreta, direta e imediatamente os fins desejados pelo Estado – Nesse particular, há uma reflexão de FREITAS, Juarez. *A Interpretação Sistemática do Direito*. São Paulo: Malheiros, 1995.

[135] HABERMAS, Jürgen. *Mudança Estrutural da Esfera Pública*. Rio de Janeiro: Civilização Brasileira, 1988, p. 39.

forma substantiva a esfera pública. Estes novos âmbitos permitiriam a articulação de uma pluralidade de enfoques culturais e sociais, o que levaria a reforçar a idéia de crítica e controle do poder e aprofundar a democracia, fazendo surgir, por sua vez, um fator de integração social alternativo, baseado no diálogo, e não na dominação (ora simulada, ora explícita).

Nesta mesma direção, mais contemporaneamente, autores como James Bohman têm dado continuidade a este tipo de debate,[136] sustentando que a deliberação e o consenso seriam termos-chaves na hora de definir a democracia e a política de governo ou de gestão, revelando-se fundamental que as razões de Estado e de cada grupo que o compõe possam resultar convincentes para o restante da cidadania, que tradicionalmente não participa de forma direta do governo ou da gestão, ao menos no plano executivo ou legislativo do seu evolver, sem que, para isto, ninguém seja obrigado a abdicar de suas próprias opiniões e concepções de bem.

A partir de tais reflexões, o processo deliberativo levaria os cidadãos a ter de justificar suas decisões e opiniões apelando, em alguma medida, a interesses comuns, argumentando com proposições assertóricas que todos pudessem aceitar no debate público, a partir do espaço efetivo que possuem para discordar. Em outras palavras, uma decisão coletiva sobreviria, tão-somente, a partir de sua justificação por meio de razões públicas, expostas ao tensionamento da crítica e do falseamento.[137]

Aceitar estas premissas habermasianas implica trabalhar com a tese de que, num processo político-deliberativo de gestão de interesses comunitários, as pessoas devem estar abertas à força dos argumentos (lingüísticos, simbólicos e fáticos), preparadas para deixar de lado seus pontos de vista iniciais, quando vêem o benefício para a comunidade em seu conjunto, e isto, pelo simples fato de que um sistema de discussão pública exige que as pessoas utilizem discursos que levem em conta a dimensão pública de sua inserção e os efeitos multifacetados do seu impacto no meio em que interagem. Em outras palavras, a necessidade de alcançar um compromisso – única maneira de atingir racionalmente um convívio societal emancipador – forçaria cada participante a encaminhar suas propostas sobre a rubrica de princípios gerais ou considerações políticas que os outros pudessem aceitar/discordar.[138]

De uma certa forma, estamos convencidos de que neste modelo de deliberação, fundada na premissa de melhor formação e informação socialmente construída, a condição de cidadania restaria melhor preparada para

[136] BOHMAN, James. *Public Deliberation: Pluralism, Complexity, and Democracy.* Boston: Madinson, 2002, p. 13.

[137] Idem, p. 188.

[138] Como quer COOKE, Maeve. *Language and reason: a study of Habermas pragmatics.* Cambridge: MIT, 2000, p. 82.

a adoção de decisões relevantes, isto em face do modelo tradicional de representação política institucional moderna, em que os espaços de discussão, deliberação e execução ocorreriam mediados por instrumentos e mecanismos por vezes artificiais, em termos de identidade e presentação social.

Os indivíduos que participam de um processo deliberativo, a partir da proposição que se está apresentando, em tese, teriam potencializadas as suas percepções sobre o que efetivamente querem, quais são realmente os seus desejos e objetivos; perceberiam, com maior nitidez, suas preferências antes de chegar à instância de ter de tomar uma decisão ou escolher uma política concreta de vida e gestão.[139]

Então, através do processo de filtragem de preferências que resulta do debate público – entre atores públicos –, o número de opções viáveis se reduziria, porém, sem empobrecê-los qualitativamente; a discussão aberta permitiria, simultaneamente, enriquecer em potencial a gama e o conteúdo das opções e, por sua vez, delimitaria, de forma mais pontual, o espectro àquelas que se tornariam aceitáveis para o conjunto de participantes.

Numa outra perspectiva, a deliberação pública, fundada numa interlocução cotidiana pelos atores sociais que efetivamente estão envolvidos no processo político de constituição do espaço cívico e republicano da civilidade, pode ter também um efeito transformador das crenças e opiniões destes participantes,[140] e assim, podem produzir-se melhores decisões públicas, no sentido de serem refratárias das demandas da maior parte quantitativa da população atingida. Estamos dizendo, com Klaus Günther,[141] que em um sistema de livre expressão, racionalmente fundada, a exposição de múltiplas perspectivas oferece um quadro mais completo das conseqüências dos atos sociais, auxiliando na construção de melhores normas, melhores leis, melhores políticas públicas, etc., ou seja, um processo deliberativo que funcione sob o fundamento da inclusão intersubjetiva dos seus operadores. não precisa negar ou mesmo afastar a experiência da representação política, mas ampliá-la a extensões cada vez maiores, fazendo com que os resultados políticos de ações cotidianas respondam aos desejos e aspirações efetivamente populares e massivas.

---

139 A partir da dinâmica do processo, as posições podem e invariavelmente mudam, revisam-se; a renegociação e a reespecificação tornam-se uma constante. As razões, ao serem testadas pelo enfrentamento e debate público, podem reformular-se, desde que fundadas em níveis cognitivos de compreensão e reflexão autônomos.

140 Podemos citar aqui, de forma exemplificativa e guardadas as proporções, do depoimento do orçamento participativo em Porto Alegre, eis que ele operou mudanças na credibilidade e mesmo na concepção negativa de poder público historicamente construído pelo país. Neste sentido, é interessante o texto de HABERMAS, Jürgen. *On the pragmatics of social interaction*. Cambridge: MIT, 2002, p. 23 e ss.

141 GÜNTHER, Klaus. *The sense of appropriateness: aplication discourses in morality and law*. New York: State University of New York, 1999, p. 217.

Como afirma Avritzer,[142] a deliberação pública é uma das muitas atividades cooperativas que demanda uma pluralidade e, não a nega, em nome de uma unidade artificial e totalitária de pensamento único; sua meta é resolver problemas junto com outros que têm perspectivas, preferências e interesses distintos, e, em face disto, precisam estar todos envolvidos, ativamente, no processo fenomenológico de concretização das respostas às suas demandas. A constante interação dialética entre culturas e concepções de mundos diferentes em uma grande esfera comum de cidadania enriquece a todos. Porém, se e somente se houver práticas cotidianas de exercício do debate comunitário, sistematizado ou não, porque tal fato demanda uma mudança de comportamento também e, principalmente, social, haja vista a tendência da cidadania brasileira em se manter em uma condição de consumidora dos favores estatais (Estado este figurando como grande fornecedor dos resultados prontos e acabados), cabendo-lhe tão-somente se satisfazer com eles e, mais que isto, aceitá-los sem qualquer contestação ou crítica.

Ocorre que a forma de gestão pública comunicativa que estamos propondo exige um mínimo de condições subjetivas e objetivas dos seus interlocutores, sob pena de as falas enunciadas e trocadas serem coatadas por circunstâncias exógenas e endógenas à comunicação, tais como as insuficiências formativas e de discernimento dos homens comuns do povo, associada com o alto grau de profissionalismo e burocratismo das elites dominantes que assaltaram o Estado, ou, ainda, dos tecnoburocratas que instrumentalizaram ideológica e operacionalmente os aparelhos estatais, como mecanismo de alcançar projetos muito mais corporativos e individuais do que comunitários (como já referimos anteriormente).

Onde se fizer ausente a capacidade de manifestação da vontade do cidadão como artífice de sua própria história, em face de sua insipiência política e administrativa material e subjetiva, falecendo-lhe forças e perspectivas sobre os termos e possibilidades de gestão que circunvizinha seu cotidiano, só reforça a situação de anomia societal no âmbito do poder institucionalizado e de seu exercício, em todas as suas dimensões (legislativa, executiva e jurisdicional), fortificando, por ato reflexo ou convexo, a situação confortante dos encastelados nas hordas do Estado Soberano. Decorrência disto é que, mesmo naquelas circunstâncias em que há uma previsão formal de participação política, ela não é exercitada material e eficazmente por estar marcada pela manipulação e pelo esvaziamento provocados pela ausência daquelas condições mínimas necessárias à comunicação e ao entendimento.

Podemos falar, a título exemplificativo, das experiências (umas exitosas, outras não) dos conselhos populares que foram criados a partir da

[142] AVRITZER, Leonardo. *Sociedade civil:além da dicotomia Estado-Mercado.* In AVRITZER, Leonardo (org.). Sociedade Civil e Democratização. Belo Horizonte: Del Rey, 1994, p. 52.

edição da Carta Constitucional de 1988, tais como os múltiplos Conselhos Municipais da Cultura, do Transporte Urbano, da Mulher, da Criança e do Adolescente, do Meio Ambiente, etc., assim como, também os Conselhos Regionais de Desenvolvimento que, em nível estadual vêm mobilizando um contingente cada vez maior de pessoas para o debate público das grandes questões que afetam as administrações públicas em todo o país. Acontece que, não raro, a comunicação que se instala nestes espaços de cidadania é deveras exíguo, quiçá ficcional, pelo fato de que não há um processo de discussão democrático, fundado em momentos e mecanismos de envolvimento orgânico dos seus partícipes, eis que, geralmente, se dão de forma pré-ordenada e com pautas decisionais já estabelecidas, com baixíssimos níveis de reflexividade para com os membros da comunidade atingidos pelas decisões tomadas e executadas.

Por tais razões, não cremos que seja suficiente tão-somente criar novos espaços públicos para a deliberação, espaços que os participantes possam usar, não apenas, para expressar novas razões públicas, mas também, para restaurar a amplitude da esfera pública e fazê-la mais inclusiva, porque tais espaços já foram constituídos, ao menos de forma embrionária, pelos antigos movimentos sociais urbanos e rurais – a despeito de um tanto desarticulados –, e pelos novos movimentos sociais, agora alcançados por marcos normativos/institucionais que os reconhecem como sujeitos políticos e até sujeitos de direito.[143] E isto não é suficiente porque já alertamos para as armadilhas em que estes atores, recorrentemente, se vêem envolvidos, como armadilhas da racionalidade estratégica e instrumental que informam os comportamentos pragmáticos dos políticos de plantão e profissionais, criando um universo enclausurado de expedientes, rotinas e prerrogativas excludentes de quaisquer neófitos que pretendam se aproximar dos temas, cujas competências já estão dimensionadas pela ordem jurídica e política vigente, afastando todo aquele que não reza pela mesma cartilha ou não é iniciado no universo lingüístico que lhes é próprio.

Não basta, pois, confiarmos cegamente na tese – por vezes romântica – de que a formação inexorável de redes e de novíssimos movimentos sociais vai permitir agrupar recursos, capacidades e experiências de várias pessoas e grupos e dar-lhes uma expressão coerente de que, uma vez unificada, poderão constituir-se em uma forma de compensar as desigualdades de recursos e a pobreza política que os atinge, emancipando-os dos grilhões a que estão submetidos.[144] Este desafio não se restringe a uma instância/mo-

[143] Estamos falando das organizações não-governamentais e das atividades de voluntariado, todos vindo ao encontro da abertura ainda mais tensional do espaço público, inclusive o estatal.

[144] Como quer, por exemplo, CASTELS, Manuel. *La sociedad de redes*. Madrid: Paidós, 2001, p. 119 e ss. Este autor, em nosso sentir, trabalha mais com a perspectiva de redes verticais de poder, produção e comunicação, deixando a descoberto uma avaliação sobre a necessidade de se horizontalizar tais ações políticas.

mento espacial ou temporal de comunicação ou mobilização política, lingüística e cívica, mas precisa contar com um pressuposto epistemológico envolvendo a mobilidade política de que estamos falando, a saber: o de que são sempre as efetivas circunstâncias sociais (e suas variáveis econômicas, culturais e políticas) que vão indicar quais os procedimentos deliberativos e comunicativos que haverão de operar para os fins de constituição de um entendimento materialmente igualitário e inclusivo, voltado à participação da cidadania soberana, tanto por suas representações tradicionais, como pelas formas livres (ordenadas ou não) de manifestação coletiva que as caracterizam.[145]

E qual a função do Estado e do Direito neste particular?

Jürgen Habermas, recentemente,[146] defendeu a tese de que ao longo do terceiro quartel de nosso século, o Estado Social na Europa e em outros países da OCDE (Organização para a Cooperação e Desenvolvimento Econômico) compensou, em grande parte, as conseqüências indesejadas de um sistema econômico altamente produtivo porém desequilibrador das relações sociais. Neste cenário, entende o autor que o capitalismo não impediu, antes possibilitou, que se cumprisse a promessa republicana da inclusão igualitária de todos os cidadãos, contando, dentre outras coisas, com uma nova dicção normativa institucional-constitucional.

> De fato, o Estado constitucional democrático garante a igualdade também no sentido de que todos devem ter a mesma oportunidade de fazer uso de seus direitos. John Rawls, hoje o teórico mais influente do liberalismo político, fala nesse sentido do "fair value" de direitos repartidos com paridade. Em vista dos desabrigados, que se multiplicam em silêncio sob nossos olhos, vem à memória a frase de Anatole France: não é suficiente que todos tenham o mesmo direito de "dormir sob as pontes".Quando compreendemos o texto de nossas Constituições nesse sentido material da realização de uma sociedade socialmente justa, a idéia da autolegislação, segundo a qual os destinatários das leis devem ser entendidos ao mesmo tempo como seus autores, ganha a dimensão política de uma sociedade que atua sobre si mesma.[147]

Ocorre que este modelo de Estado Social (e Nacional), no contexto modificado da economia e da sociedade mundiais, chega aos limites de sua eficiência, põe-se em xeque com essa forma organizacional da economia e dos mercados, submetendo-se à domesticação política de um capitalismo global desenfreado, o que gera o funcionamento ficcional da democracia representativa e seus mecanismos de operação política.

---

[145] Estamos dizendo que, desde os movimentos organizados em torno de marcos jurídicos e lícitos existentes, voltados à pacificação das relações sociais buscando vias igualmente tradicionais de veiculação dos seus interesses, até os movimentos tidos como ilícitos ou vinculados à força física ilegítima, como o movimento dos sem-terra, são hábeis para tensionar e provocar reflexões e interlocuções envolvendo esta matéria.

[146] HABERMAS, Jürgen. *Nos limites do Estado.* In Especial para a Folha de São Paulo, Caderno MAIS!, Página: 5-4. Edição: Julho de 1999.

[147] Op. cit., p. 4.

De qualquer sorte, o marco normativo-constitucional que inaugura os tempos hodiernos evidencia um parâmetro de concepção e ação estatal e social em direção a caminhos civilizatórios e de emancipação previamente demarcados, ao menos em suas linhas gerais. Tal parâmetro rompe com o paradigma reducionista da função reguladora meramente individual do direito (enquanto sistema e ordenamento jurídicos), construída, essencialmente, sobre o conceito de direitos subjetivos. Como refere Habermas, esses direitos concedem, a uma pessoa jurídica individual [*Rechtsperson*], âmbitos legais para uma ação guiada sempre pelas suas preferências próprias; assim, eles desligam, de modo claro, a pessoa legítima dos mandamentos morais ou das prescrições de outro gênero. Em outras palavras, sob o manto das fronteiras do permitido pela lei (ao menos na perspectiva liberal), ninguém é juridicamente obrigado a uma justificação pública dos seus atos.[148]

De forma instigante, uma das respostas – que é a que pretendemos explorar neste trabalho – sustenta que o Direito só pode cumprir a função de integração social se possuir (o sistema jurídico, os ordenamentos e as normas) um elemento de legitimidade que – por detrás de sua pura imposição coativa[149] – necessita contar com uma aceitação/adesão dos atores sociais envolvidos e alcançados por ele. Tal legitimidade se apresenta de forma independente de sua imposição fática e depende do modo com que o Direito é forjado e se relaciona com o mundo da vida.[150] [151] Significa dizer que o Direito só cumpre, racionalmente, sua função integradora quando é

---

[148] HABERMAS, Jürgen. *A Constelação Pós-Nacional*. São Paulo: Littera Mundi, 2001, p. 144. Realça o autor que "enquanto os direitos morais são derivados de obrigações recíprocas, as obrigações jurídicas o são da delimitação legal das liberdades subjetivas".

[149] Está presente aqui aquela idéia do Estado como possuidor da força física legítima, o que dá a autoridade e mesmo a legitimidade de suas ordens normativas, como muito bem demonstra WEBER, Max. *Sociologia do Direito*. Vol. 1. São Paulo: Civilização Brasileira, 1998, p. 83.

[150] O conceito de mundo-da-vida, que impregna a teoria da evolução social de Habermas, foi tirado da fenomenologia de Edmund Husserl, do seu tratado sobre *A crise das Ciências Européias*. Brasília: UNB, 1989, p. 87. Para este autor, o mundo-da-vida é o contexto preliminar da prática natural da vida e da experiência do mundo; *é um conceito oposto às idealizações que formam o campo de objetos das ciências naturais e a esfera imediatamente presente de realizações originárias*. Veja-se que Habermas, no texto *Teoria de la Acción Comunicativa*. Madrid: Paidós, 2000, p. 81, sustenta que "como um todo o mundo-da-vida só atinge o campo da visão no momento em que nos colocamos como que às costas do ator e entendemos o agir comunicativo como elemento de um processo circular no qual o agente não aparece mais como o iniciador, mas como produto de tradições nas quais ele está inserido, de grupos solidários aos quais ele pertence e de processos de socializações e de aprendizagem, aos quais ele está submetido. Após esse primeiro passo objetivador, a rede de ações comunicativas forma o meio através do qual o mundo-da-vida se reproduz".

[151] Conforme HABERMAS, Jürgen. *Faktizität und Geltung. Beiträge zur Diskurstheorie des Rechts und des demokratischen Rechtsstaats*. Frankfurt: Verlag, 1994, p. 48. Acredita Habermas que quando os destinatários das normas não se sentem autores das mesmas, pelo fato de elas não serem forjadas num processo democrático efetivo, elas tendem a não ser majoritariamente cumpridas, resultando que tal ordenamento jurídico não exercitará a função de garantir a ordem e mesmo a coordenação/gestão das relações de forças.

fruto de um discurso racional, de um processo constitutivo que se destaca pela inclusão dos sujeitos políticos que operam no cotidiano.

> Os cidadãos de um Estado de direito democrático compreendem-se como os autores das leis que eles (na condição de endereçados) são obrigados a obedecer. Diferentemente do que ocorre na moral, no direito positivo os deveres valem como algo secundário; eles resultam apenas da compatibilidade dos direitos de cada um com os mesmos direitos de todos os demais.[152]

Em verdade, uma possível teoria da justiça em Habermas dá conta de que o Direito – assim como todas as suas manifestações e, aqui destacaremos o âmbito da Administração Pública – tem uma dupla dimensão: fática e de legitimidade, sendo que ambas têm vínculos necessários e de dependência, eis que não basta a dimensão fática da validade do Direito para que ele se ponha como regulador/ordenador social,[153] mas mais que isto, depende esta dimensão de uma base legítima de reconhecimento social da sua validade. De outra forma, implica reconhecer que o sistema jurídico que se encontra ancorado tão-somente em uma justificação lógico-formal (provido de legalidade positiva), pode não ser fruto da vontade geral da comunidade que alcança, impondo-se por argumentos não-racionais (de força e do medo pelo castigo).

> Na tradição liberal bem como na republicana, a participação política dos cidadãos é compreendida em um sentido essencialmente voluntarioso: todos devem possuir a mesma chance de fazer valer de modo efetivo as suas preferências ou de expressar com comprometimento a sua vontade política, seja no intuito de seguir os seus interesses privados (Locke) ou para atingir o usufruto da autonomia política (J.S. Mill). Mas se nós, no entanto, atribuímos à formação democrática da vontade também uma função epistemológica, o seguir os interesses próprios e a efetivação da liberdade política ganham ainda a dimensão do uso público da razão (Kant). Então o procedimento democrático retira a sua força legitimadora não mais apenas – e nem sequer em primeira linha – da participação e da expressão da vontade, mas antes do acesso universal a um processo deliberativo cuja natureza fundamenta a expectativa de resultados racionalmente aceitáveis.[154]

Num tal modelo de normatividade jurídica, pensado a partir da construção/adesão societal, os temas da soberania popular, do poder político,

[152] HABERMAS, Jürgen. *A Constelação Pós-Nacional*. Op. cit., p. 128.

[153] Dimensionado pela fala da autoridade estatal, kelsenianamente demonstrada enquanto resultado da dicção institucional do poder. KELSEN, Hans. *Teoría del Estado*. Barcelona: Paidós, 1990, p. 93.

[154] HABERMAS, Jürgen. *A Constelação Pós-Nacional*. Op. cit., p. 140. Vai se revelando aqui a idéia de ética discursiva que perpassa a reflexão de Habermas, enquanto reconstrução da idéia kantiana de razão prática em termos de razão comunicativa. Em outras palavras, a idéia de Habermas implica uma reformulação procedimental do imperativo categórico kantiano, isto porque a validez construída como aceitabilidade racional não é algo que possa ser certificado de forma privada, mas está ligado a processos de comunicação nos quais as pretensões de cada um se provam argumentativamente por meio da ponderação de razões prós e contras. Se substitui assim a idéia de imperativo categórico kantiano por um procedimento de argumentação prática dirigido a alcançar acordos racionais entre aqueles que estejam sujeitos às normas em questão.

dos direitos humanos, da Administração Pública, da autonomia dos sujeitos, são remetidos para uma reflexão sobre a importância dos pactos sociais voltados à instituição de uma Sociedade Democrática e de um Estado Democrático. E isto, porque os modelos de democracia representativa ou participativa institucional não têm dado respostas satisfatórias ao tema da participação popular na administração das demandas públicas emergentes, em nosso sentir. Primeiro, porque não contam com um adequado diagnóstico do fenômeno político das relações sociais contemporâneas (desconsiderando a complexidade dos múltiplos aspectos de sua configuração, o que perfunctoriamente demonstramos acima); segundo, porque efetivamente não possuem práticas democráticas de ação administrativa, haja vista a relação patrimonialista que os atores políticos tradicionais mantêm com o poder.

Em face de tudo isto, é que estamos propondo a presente reflexão preliminar sobre a necessidade, e mesmo a possibilidade, de pensarmos estratégias para potencializar a Administração Pública como um efetivo espaço de interlocução, deliberação e execução compartida de políticas públicas. Vejamos quais os caracteres mais nucleares que tal proposta pode definir.

3.3. Governabilidade democrática e participação política possibilidades

A Administração Pública no Brasil, assim com na maior parte dos países da América Latina, tem se pautado pela profunda indiferença em relação às aspirações e reais demandas da comunidade alcançada por suas práticas oficiosas, gerida por corporações que se apoderam do Estado e o transformam em aparelho ou instrumento de seus interesses privados.

Na verdade, este Estado Transnacional tem desenvolvido estratégias de acumulação para o próprio mercado, garantindo um modelo de desenvolvimento e estabilidade da produção capitalista (especulativa ou não), desestruturando os espaços nacionais de conflito e negociação, minando a capacidade financeira e reguladora das instâncias federais, regionais e locais de seu território, o que aumenta a escala e a freqüência dos riscos sociais e estruturais do entorno em que opera.[155]

Apesar de este fato ser lugar comum, sempre é necessário que o lembremos para nos darmos conta do preço que os cidadãos têm pago por ficarem ausentes da esfera pública em que estão inseridos, ou, deixarem que ela se transfigure em esfera privada, já que a inércia política, que identifica boa parte da história da cidadania brasileira, também é responsável

[155] Neste sentido, ver o texto de TIMOTHY, Mitchell. *The Limits of the State: beyond statist approaches and their critics.* Stanford: Stanford University Press, 2003, p. 39 e ss.

por omissão, deixando que setores sociais mobilizados tomassem as rédeas do seu evolver.

Tal cenário, todavia, não nos leva à incredulidade em face da principal promessa da modernidade: a razão emancipadora, eis que, até aqui, o que temos visto imperar é, fundamentalmente, a utilização instrumental e estratégica da razão, voltada para os fins que acabamos de delimitar. Por isto, estamos propondo um afastamento da cética perspectiva da primeira geração da Escola de Frankfurt[156] e, com Habermas, acreditando que é possível operarmos a razão a partir de outros lugares e fundamentos, resgatando sua dimensão emancipadora, do entendimento à paz e à solidariedade, portanto, revelando sua função procedimental-valorativa, com as seguintes características: (a) observar os vetores axiológicos universais não-metafísicos, como os direitos humanos e fundamentais; (b) partir e problematizar, de forma permanentemente aberta e crítica, as proposições assertóricas de todos os atores sociais que se encontram sob sua égide, numa perspectiva de entendimento e consenso, consciente da natureza permanentemente tensional de tal tarefa; (c) explicitar os argumentos de justificação e fundamentação que pretendem legitimar os modelos de organização social e comunicação política que se encontram na base de sua constituição.

A partir daqui, impõe-se o acatamento da diferença e do pluralismo do universo de interessados/alcançados pelas políticas públicas levadas a cabo pelo Estado Administrador e, com isto, garantir a diversidade, buscando a unidade na gestão dos interesses e bens assegurados pelo sistema jurídico vigente, rompendo com a fatispécie autoritária de poder e de modelo de Estado burocrata e decisor, até então hegemônica na formação dos quadrantes administrativos da coisa pública no Brasil.

O tema aqui é o que envolve a possibilidade de uma governabilidade democrática fundada na participação política, matéria que até há pouco vinha se apresentando como contraditória, haja vista o modelo vigente trabalhar com uma noção tímida – quiçá insuficiente – de soberania popular, prevalecendo a institucional-representativa do Estado.[157] Esta possibilida-

[156] Conforme o texto de JAY, Martin. *La imaginación dialéctica: uma história de la Escuela de Frankfurt.* Madrid: Taurus, 1974. Aquí demonstra o autor que Habermas, apesar de ter voltado à Frankfurt em 1964, como professor de sociologia e filosofia, foi gradativamente se afastando de seus mentores no Instituto. Em especial, o que começou a surgir como abordagem diferenciada de Habermas à teoria crítica foi, de uma certa forma, uma superação ao paradigma fatalista que a Escola tinha em razão da cultura industrial e da ideologia que se criara nela, pervertendo as promessas racionais da modernidade de emancipação e liberdade do homem. Neste sentido, emerge em Habermas o interesse em especificar as condições sob as quais as interações humanas estariam livres de dominação.

[157] Uma das fontes clássicas desta perspectiva é o Elitismo Democrático de matriz schumpeteriana, restringindo a soberania das massas a um procedimento de seleção governamental, elegendo os mais preparados às funções diretivas, coincidentemente os mais abastados. Conforme SCHUMPETER, Joseph. *Capitalism, Socialism and Democracy.* New York: Harper &Brothers, 1989. Ver também o texto de ZIA, Onis. *The logic of the developmental State.* Princeton: Princeton Uriversity Press, 2002, p. 219.

de, desde o início deste século XXI, vem sendo tonificada pela idéia de Republicanismo, i.é., que a política constitui a forma de vida da comunidade e a idéia de que a liberdade e a democracia constituem formas de autogoverno desta comunidade,[158] porém, carrega consigo duas aparentes e clássicas contradições, quais sejam: (1) a da participação social em face do aumento de complexidade administrativa do Estado Administrador; (2) a participação pública dos sujeitos sociais e a representação institucional vigente.[159] Vamos avaliar cada uma destas questões.

3.3.1. Participação social e complexidade administrativa

As razões de justificação da tese de que a complexidade da administração pública dificulta a participação social são ideológicas e encontram-se em argumentos endógenos e exógenos à gestão da coisa pública.

Os argumentos endógenos trabalham com a idéia de que o tema da administração pública possui um grau de complexidade e especificidade que vai desde sua dimensão gramatical/lingüística até a sua operacionalização, eis que conta com um universo categorial tão próprio e pontual que só é alcançado pelos já iniciados em sua ciência, deixando os incautos cidadãos comuns do povo sem compreensão sígnica dos seus enunciados e discursos, o que inviabiliza, por conseqüência, a compreensão de suas práticas, eis que decorrência da operacionalização daqueles conceitos e discursos. Em tal cenário, o que resta à sociedade é, tão-somente, avaliar os resultados das ações e políticas públicas, sendo-lhe vedada o atingimento dos níveis de discussão e deliberação sobre a concepção/eleição daquelas ações e políticas – questões restritas às instituições competentes.[160]

Os argumentos exógenos versam sobre a idéia de que a participação social na gestão da coisa pública encontra limites cognitivos e institucionais, sendo os primeiros, demarcados pela impossibilidade de a comunidade política ter discernimento pleno dos temas em que estão envolvidos no âmbito da administração pública, eis que destituída de conhecimentos adequados para tanto. Em seqüência, temos os delimitados pela falta de organicidade institucional e política desta comunidade, capaz de lhe outorgar uma compleição física e institucional mínima para se mover e agir representativamente.

[158] BOZEMAN, Barry. *All organizations are public: bridging public and private organizations theories*. San Francisco: Jossey Bass, 2001, p. 38.

[159] Isto porque o republicanismo tradicional insiste em não rever seus conceitos rígidos de participação social através, fundamentalmente, do voto e da participação política a partir dos partidos existentes no ordenamento jurídico vigente.

[160] Ver a título exemplificativo o texto de BOVERO, Michelangelo. *Una grammatica della democrazia*. Millano: Trotta, 2002, p. 137 e ss.

Ledo engano, a uma, porque estas teses partem de pressupostos equivocados e ultrapassados, quais sejam, a de que somente os mecanismos e instrumentos da democracia representativa (voto, partidos políticos, parlamento, etc.) é que têm competência e legitimidade exclusivas à representação dos interesses sociais; a duas, o fato de que a sociedade civil contemporânea não consegue se articular/mobilizar em torno de suas demandas, a ponto de veicular propostas, ações e cobranças eficazes em termos de gestão da coisa pública; a três, porque faltam aos atores sociais hodiernos condições mínimas de compreensão dos atos da administração pública.

Conclui-se que o modelo de democracia representativa clássica da Idade Moderna, fundado na idéia de representação política total, não conseguiu se desincumbir, com total êxito, das suas tarefas sociais e populares, transformando-se, muito mais, em espaços de composição de interesses privados, apropriando-se do Estado e imprimindo-lhe feições meramente intermediativas dos projetos econômicos hegemônicos – por vezes agindo como gerenciador de tensões sociais limítrofes, promovendo ações públicas paliativas e assistencialistas, meramente contingenciais, sem tocar nas causas fundantes destes conflitos.[161] Tais fatos levaram este modelo a uma crise de identidade (porque não se sabe a quem representam), de eficácia (porque sequer respondem por suas competências normativas) e de legitimidade (porque não são mais refratários às demandas sociais emergentes, agregadas e reprimidas).

No que tange à capacidade de articulação e mobilização da sociedade civil, temos visto nos últimos anos – notadamente desde a década de 1960 – que, até em face da ausência de políticas públicas promovedoras das suas demandas, houve um crescimento vertiginoso de associações civis, organizações não-governamentais e atividades de voluntariado, todas voltadas à proteção de interesses coletivos, difusos e individuais homogêneos não atendidos pelo *stablishment*,[162] o que modificou profundamente o perfil do tecido social e mesmo da relação do Estado com a Sociedade, criando-se canais de comunicação – na maioria das vezes tensas e truncadas – voltadas à demarcação de pautas de gestão não contempladas pela política oficial.

Por fim, esta capacidade de mobilização e organização social propiciou um processo de conscientização política gradual e em desenvolvimento dos novos movimentos sociais, já que necessitavam decifrar os códigos fechados da linguagem do poder e da administração, para os fins de buscar

[161] Estamos falando dos programas de subsídios paternalistas dos governos em geral, no âmbito da produção rural, vale refeição, auxílio creche, auxílio desemprego, assentamentos de sem-terra, etc.

[162] Conforme demonstramos em nosso artigo: LEAL, Rogério Gesta. *Gestão Pública Compartida e organizações sociais.* In Direitos Sociais e Políticas Públicas. Tomo I. Santa Cruz do Sul: Edunisc, 2001, p. 35/72.

a implementação e promoção de suas prerrogativas garantidas pelo sistema jurídico operante.

De outro lado, trata-se de ficção ideológica a assertiva de que o universo temático da administração só pode ser abarcado a partir de sua linguagem ordinária, em nome da precisão técnica e da correção científica, eis que estes argumentos remontam a justificativas demasiadamente positivistas, cuja intenção é tão-somente excluir do processo de cognição, compreensão, interlocução, deliberação e execução das ações consectárias, os não iniciados, criando um feudo lingüístico a partir do qual se exercitam as arbitrariedades de poder.

Abaladas as teses sustentadoras de uma Administração Pública cerrada sobre si própria, cumpre verificar se a participação pública dos sujeitos sociais implica a negação da sua representação institucional.

3.3.2. Participação pública dos sujeitos sociais e representação institucional

É frágil a tese de que um excesso de participação da sociedade acarretaria desgaste às formas clássicas de representação política da democracia moderna, isto porque não são incompatíveis com os novos sujeitos sociais que são os grupos mobilizados de determinados setores da comunidade. Se é verdade que tais movimentos apresentam perfis organizacionais próprios, inserção específica na tessitura social e articulações particulares com o arcabouço de poder existente, não é menos real que eles também necessitam da esfera pública e institucional do debate de temas que lhes dizem respeito (por exemplo, dialogando com o Estado para obter dele demandas que lhes afligem).

Ao lado disto, temos claro e patenteado que as duas ambiências de articulação do político encontram-se ancoradas por justificativas racionais sustentáveis: a institucional, pela lógica da representação normativa e deliberacional dos que se encontram habilitados a tanto; a popular, pela lógica da representação soberana do cidadão, detentor legítimo da vontade original criadora das instâncias oficiais do poder.

Acontece que o problema fundante é ainda o mesmo, qual seja, quem tem, historicamente, se apresentado como *dominus* do espaço público é, muito mais, o Estado Administrador, em face de sua racionalização tecnicista (e instrumental, por vezes), i.é, *de separação entre o saber comum e o saber político, tornando uma técnica particular, aplicada à manutenção da unidade do reino ou da res publica,*[163] do que as formas alternativas de

[163] LIMONGI, Maria Isabel. *Uma gênese inusitada do Estado.* In Revista de Sociologia e Política, vol.09. Novembro de 1997. Rio de Janeiro: IUPERJ, 1997, p. 190. Adverte a autora aqui que a exigência da publicidade e transparência dos atos de governo impostas pelas Luzes não consegue romper total-

presentação social – até porque estas também têm pecado por inércia e passividade política.

Vale aqui a advertência feita por Alba Zaluar, no sentido de que a crise financeira do Estado Providência, nos países economicamente independentes, reacendeu a preocupação com aquela parcela da população inativa, e mesmo ativa, que desenvolveu um certo *vício da dependência estatal*, tornando-se parasitas dos demais,[164] destacando-se suas parcelas de responsabilidade social.

> A proposta é, então, que o Estado Passivo Providência seja substituído pelo Estado Ativo Providência. Não haveria mais assistidos a socorrer, mas pessoas com diferentes utilidades sociais, cuja capacidade deveria ser aproveitada. Nele também a socialização radical dos bens e das responsabilidades. Uma nova concepção de solidariedade é mobilizada na ideologia desse Estado: não é nem a caridade privada, nem o bem-estar advindo dos direitos sociais, nem a mutualidade do solidarismo do século XX. (...) as políticas públicas deveriam se ocupar de previnir a exclusão mais do que de reinserir os excluídos; de criar uma sociabilidade positiva mais do que de remediar a negativa, embora no quadro da crise atual o oposto tenha que ocorrer na política de reinserção. Os atores desse projeto seriam diferentes: não mais os sindicatos e o Estado redistribuidor, mas uma série de associações de diversos tipos, junto às quais o Estado ainda seria o principal ator do social, criando nova legitimidade para sua intervenção.[165]

É plenamente possível, em face de tal quadro – e até necessário – imaginarmos situações de cooperação entre Partidos Políticos, Parlamento, Poder Executivo e Movimentos Sociais organizados, eis que todos possuem, ao menos em tese, o mesmo móvel e objetivos: o interesse público – sempre tensional e conflituoso.[166] A instância formal de representação comunitária pode e deve instituir um espaço permanente de interlocução com a instância informal de presentação desta mesma comunidade, e deles todos com o Estado Administrador. Porém, mister é que tenhamos claro quais os pressupostos informativos que fundam tal diálogo, tema que passamos a abordar.

---

mente com a retórica do segredo e da especialidade das falas/atos governamentais, sendo necessário pensarmos a razão de Estado como o *vetor, não de uma arte de reinar tenebrosa, mas da iluminação dos mecanismos da vida coletiva.*

164 ZALUAR, Alba. *Exclusão e políticas públicas: dilemas teóricos e alternativas políticas.* In Revista Brasileira de Ciências Sociais, vol.12, nº 35, outubro de 1997. São Paulo: Cortez, 1997, p. 30.

165 ZALUAR, Alba. Op. cit., p. 32.

166 Principalmente diante de um quadro político em que apenas a dimensão econômica dos direitos civis e sociais são parcamente assegurados, isto porque eles são introduzidos pelo Estado e no Estado para facilitar a institucionalização de um modelo de mercado e relações de produção. Neste sentido, ver o texto de AVRITZER, Leonardo. *Cultura Política, atores sociais e democratização: uma crítica às teorias da transição para a democracia.* In Revista Brasileira de Ciências Sociais. nº 28, Ano 10. São Paulo: USP, 1995, p. 115.

3.4. Pressupostos fundacionais da administração comunicativa

Os pressupostos fundacionais de uma Administração Pública Democrática e Comunicativa tomam, como ponto de partida, um conceito procedimental de poder político e social, em que há uma relação umbilical e necessária entre processo de democratização da sociedade e processo de transformação desta mesma sociedade, *lócus* privilegiado da produção de relações e das possibilidades conceituais e operacionais do poder. Tal ponto de partida implica reconhecer que o processo de democratização do poder e da sociedade é permanente e longo, mediado, de um lado, por uma linguagem e comunicação política includente e aberta, e de outro lado, pela interação de instituições políticas tradicionais, pelos valores da esfera societária na qual se encontram estas instituições, e pelos movimentos sociais organizados ou espontâneos.

Em outras palavras, estamos falando de um novo contrato da civilidade, que não é mais contrato civil nem contrato civil com o Estado, mas um contrato de cada um com todos que fazem parte da comunidade nacional (quiçá internacional, em alguns aspectos). Este contrato justificaria as novas formas de legitimidade que ressaltam o caráter ainda nacional do Estado, no qual a violência exercida deve ser limitada, controlada e justificada; criaria as novas formas de solidariedade nas quais o Estado seria também o catalisador de inúmeros circuitos de reciprocidade e solidariedade que necessitam definição. Aqui, trata-se de reaproximação entre o social e o político, ou, da repolitização dos laços sociais, ligando-os aos direitos sociais e à cidadania.

O problema que se coloca a esta mediação e interação são os seus princípios e fundamentos matriciais, dando as condições de exercício do poder – mais particularmente o exercício do poder administrativo em prol dos interesses comunitários-solidários. Estes princípios e fundamentos estão alojados, em nosso sentir, no catálogo axiológico estabelecido pelo sistema jurídico vigente, desde, e prioritariamente, a dicção constitucional hodierna no país, até os ordenamentos infraconstitucionais.

Estamos dizendo que os parâmetros valorativos a serem perseguidos pela República e Federação brasileira estão postos de forma induvidosa e revelam-se suficientes para o cumprimento das promessas da modernidade: emancipação, autonomia, liberdade e igualdade do homem, fundadas na sua capacidade de ser no mundo. A isto se encontra atrelada a Administração Pública. Porém, este senso comum não tem se revelado suficiente para promovê-los e concretizá-los, porque faltam adesões institucionais e sociais para tal desiderato. Para consegui-la de forma democrática, nada mais aconselhável do que o procedimento de compartilhar, coletivamente, ações a ela voltadas, a começar por ações cognitivas e compreensivas sobre o universo posto ao enfrentamento: interesses comunitários, prioridades públicas, políticas públicas, gestão administrativa, visando à constituição de pactos semânticos e pragmáticos definidores destas realidades voltados ao consenso e entendimento.[167]

A par disto, para operacionalizar tal perspectiva, é necessário construirmos uma linguagem comum capaz de ser codificada e compreendida pelo homem comum do povo, principal fonte e destinatário de toda e qualquer ação administrativa estatal, ultrapassando, pois, os signos herméticos e nebulosos dos códigos lingüísticos jurídicos tradicionais, que se projetaram e demarcam a Administração Pública contemporânea, principalmente em sua vertente técnico-burocrática, o que impossibilitou a aproximação política dos seus termos e práticas por parte da cidadania em geral, enclausurando-os nas mãos dos já iniciados e institucionalizados agentes sociais e negando a natureza mediadora e interativa que deveria ter esta linguagem.

É a própria Administração Pública que deve – em nosso sentir e, destacadamente –, criar condições à instituição de uma comunicação e linguagem decodificada e democrática, com o que permitirá a validação racional das questões normativas e operativas de suas ações – já não mais suas, mas de toda a comunidade –, isto porque, tal validez passa a ser compreendida como dependente de um processo intersubjetivo, regulado por razões e por posições tomadas racionalmente. Esta medida permitirá – ao menos metodologicamente – que Administrador e Administrado facilitem o processo de entendimento, visando ao consenso, a partir do uso de uma linguagem que busca, agora, elucidar a própria linguagem administrativa em seus mecanismos de uso na comunicação cotidiana entre os participantes de uma comunidade; é a linguagem se apresentando como mediadora das relações intersubjetivas.[168]

Qualquer Administração Pública para se configurar como democrática e comunicativa precisa, então, contar/construir o maior número possível de adesão social legítima, adquirida através de ações comunicativas permanentes (tensionais e conflituosas em face de tratar de interesses eventual-

[167] Haja vista que estes conceitos e ações, tradicionalmente, têm sido dados como verdades absolutas pela dicção do Estado Administrador.

[168] A linguagem, aqui, assume a função de mediadora entre os falantes, objetivando o entendimento, compreendido como um processo de obtenção de um acordo entre sujeitos lingüísticos e interativamente competentes. Neste sentido, ver HABERMAS, Jürgen. *La soberanía popular como procedimiento: un concepto normativo de lo publico*. In Jürgen Habermas: moralidad, ética y política. Madrid: Alianza Editorial, 1993. Para o autor, há em qualquer linguagem voltada à comunicação não coatada visando o entendimento autônomo e livre, pelo menos, quatro pretensões de validade que precisam ser justificadas simultaneamente: (a) pretensão de verdade, que exige o cumprimento das condições de existência do conteúdo proposicional, para que este possa ser verdadeiro; (b) a pretensão de retitude ou adequação, que exige do ato de fala que ele seja correto em relação a um contexto normativo vigente; (c) a pretensão de sinceridade, que objetiva tornar conhecidas as experiências e as vivências do falante, e, por fim, (d) a pretensão de que ato comunicativo seja inteligível, para que possa haver comunicação.

mente distintos) com todos os agentes envolvidos e alcançados pelo exercício do poder político – institucionais ou não. Ao mesmo tempo, pelo fato das ações administrativas cotidianas comportarem pretensões e sejam de verdade proposicional, de correção normativa ou veracidade subjetiva, devem elas satisfaz um requisito essencial: serem suscetíveis de fundamentação e crítica constantes, retroalimentadoras do controle e depuração social.

Por outro lado, não temos dúvidas (com Habermas)[169] do caráter precário e contingencial do entendimento e do acordo conseqüente buscado/atingido por esta Administração Pública Comunicativa, aqui concebida como um *processo*, através de procedimentos, pois os êxitos consensuais para ações públicas pontuais nem sempre conduzem a cenários absolutamente estáveis, pelo contrário,

> a estabilidade e a univocidade são mais a exceção na prática comunicativa cotidiana. Mais realista é a imagem que nos oferece a etnometodologia de uma comunicação difusa, frágil, constantemente submetida a revisão e só lograda por alguns instantes, em que os implicados se baseiam em pressuposições problemáticas e não declaradas, sempre movendo-se por tentativas desde logo naquilo que estão de acordo, para o seguinte.[170]

Isto se explica pelo simples fato do reconhecimento da complexidade que marca as relações sociais contemporâneas, sempre em permanente mutação e ampliação de suas demandas e conflitos. Porém, o que se busca na Administração Púbica e com ela, é a garantia de um espaço público de enfrentamento de todas as particularidades deste cenário, acolhendo a diversidade e a diferença como elementos imprescindíveis para o debate, a deliberação e a execução das políticas públicas norteadoras das ações públicas voltadas à comunidade como um corpo político orgânico e ativo. É este plano de visibilidade plena e plana que deve marcar o novo modelo de gestão pública compartida, criando as condições objetivas e subjetivas para que a participação política da cidadania seja condição de possibilidade da Administração Pública Democrática de Direito.

3.5. Considerações finais

Ao longo deste trabalho, procuramos enfrentar o tema dos pressupostos epistemológicos e filosóficos que devem informar a Administração Pública no Brasil, aqui compreendida como fenômeno societal multidisciplinar, ultrapassando a perspectiva tradicional que a concebe como ativida-

[169] Ver apud HABERMAS, Jürgen. *Strukturwandel der Öffentlichkeit*. Boon: Darmstadt, 1978, p. 49 e ss.

[170] ARAGÃO, Lucia Maria de Carvalho. *Razão Comunicativa e Teoria Social Crítica em Jürgen Habermas*. Rio de Janeiro: Tempo Brasileiro, 1992, p. 29.

de meramente institucional de responsabilidade e competência exclusiva do Estado Administrador. Para tanto, fizemos uso da concepção habermasiana de *Democracia Procedimental.*

O conceito de democracia procedimental implica outros conceitos estruturais de Poder Político e de Participação Política, baseados numa sustentação teórica dual, relacionado, não apenas, com a formação da vontade política institucionalizada na dicção parlamentar, mas também com uma noção de esfera pública revitalizada, que aloca a um conjunto orgânico de arenas políticas informais, composta de velhos e emergentes atores/cidadãos, dialogicamente discursivas e democráticas, inovadoras competências soberanas de interlocução, deliberação, formulação e execução de políticas públicas sociais.

Esta democracia procedimental é um conceito que remete, em Habermas, para uma tensão inexorável, i.é, a oposição binária entre o plano formal e institucionalizado da democracia e os domínios informais de formação/execução da opinião pública. Esta noção de política democrática procedimental, assim, assenta-se, igualmente, numa teoria do discurso, cujo ideal regulador é um modelo de prática discursiva dialógica, face a face e orientada para o entendimento mútuo através, exclusivamente, da força do melhor argumento. Este modelo de comunicação tem por objetivo descrever e interpretar a inserção do indivíduo num contexto intersubjetivo concreto,[171] oportunizando-lhe constituir(-se) o mundo da vida, no caso particular, co-responsabilizando-se pela gestão dos seus interesses e da comunidade em que vive.

O argumento habermasiano, então e como vimos, centra-se nesta idéia de democracia procedimental porque envolve a todos e outorga a todos responsabilidades indissociáveis no processo de construção dos seus cotidianos: *Our reflections from the standpoint of legal theory revealed that the central element of the democratic process resides in the* procedure *of deliberative politics.*[172] Por tais razões é que sustentamos que a Administração Pública precisa ser compreendida como processo democrático, ou seja, como o resultado de compromissos entre interesses públicos e privados concorrentes, o que implica que as regras deste processo político sejam responsáveis pela sua transparência e honestidade e sejam justificadas através dos direitos humanos e fundamentais, como da concepção republicana de uma comunidade ética institucionalizada no Estado, em que a deliberação democrática se assenta num contexto cultural que garanta a comunhão de valores objetivada, como por exemplo, no texto constitucional, enquanto pauta organizacional da civilidade.

---

[171] Os diversos mecanismos de participação social na Administração Pública, por exemplo, tais como Conselhos Populares e Organizações não-Governamentais.

[172] HABERMAS, Jürgen.

O pressuposto neural de gestão pública compartida é, pois, alicerçada numa nova racionalidade gerencial, fundada nos direitos humanos e na noção de soberania popular, enquanto substância ética de uma determinada comunidade política, ao mesmo tempo em que remete para *the rules of discourse and forms of argumentation that borrow their normative content from the validity basis of action oriented to reaching understanding.*[173] Tais regras do discurso e formas de argumentação foram apresentadas, por nós, como indispensáveis no processo de articulação tensa e conflituosa do agir administrativo.Desta forma, a teoria da discussão habermasiana nos é muito rica porque pressupõe uma rede de processos comunicativos, tanto dentro como fora dos espaços institucionais e dos seus corpos deliberativos, que sustenta a existência de palcos multifacetados em que ocorre a formação da vontade e da opinião democráticas.

O que se sabe, por fim, é que a mudança do paradigma administrativo estatal depende exatamente da confluência de iniciativas do próprio Estado, associado com ações políticas dos atores sociais que são alcançados pela administração, necessitando serem gerados instrumentos e mecanismos viabilizadores desta mutação.

A partir de tais considerações, cumpre verificar como se constituem as bases teóricas e práticas da Administração Pública no Brasil e quais os seus pressupostos fundantes, possibilitando uma avaliação crítica de adequação ou inadequação em face da matriz reflexiva que estamos propondo.

---

[173] Op. cit., p. 86.

4. Considerações Preliminares sobre o Estado Administrador Brasileiro Contemporâneo e seus Pressupostos Informativos

4.1. Notas introdutórias

No presente capítulo, pretendemos enfrentar o tema dos pressupostos constitutivos contemporâneos da Administração Pública no Brasil e seus pressupostos constitutivos. Para tanto, mister é que se avalie, primeiro, quais as bases teóricas que demarcam a Administração Pública, enquanto campo de saber específico, a partir de alguns referenciais teórico-políticos históricos que sustentam a idéia de Estado, de Democracia e de Sociedade. Tal perspectiva implica reconhecer que a Administração Pública, hoje, não mais se apresenta como um conjunto de métodos e técnicas de governo e de ações do Estado, mas, fundamentalmente, como instrumento de gestão dos interesses públicos e, portanto, muito mais a serviço da Sociedade e da Democracia.

Neste sentido, faremos uma pequena incursão no tempo para dimensionarmos os quadrantes a partir dos quais o Estado Administrador na cultura Ocidental e no país, vão se (de)formando para, em seguida, avaliarmos que mutações normativas e comportamentais delimitam as suas possibilidades nos termos que estamos defendendo neste trabalho.

4.2. A perspectiva clássica da administração pública como administração do Estado

Ao realizarmos uma recuperação histórica do tema da Administração Pública, inexoravelmente nos deparamos com questões envolvendo o Estado e o Governo, ao menos no que tange à experiência política ocidental, pois, desde a Grécia clássica, o exercício do governo, qualquer que fosse sua natureza (monárquico, aristocrático, oligárquico), consistia em dar respostas às demandas que a Cidade reclamava, com mecanismos de gestão e operacionalização dos projetos econômicos e institucionais então vigentes.[174]

Ainda, em termos históricos, o Império Romano foi pródigo em propor uma série de medidas e institutos de administração pública para dar conta da política expansionista que o caracterizou, tendo o duplo desafio de, por um lado, assegurar a ordem e o controle dos povos e territórios conquistados, estabelecendo um código de procedimentos burocráticos rígidos para o cotidiano dos cidadãos; de outro lado, impor, por tais procedimentos, a aculturação dos conquistados à nova ordem estabelecida.[175]

Nos dois exemplos acima referidos, fica clara a natureza casuística dos procedimentos de governo adotados pelo poder político, a saber: cumprir com uma função tanto ideológica de manipulação e monitoramento social, como de força, no sentido de assegurar o êxito do projeto de dominação implementado. Em outras palavras, a gestão das cidades, aqui, se justifica como expedientes dos governantes para viabilizar suas perspectivas pessoais ou corporativas de desenvolvimento econômico e político.

Ao longo de todos os demais períodos de formatação da cultura jurídica e política Ocidental – aqui inclusive considerando o tempo de influência religiosa da Igreja Católica ao longo da Idade Média –, não foram outros os comportamentos e estruturação do poder e de seu exercício, como tivemos oportunidade de verificar nos capítulos anteriores.[176]

Estes cenários vão trazer à Sociedade e ao Estado Moderno alguns problemas e desafios recorrentes do passado, agora agudizados em termos de complexidade e possibilidades de enfrentamento.

4.3. Os desafios do Estado e da sociedade moderna

Desde a Revolução Industrial e suas já conhecidas conseqüências humanas,[177] sabemos que o cotidiano das relações institucionais e interpessoais tomaram flagrante complexidade, tanto nos países denominados desenvolvidos e autores nucleares da industrialização dos processos de produção, como naqueles que mais se afiguram como vítimas dela. Talvez a

[174] Neste sentido, a obra da COULANGES, Fustel de. *A cidade antiga.* Porto Alegre: Globo, 1984.

[175] Conforme BODILLO, Juán. *El Derecho Político Romano.* Madrid: Dastria, 1996, p. 141.

[176] Ver o texto de SARTORI, Giovanni. *Elementi di Teoria Política.* Milano: Giuffrè, 1999, p. 23 e ss.

[177] Principalmente, no que diz respeito à violação dos Direitos Humanos e Fundamentais dos Trabalhadores e sua progressiva marginalização. Neste sentido, ver nosso Livro: LEAL, Rogério Gesta. *Direitos Humanos no Brasil: desafios à democracia.* Porto Alegre: Livraria do Advogado, 1998.

evidência mais contundente disso, seja perceptível na radical transformação ocorrida no campo da urbanização de determinados territórios, totalmente desordenada e clandestina, em face das exigências contingenciais da própria industrialização, gerando verdadeiros aglomerados humanos sem a menor condição de habitabilidade, higiene e segurança.[178]

Se é a economia dos mercados em expansão que pauta a forma e o conteúdo das relações sociais e institucionais da Idade Moderna, demarcando as possibilidades de desenvolvimento nacional e internacional, por certo é o Estado Nacional[179] que ainda responde, mal ou bem, pela mediação entre sistema econômico, sistema político e social, contando, para tanto, com alguns clássicos atores institucionais: legislativo, judiciário, partidos políticos, organizações de classe nacionais, etc. Suas funções exponenciais são: (1) responder pela infra-estrutura física (energia, urbanização, linhas de subsídios, etc.) no território nacional, a fim de viabilizar os investimentos do capital local e alienígina, pressupostamente produtivos e alavancadores do desenvolvimento; (2) responder pelas demandas sociais decorrentes do modelo econômico adotado, em especial ao seu denominado *custo social* (segurança, saúde, educação);[180] (3) responder pela estrutura normativa/legislativa asseguradora de determinadas prerrogativas individuais e coletivas, bem como de exigências desses mesmos mercados e capitais (o que por vezes se afigura como contraditório); (4) responder pela estrutura judicial para os efeitos de manter a ordem e a estabilidade dos negócios jurídicos de todo esse processo, ao mesmo tempo em que necessita enfrentar, sob o âmbito jurídico, os litígios de natureza coletiva e social que provêm desses cenários.

Para tamanha tarefa, os Estados Nacionais necessitam constituir todo um programa de ação coordenado por prévias diretrizes e prioridades estas estabelecidas através de fatores que influenciam a construção da agenda governamental, tais como: os participantes ativos, constituídos pelos atores governamentais – chamados de visíveis (Presidente, *staf* do Executivo, políticos nomeados para cargos estratégicos, e a própria burocracia, parlamen-

---

[178] Tratamos dessa matéria em nosso livro: LEAL, Rogério Gesta. *A função social da cidade e da propriedade no Brasil.* Porto Alegre: Livraria do Advogado, 1998.

[179] Aqui entendido como o modelo de Estado que se caracteriza pelo fato de deter ainda a soberania jurídica e política em face de seu território e povo, reconhecida pelos demais Estados e pela Sociedade, conforme BOBBIO, Norberto. *Dicionário de Política.* Brasília: UNB, 1996, p. 136. Ao afirmarmos isto não desconhecemos, com GIDDENS, Anthony. *A terceira via.* Rio de Janeiro: Record, 1999, que, hoje, no centro deste Estado, mesmo de feições social-democrata, *o dinamismo das Sociedades de mercado solapa as estruturas tradicionais de autoridade e fratura as comunidades locais; o neoliberalismo cria novos riscos e incertezas e pede aos cidadãos que simplesmente os ignorem.* p. 25.

[180] O conceito de custo social é utilizado, dentre outros, por MACPHERSON, C. B. *Ascensão e queda da justiça econômica.* São Paulo: Paz e Terra, 1991, no sentido de identificar as conseqüências sociais explícitas da agenda de políticas econômicas desenvolvida pelo capitalismo ocidental, tais como: desemprego, marginalização social, criminalidade, violência, etc.

tares, etc.); atores não-governamentais – chamados de invisíveis (grupos de pressão ou interesse, acadêmicos, pesquisadores e consultores, mídia, partidos políticos e opinião pública).[181]

Aqui, em nome da organização e controle das políticas públicas e ações oficiais, os institutos administrativos proliferam e se encontram ligados, efetivamente, ao Estado, enquanto Poder Público (em todas as suas esferas), restando mais uma vez evidenciado o destaque que se dá ao Direito Administrativo como Direito do Estado. Tal concepção, como já referido, minimiza a natureza social deste campo jurídico, fragilizando, ainda mais, a perspectiva de estar a serviço da cidadania para os efeitos, tanto da participação popular nos processos decisórios sobre matérias públicas, como de instituição/monitoramento das políticas públicas voltadas às demandas comunitárias urgentes e emergentes.

Em face de tais considerações, Mello[182] tem insistido no fato de que todo o Direito Administrativo se constrói ao derredor do binômio prerrogativas da administração e direito dos administrados,[183] destacando os direitos sociais, arrolados nos umbrais do séc.XX, em especial a partir da Constituição Mexicana e, em seguida, recepcionados por outros documentos constitucionais de vários países.

Em termos de evolução conceitual e de concepção do Direito Administrativo, a tratadística oficial tem insistido no fato de que a atividade administrativa é a atividade de quem não é proprietário, mas de quem gera *negócio*[184] alheio, onde o fim, e não a vontade, domina todas as formas de organização. Outrossim, jaz a atividade administrativa debaixo da lei que lhe assinala uma finalidade a cumprir.[185]

Ocorre que a Administração Pública, dessa forma, se se apresenta corporificada no conjunto de órgãos a serviço do Estado e, objetivamente, é a expressão do Estado agindo *in concreto* para a satisfação de seus fins de conservação, de bem-estar individual e coletivo dos cidadãos e do progresso social, também revela um aspecto instrumental da Democracia, entendida aqui como forma de governo que conta, necessariamente, com procedimentos e mecanismos viabilizadores da constante interlocução e

---

[181] Conforme VIANNA, Ana Luiza. *Abordagens metodológicas em políticas públicas*. In Revista de Administração Pública. Vol.30. Rio de Janeiro, 1996, p. 8.

[182] MELLO, Celso Antônio Bandeira de. *Elementos de Direito Administrativo*. São Paulo: Revista dos Tribunais, 1996.

[183] Nesse sentido também MELLO, Celso Antônio Bandeira de. *Ato Administrativo e Direito dos Administrados*. São Paulo: Revista dos Tribunais, 1995.

[184] Veja-se a explícita conotação privatista que se dá ao tema.

[185] Deixamos de discutir aqui as teorias que buscam conceituar o Direito Administrativo como ciência jurídica, tema que refoge da proposta deste texto. Para tanto, recomendamos o trabalho do professor MELLO, Oswaldo Antônio Bandeira de. *Princípios Gerais de Direito Administrativo*. Volume 1, Rio de Janeiro: Forense, 1969, bem como o de GORDILLO, Agustín. *Tratado de Derecho Administrativo*. Buenos Aires: Fundación de Derecho Administrativo, Tomo I, 1998.

participação dos cidadãos na gestão dos interesses públicos. Desse modo, a natureza do Poder Público é a de um *munus* público para quem o exerce, impondo o cumprimento fiel dos preceitos do direito e da moral social e administrativa que regem a sua atuação.[186]

Pode-se dizer, então, que, enquanto fim último da Administração Pública, e de uma certa forma retórica também, tem-se o bem comum da coletividade administrada. O problema, aqui, é como o Estado vai implementar tais funções/atividades, tanto no aspecto de criação de instrumentos e mecanismos para tanto, como na utilização deste instrumental.

Tentemos avaliar como estes problemas se visualizam na experiência administrativa do Estado Brasileiro em termos históricos.

4.4. Matrizes constitutivas contemporâneas da administração pública no Brasil

De alguma maneira, é possível afirmarmos que a história do cotidiano brasileiro, bloqueada pelo capital a pelo poder, fez da vida do homem simples das ruas continentais deste país o refúgio para o desencanto de um futuro improvável. Os grandes embates pela redenção do gênero humano, de suas limitações e misérias estão sendo readaptados a esse novo território da vida e do viver. A sociedade está sendo reinventada e, conseqüentemente, as perspectivas de sua compreensão também estão passando por um processo de reinvenção. É nesse âmbito que ganha relevância a mediação do conhecimento do dia-a-dia na construção das relações sociais.[187] Em tal cenário, o novo herói da vida é o homem comum, imerso no cotidiano, pois, no pequeno mundo de todos os dias, está também o tempo e o lugar da eficácia das vontades individuais, daquilo que faz a força da sociedade civil, dos movimentos sociais.

Paradoxalmente, no evolver também histórico das comunidades, a quantidade de relações que constituem o seu funcionamento, da economia e da política, aumenta de maneira exponencial, de sorte que o leque de variáveis ligadas a um objeto ou fenômeno é bem mais amplo no período atual, tendo se complexificado neste evolver.

[186] Estes preceitos não são meramente subjetivos, localizados no âmbito da arbitrariedade do Gestor Público, mas se encontram também e fundamentalmente dispostos em textos normativos cogentes, dentre os quais, no caso brasileiro, na Constituição da República de 1988, em especial em seus princípios fundamentais e direitos e garantias fundamentais, verdadeiras normas jurídicas válidas, vigentes e desejosas de eficácia social, portanto, auto-aplicáveis. Neste sentido, ver GRAU, Eros Roberto. *O direito posto e o direito pressuposto*. São Paulo: Malheiros, 1998.

[187] Neste sentido, ver o texto de MARTINS, José de Souza. *O senso comum e a vida cotidiana*. São Paulo: Tempo Social – Revista Sociologia. USP, 1998, p. 34.

Assim, podemos concordar com Milton Santos quando afirma que, quanto mais os lugares se mundializam, mais se tornam singulares e específicos, isto é, únicos. Isto se deve à especialização desenfreada dos elementos do espaço – homens, empresas, instituições, meio ambiente –, à dissociação, sempre crescente, dos processos e subprocessos necessários a uma maior acumulação de capital, à multiplicação das ações que fazem do espaço um campo de forças multidirecionais e multicomplexas, onde cada lugar é extremamente distinto do outro, mas também claramente ligado a todos os demais por nexos únicos, dados pelas forças motrizes do modo de acumulação hegemonicamente universal.[188]

O cotidiano e a história da administração pública no Brasil, vêm marcados por todos estes fatores e cenários. Uma, porque sempre estiveram associados com as iniciativas institucionais do Estado em termos de políticas públicas e atos administrativos (tanto legislativas, executivas como judiciais), e outra, porque contaram, em sua maior extensão, com uma sociedade civil adormecida em práticas republicanas de reivindicação e participação políticas.

Veja-se que, desde o século XV, Portugal, transpondo o ciclo da monarquia agrária para transformar-se num país de caráter mercantil, foi logo atingido por um estágio de congelamento em termos de avanços e conquistas de níveis sociais, haja vista o caráter estacionário, e mesmo parasitário, da nobreza como gestora das atividades públicas em termos de planejamento e desenvolvimento comunitário.[189]

Assim, quando Portugal, na peripécia do processo das descobertas, depara-se com a Terra de Santa Cruz, a Colônia passar a ser, em pouco tempo, a jóia mais preciosa do Império, mas sofre os influxos daquele condicionamento cultural, ao mesmo tempo em que as populações que para aqui vinham, compostas de degredados e de elementos da pequena nobreza, teriam de se adaptar a novos tipos de atividades econômicas. Por isso mesmo, a rarefação do poder político, nos primeiros séculos, dá margem a um processo de fortalecimento do poder privado, conforme as ponderações de Venâncio Filho.[190]

É Plínio Barreto que vai dizer que:

> Há 100 anos, quando se emancipou definitivamente da soberania portuguesa, era o Brasil uma terra sem cultura jurídica. Não a tinha de espécie alguma, a não ser, em grau secundário, a do solo. Jaziam os espíritos impotentes na sua robustez meio rude da alforria das crendices e das utopias, à espera de charrua e sementes. O direito, como as demais ciências e, até, como as artes elevadas, não interessava ao

[188] SANTOS, Milton. *Metamorfoses do espaço habitável*. São Paulo: HUCITEC, 1997, p. 34.

[189] Ver, neste sentido, o texto de PRADO JR., Caio. *História do Desenvolvimento Econômico do Brasil*. Rio de Janeiro: Círculo do Livro, 1996, p. 26 e seguintes.

[190] FILHO, Alberto Venâncio.*Das Arcadas ao Bacharelismo*. São Paulo: Perspectiva, 1982, p. 38.

analfabetismo integral da massa. Sem escolas que o ensinassem, sem imprensa que o divulgasse, sem agremiações que o estudassem, estava o conhecimento dos seus princípios concentrado apenas no punhado de homens abastados que puderam ir a Portugal apanhá-la no curso acanhado e rude que se processava na Universidade de Coimbra.[191]

Ora, tudo isto contribui para que os governantes desenvolvessem sentimentos de proprietários das instituições e do poder político que representavam, realizando, a seu bel-prazer, o que bem entendiam em termos de administração, notadamente mais para atender expectativas corporativas do que comunitárias.

Desde a fundação das capitanias hereditárias, em meados do século XVI no Brasil, as figuras feudais dos capitães-mor figuravam como os fiéis escudeiros da Corte, cuja preocupação era tão-somente a de extrair, do território do país, os maiores dividendos possíveis, tudo consoante com as disposições das Cartas de Doação e dos Forais, bem como das Ordenações do Reino, notadamente o Código Manuelino.[192]

Tais instrumentos normativos não estavam preocupados em prever formas e mecanismos de ordenação à ocupação do solo, tampouco estabeleciam requisitos para a exploração econômica, já que este era um tema, até mesmo na Europa, pouco observado.

Estes aspectos demonstram bem a matriz privativista de formatação do pensamento e da ação administrativa no território nacional, descurando completamente da natureza comunitária do processo de exploração dos recursos naturais e de formatação do espaço urbano e rural dos núcleos habitacionais.

Mesmo após a parcial descentralização administrativa, ocorrida em 1549, com a implantação, no país, do Governo Geral e a estipulação de regras às atividades administrativas dos governadores e de seus auxiliares, reduzindo o poder absoluto dos novos senhores feudais (donatários das capitanias), o certo é que, em face da enorme extensão territorial que sempre marcou o Brasil, inexistiu um programa de ação integrado e orgânico para o país, mas somente projetos isolados de administração territorial – principalmente nos grandes centros habitados –, sem reverter isto para um conjunto ordenado e homogêneo de políticas voltadas a modelos de desenvolvimento integrado.[193]

---

[191] BARRETO, Plínio. *A Cultura Jurídica no Brasil (1822/1922)*. Rio de Janeiro: Imprensa Nacional, 1938, p. 13.

[192] Ver o texto de LYRA, Augusto Tavares. *Organização Política e Administrativa do Brasil*. Rio de Janeiro: Olympio, 1954, p. 22.

[193] Conforme IGLÉSIAS, Francisco. *Trajetória Política do Brasil*. São Paulo: Companhia das Letras, 1993, p. 53 e ss.

Com a Restauração (1640),[194] por estar a Coroa mais preocupada com a mantença da colônia em face das invasões estrangeiras, houve um incremento administrativo de gerenciamento do país, a ponto de se constituir, de forma elaborada, um verdadeiro *interesse nacional*, matéria somente aprofundada a partir do século XIX, com a vinda da família real para nosso território.

Por paradoxal que pareça, pode-se aceitar a tese de que a perspectiva de formatação de interesses e projetos nacionais para o Brasil ocorreu em face da própria insipiência administrativa da cultura monárquica portuguesa, não muito afeita às questões de administração racional e prospectiva do Estado, decorrência, em muito, da relação patrimonialista que mantinha com a coisa pública.[195]

Veja-se que é o Poder Executivo, nesta história, que sempre esteve fortalecido, com prerrogativas muitas vezes excessivas e ditatoriais, como foi o caso do Conselho de Estado, criado no âmbito do art. 137 da Constituição de 1824, com função de assessoramento em matérias relevantes à Coroa, seja de índole política, ou de ordem administrativa. Esta instituição nasceu visceralmente ligada à figura do Imperador, com o objetivo de suprir a ausência de responsabilidade do monarca, transferida para os conselheiros, os quais respondiam pelos conselhos que formulassem, em contrariedade à lei e ao interesse do Estado, desde que manifestadamente dolosos.[196]

Tal cenário foi focando o tema da Administração Pública, na ótica do Executivo, cabendo a ele as principais ações públicas que estivessem vinculadas a interesses comunitários – notadamente serviços e subsídios ao mercado.

A par disto, não se pode dizer que foi sempre tranqüila a posição meramente ativista do Estado Executivo Administrador, eis que dentro do

---

[194] Em face da instalação do Conselho Ultramarino, órgão responsável por assuntos fazendários e gestão de funcionários públicos para tal mister. Ver o texto de BASTOS, Aureliano Cândido Tavares. *A Província: estudo sobre a descentralização no Brasil*. Brasília: Nacional, 1970, p. 37.

[195] Conforme pode-se extrair do trabalho de FAORO, Raymundo. *Os Donos do Poder*. Rio de Janeiro: Globo, 1984. Há aqui também uma certa matriz liberal clássica, notadamente a de LOCKE, John. *The Second Tratiese of Civil Governament*. Berckley: U.P. Berckley, 1980, p. 83, quando afirma que todos, tendo ou não tendo propriedade, no sentido comum, estão incluídos, como interessados na preservação das próprias vidas e liberdades. Ao mesmo tempo, apenas os que têm fortuna podem ter plena cidadania, por duas razões: apenas esses têm pleno interesse na preservação da propriedade, e apenas esses são integralmente capazes de vida racional – aquele compromisso voluntário para com a lei da razão – que é a base necessária para a plena participação na sociedade civil.

[196] Conforme SOUSA, António Francisco de. *Fundamentos Históricos de Direito Administrativo*. Lisboa: Editores Associados, 1925, p. 81 e ss. É de se registrar que, durante a Regência, adveio o Ato Institucional de 12 de agosto de 1834, de inspiração liberal e federativa, diploma legal que, em seu art. 32, pura e simplesmente extinguiu o Conselho de Estado, considerado um órgão conservador, auxiliar do Imperador. O Conselho de Estado funcionava em reunião plena, sob a presidência do Imperador, ou em quatro seções, divididas em negócios do império, negócios da justiça e estrangeiros, negócios da fazenda, negócios da guerra e marinha.

próprio Poder Instituído, sempre houve disputas por espaços de poder e de ação. Um exemplo muito claro disto é que, embora o art. 169 da Constituição de 1824, reproduzisse a dicção do referido art. 135 da Carta portuguesa, não ocorreu a construção de um sistema administrativo específico para o país, justamente pela ausência de justiça administrativa independente, tudo agravado pelas vicissitudes pelas quais passou o Conselho de Estado, considerado uma corporação oligárquica, rival dos Gabinetes Ministeriais, a conspirar contra ele, quando não se amoldavam às suas conveniências políticas e interesses partidários.[197]

Aliado a isto, ainda contou o país, nos primórdios do século XIX, com uma noção e práticas de administração pública por demais frágeis, no que tange mesmo às rotinas e aos procedimentos gerenciais dos interesses e recursos públicos.

Mesmo após a instalação do Governo Provisório, conservou o poder central grande soma de autoridade, tanto que as Assembléias Provinciais foram dissolvidas por decreto de 20 de novembro, ficando os governos locais, enquanto não houvesse a Constituição, com várias funções que poderiam ser restringidas, ampliadas e suprimidas, tendo os governadores assumido papel de simples delegados do Governo Provisório. O princípio federativo vigente era meramente formal, haja vista que prevalecia, tão-somente, a soberania da União e a dos Estados-Membros, cada qual inatacável na órbita de sua competência, ficando os Municípios restritos ao âmbito de ações executoras das disposições cogentes, a despeito de estar prevista na ordem constitucional vigente a sua autonomia para gerir o interesse local (art. 68 da Constituição de 1824).

Em verdade, ao longo do período de toda a República Velha, a Administração Pública brasileira padeceu de frágil estruturação institucional, e isto porque os chefes do Poder Executivo, dos três níveis federativos, em regra, eram eleitos de maneira pouco séria, decorrência dos vínculos mantidos com as oligarquias locais, vinculadas, por sua vez, à Presidência da República, formando uma rede política de interesses que se alojava e refletia na atuação administrativa.

Aqui, sequer se cogitava da participação social ou representativa da comunidade, eis que tal tarefa estava restrita aos cânones e mecanismos institucionais da política estatal.

Assim, desenvolveu-se a Administração Pública, praticamente, até a década de 1980, com avanços e recuos institucionais, maiores em determinados momentos (como na era Vargas), ou menores (como ao longo do regime militar).

---

[197] Interessante neste sentido o texto de LEAL, Hamilton. *História das Instituições Políticas do Brasil*. Brasília: Ministério da Justiça, 1994, p. 330.

Tais cenários não se alteram significativamente até a nominada Abertura Democrática do país, notadamente com a instalação do primeiro governo civil após o Golpe de 1964, com José Sarney. A partir deste período, como resultado de toda a formatação de nossa cultura política, um dos grandes politólogos brasileiros, Wanderley Guilherme dos Santos,[198] traçou um perfil da democracia brasileira, valendo-se de dados sobre a participação eleitoral, engajamento comunitário, filiação sindical, contatos políticos e uso das instituições públicas para arbitrar conflitos (recurso à justiça e ao poder de polícia dos organismos governamentais, inclusive a própria polícia). Neste trabalho, o autor demonstrou que, por conta do padrão histórico de incorporação dos atores políticos nacionais à arena de competição – no caso, o Estado como gerador de oportunidades de participação e de identidades coletivas – , a morfologia poliárquica brasileira, excessivamente legisladora e regulatória, assentou-se sobre uma sociedade que, plural quanto à multiplicidade de grupos de interesse, tem se revelado como essencialmente hobbesiana e estatofóbica: *o que vigora na maior parte do território e nas diversas formas de sociabilidade é uma versão competitiva do modelo máfia, ou seja, um mercado pulverizado de violência, de proteção contra a violência e de violação da lei.*

O que temos visto, como decorrência disto, é que, na maior parte de seu território, o Estado brasileiro (aqui entendido na sua perspectiva institucional) e seu sistema legal, não conseguem assegurar a vigência de uma ordem e pacificação social, ainda que fundada em relações assimétricas, garantidora de expectativas estáveis e uma mínima previsibilidade de comportamentos consistentes com a lei.

Na mesma direção, temos Guillermo O'Donnell,[199] sustentando que o modelo de democracia em países com as relações de força como as do Brasil, pode ser considerado como *delegativo*, eis que ele supõe um precário funcionamento das instituições políticas, o que faz com que a figura do chefe do Executivo, presidente eleito ou chefe do movimento, assuma um caráter ainda mais central no processo político, pois recebe ou avoca delegação para governar acima dos partidos e demais instituições democráticas. Decorrência lógica e material disto é a recorrente falta de garantia de igualdade perante a lei e de acesso à justiça, bem como outras formas de prestações públicas, seja porque os indivíduos, escaldados, renunciam à sua

[198] Em seu texto *Gênese e apocalipse: elementos para uma nova teoria da crise institucional latinoamerana.* In Novos Estudos Ceprab. São Paulo (20): 110-118, março de 1998, p. 73.

[199] Nos textos (1) *Democracia Delegativa?* In Novos Estudos Ceprab. São Paulo, out.1991, e (2) *Sobre o Estado, a democratização e alguns problemas conceituais.* In Novos Estudos Ceprab. São Paulo (36):123-45, jul.1993. O autor sustenta que nestes modelos de democracias delegativas, assistimos a um frenesi decisional: um espantoso número de decisões tomadas rapidamente (decretismo). Mas, pelo fato de serem tomadas unilateralmente ao mesmo tempo em que atingem interesses importantes e politicamente mobilizados, essas decisões provavelmente não serão implementadas.

mediação, preferindo agir por conta própria, seja porque o Estado é incapaz de assegurar uma ordem igualitária ao tecido social.[200]

Desde os governos militares, na segunda metade do século XX, a forma mais tradicional que o próprio Estado tem utilizado para enfrentar estas questões é sinalizando a necessidade de se instituir uma reforma administrativa na sua própria estrutura, sem nunca ter debatido, suficientemente, os termos desta reforma (se de estrutura tão-somente, se de gestão, se de interlocução social, etc.). Esta história, todavia, tem um ponto de ruptura para o Brasil – mais formal que material – com a edição da Constituição de 1988, oportunidade em que novos ares institucionais foram se forjando, notadamente no que tange às concepções de poder político-formal, sem alterar, contudo, a forma de exercício deste poder e suas manifestações mais cotidianas, eis que, embora a democracia brasileira ainda se encontre em processo de consolidação, na verdade ela tem experimentado um déficit no modo de seu funcionamento, haja vista que o que mais a identifica é um conjunto de procedimentos de administração estatais formalizados e técnico-burocráticos que se fecham às expectativas e demandas sociais.[201]

É a partir do governo José Sarney (1994) que vai se detectar, com mais precisão, a formatação de um discurso pretensamente ordenado sobre a reforma do Estado, no entanto, circunscrita, basicamente, a contornos, primeiro, burocráticos (envolvendo as estruturas materiais de operacionalização administrativa) e, segundo, de dimensão física dos aparelhos (reduzindo cargos e funções), isto sem relacionar as demandas sociais com a funcionalidade estatal.

Por tais razões, tem-se dito que a reforma do Estado foi deixada de lado para dar lugar à mais tradicional estratégia de reforma administrativa: a racionalização dos meios. Mas, mesmo com os ensaios do Plano Cruzado nesta direção, o governo não foi capaz de reativar as antigas ilhas de eficiência do setor público – planejamento, arrecadação, comunicações, política agrícola – desmanteladas a partir do início da gestão de Delfin Neto, na Secretaria de Planejamento, no governo João Figueiredo.[202]

---

200 Na verdade, cumpre aferir se esta é uma responsabilidade exclusivamente do Estado e no que ela consiste. De outro lado, é verdade que a continuada crise econômica, gerando inflação, desemprego e empobrecimento, e o fracasso da maioria das políticas destinadas a enfrentá-la, exigindo sacrifícios inúteis, favoreceram o surgimento de um sentimento de insegurança e impotência com relação ao futuro e o crescimento da descrença nas normas e no poder público como matriz de valores e paradigma de conduta. A erosão da cultura cívica e do próprio tecido social também favorece a impunidade, a intensificação do uso do jeitinho ou da simples violação da lei e as estratégias da dissimulação, da violência difusa ou explícita e do enclausuramento individual e familiar. Neste aspecto, vale o registro de COSTA, Frederico Lustosa da. *Estado, reforma do Estado e democracia no Brasil da nova república.* In Revista de Admin. Pública, FGV, vol.32(4):71/82, 1998, Rio de Janeiro.

201 Neste sentido, ver o texto de VIANNA, Luiz Werneck (org.). *A democracia e os três poderes no Brasil.* Belo Horizonte: UFMG, 2002, p. 8.

202 Conforme MARTINS, Lúcio. *Reforma da administração pública e cultura política no Brasil: uma visão geral.* Brasília: Enap, 1997, p. 28.

Também o governo Fernando Collor de Mello (1996) prometeu uma reforma administrativa ao Estado Administrador, mas movida por um oportunismo neoliberal e constituída como uma empresa de desmantelamento do setor público, produzindo alguns remanejamentos no plano da organização administrativa, desarticulando as estruturas encarregadas de operar políticas compensatórias e em nada contribuindo para a garantia de direitos civis ou de direitos sociais básicos.

> A reforma administrativa de Collor caminhou de forma irresponsável no sentido da desestatização (partindo da premissa de que não cabe ao Estado realizar determinadas funções) e racionalização, apoiando-se no critério da eficiência e partindo do pressuposto de que, entre as funções indelegáveis, o Estado pode, com menos recursos, realizar o mesmo volume de atividades, ou, em outros termos, como mesmo volume de recursos, realizar um maior número de atividades.[203]

Por sua vez, o governo Fernando Henrique Cardoso (1998), também anunciou uma ambiciosa reforma do Estado que, entretanto, revelou-se perfunctória. O denominado Plano Diretor da Reforma do Aparelho do Estado partiu, em nosso sentir, de uma premissa equivocada: a de que a crise latino-americana e brasileira é uma crise do Estado, ou seja, o Estado, em uma modalidade mais social, tornou-se disfuncional para o mercado livre. Todavia, em face de que é o mercado livre que não cumpriu com suas promessas da modernidade, tornando-se disfuncional para a sociedade pós-industrial, a crise do Estado se apresenta com sua incapacidade de regular as relações tensionais entre economia e sociedade, sendo insipiente na geração de empregos e mesmo no financiamento do *Welfare State*.[204]

> O modelo de Reforma do Estado de FHC contempla: (1) o ajustamente fiscal duradouro; (2) reformas econômicas orientadas para o mercado, que, acompanhadas por uma política industrial e tecnológica, garantam a concorrência interna e criem condições para o enfrentamento da competição internacional; (3) a reforma da previdência social; (4) a inovação dos instrumentos de política social, proporcionando maior abrangência e promovendo melhor qualidade para os serviços sociais; (5) a reforma do aparelho do Estado, com vistas a aumentar sua governança, ou seja, sua capacidade de implementar de forma eficiente políticas públicas.[205]

Isto tem se evidenciado pelo desmonte da máquina pública, com demissões de funcionários; à fragilização da economia nacional, devido à abertura irrestrita das importações; o desmonte da seguridade social, através da supressão de direitos previdenciários e a quebra dos princípios do SUS – Sistema Único de Saúde – devido à criação das Organizações Sociais.

---

[203] COSTA Frederico Lustosa da & CAVALCANTI, Bianor Scelza. *Mudança organizacional do setor público*. In Revista de Administração Pública. Rio de Janeiro: FGV, 25(3): 173-84, julho/setembro de 1991.

[204] Vai nesta direção, com o que concordamos, a leitura de COSTA, Frederico Lustosa da. *Estado, reforma do Estado e democracia no Brasil da nova república.*, op. cit., p. 79.

[205] Idem, p. 80.

Tanto é verdade que as áreas colocadas como estratégicas para a reforma do Estado foram: a privatização, a reforma administrativa e a reforma previdenciária, ficando para depois a reforma tributária, que não pretende alterar, estruturalmente, a concentração de riquezas e rendas no país.

Diante de uma perspectiva de gestão, as reformas foram colocadas como mera questão técnica, administrativa, sem conotações de ordem societária, embora representem uma alteração na estrutura e no funcionamento do Estado brasileiro, com claro tom privatizante, sem qualquer preocupação, mais consistente, com a alteração do grave quadro social do país.[206]

A conclusão que podemos tirar daqui, a despeito de superficial a reflexão sobre os condicionantes deste cenário, é que, nos últimos 20 anos, não houve, por parte dos poderes instituídos, projetos coerentes e sustentáveis de reforma do Estado para fins de administração do interesse público, o que se pode aferir a partir dos remanejamentos realizados nas estruturas do aparelho estatal, sem alterar suas relações com a sociedade, mantendo comportamentos unilaterais e arbitrários de Administração, o que só contribuiu para aprofundar a crise de legitimidade, identidade e autoridade já instalada desde há muito.[207]

4.5. Desafios da administração pública brasileira no Estado Democrático de Direito

A Administração Pública brasileira não pode ser tratada, a partir do que vimos e, metodologicamente, de forma isolada ou distanciada dos fenômenos políticos, econômicos e sociais que caracterizam e situam o país em nível interno e externo, sob pena de cometermos equívocos de avaliação de conjuntura/diagnósticos e, conseqüentemente, de prognósticos.

Significa dizer, em outras palavras, partindo do pressuposto de que a Administração Pública, ao menos para nós, está marcada por um viés democrático (contando, pois, com procedimentos/mecanismos viabilizadores

---

[206] Ver, neste sentido, o texto de COSTA, Lúcia Cortes da. *Pesquisa & Debate*. São Paulo, Programa de Estudos Pós-Graduados em Economia Política/Departamento de Economia da Faculdade de Economia e Administração da PUC-SP, v. 11, nº 17, 2000. Novamente Habermas aqui pode nos ajudar a entender o que está em jogo nas ambiências técnicas e burocráticas do poder, ao dizer que *"work" and "interaction" each have their own logic. Work is "success oriented;" it is a form of "purposive-rational action" aimed at controlling the world. On these terms, technological development is a "generic project" consisting in the substitution of mechanical devices for human limbs and faculties. By contrast, interaction involves communication between subjects in the pursuit of common understanding. The technocratic tendency of modern societies results from an imbalance between these two action-types.* HABERMAS, Jürgen. *On the pragmatics of social interaction.* Cambridge: MIT Press, 2002, p. 38.

[207] Aprofundamos mais este tema no nosso livro: LEAL, Rogério Gesta. *Teoria do Estado: cidadania e poder político na modernidade.* 2ª ed. Porto Alegre: Livraria do Advogado, 2001.

da participação popular no âmbito da gestão), que qualquer política pública administrativa precisa estar conectada com o seu tempo e espaço – por mais virtual que ela seja, sob pena de continuar figurando, tão-somente, como prerrogativas formais dos poderes institucionais.

Impõe-se, portanto, sabermos identificar os cenários nacionais e internacionais em que o Brasil se vê inserido, *sponte sua* ou por contingências impostas.

Nesse sentido, acreditamos ser possível utilizar, como marco histórico-referencial, temporal e espacial, as formas de desenvolvimento econômico e político que surgem, com maior explicitação, a partir da década de 1970. São nominadas de globalizadas, enquanto correlações transnacionais de forças mais econômicas do que sociais, rompem os limites físicos dos Estados-Nação, enfraquecendo a força das instituições políticas tradicionais (Partidos, Parlamento, Poder Executivo e Judiciário, etc.) existentes em cada país, bem como suas domésticas estratégias de gerenciamento e planejamento econômico nacional.[208]

Este movimento econômico internacional é avassalador e envolve, independentemente de consenso ou aceite, praticamente todos os mercados já alcançados pelo capitalismo internacionalizado desde a Primeira Guerra Mundial, e cujo suporte de referência, até esse período, ainda são os Estados soberanos. Conforme as particularidades e posição econômica de cada país, os efeitos do novo modelo são maiores ou menores em termos de custo social, gerando, ora maior ou menor, exclusões sociais das mais diversas ordens (de trabalho, culturais, sexuais, afetivas, etc.).[209]

Diante de tal quadro, revela-se inexorável, aos países cujo custo social de inserção no novo mercado é trágico,[210] a adoção de estratégias de enfrentamento dos problemas sinalizados. A responsabilidade destas ações, importa registrar, é fluída no tecido político-institucional e econômico-social, envolvendo tanto os poderes oficiais como as elites dominantes.

De qualquer forma, pelo princípio da legalidade que vige desde a Era Moderna, ao Estado só é permitido fazer aquilo que a lei lhe permite, e, a partir dela, é que aquelas estratégias podem ser pensadas, instituídas e executadas. Assim, o Poder Público pode desenvolver ações de competência a partir de uma prévia leitura que fizer sobre o que, afinal, a lei lhe permite fazer a este título. Eis um problema hermenêutico.

---

[208] Nesse sentido o texto de KENICHI, Ohmae. *The end of the Nation State: the rise of Regional Economies.* London: HarperCollins, 1995.

[209] Conforme ENZENSBERGER, Hans Magnus. *Guerra Civil.* São Paulo: Companhia das Letras, 1995.

[210] Como desemprego em massa, subempregos, analfabetismo, precariedade da saúde, inexistência de habitações condignas, criminalização, aumento da violência física; etc.

Por outro lado, se o exercício das atividades da Administração Pública tem como vetor vinculante o ordenamento jurídico a que está ligada, notabillizam-se, aqui, em razão do princípio kelseniano da hierarquia das leis, principalmente, as disposições constitucionais atinentes à espécie. Novamente, pois, impõe-se uma avaliação/interpretação sobre que normas são estas e que vinculação efetiva elas demandam.

Neste particular, para nós, mesmo considerando a existência do princípio da unidade da Constituição, vigente desde há muito na tradição constitucional do Ocidente, segundo o qual todas as suas normas apresentam o mesmo nível hierárquico, existem, para a moderna teoria constitucional, duas modalidades distintas de normas dentro da Carta Política que estão a afetar diretamente os atos do Poder Público, a saber: as denominadas normas-princípios e as normas-disposições, compondo um todo junto ao ordenamento jurídico.[211]

As normas-princípios afiguram-se como mandamentos estruturais e indispensáveis à organização da regulação jurídica e ordenação social, ou, como quer Celso Mello,[212] "são disposições fundamentais que se irradiam sobre diferentes normas, compondo-lhes o espírito e servindo de critérios para sua exata compreensão e inteligência".

Esses princípios contêm valores políticos e sociais fundamentais ditados pela Sociedade, de forma explícita ou implícita, concretizados em diversas normas da Constituição ou cuja concretização, a Constituição impõe.

Nessa direção, a contemporânea teoria constitucional alemã, com Hesse,[213] Häberle[214] e sua versão portuguesa, com Canotilho,[215] dão conta de que os princípios são exigências de otimização abertas a várias concordâncias, ponderações, compromissos e conflitos, como os princípios do Estado Democrático de Direito, da igualdade, da liberdade, etc.

No caso ainda da cultura jurídica brasileira, pode-se citar, a título de ilustração argumentativa, o ensinamento de Carlos Maximiliano,[216] para quem

> todo o conjunto de regras positivas representa sempre e apenas o resumo de um complexo de altos ditames, série de postulados que enfeixam princípios superiores. Constituem estes as idéias diretivas do hermeneuta, os pressupostos científicos da ordem jurídica.

---

[211] Discutimos essa questão de forma mais exaustiva em nosso livro LEAL, Rogério Gesta. *Hermenêutica e Direito: considerações sobre a Teoria do Direito e os operadores jurídicos.* Santa Cruz do Sul: Edunisc, 1999, 2ª edição.

[212] MELLO, Celso Antônio Bandeira de. *Elementos de Direito Administrativo.* Op. cit., p. 230.

[213] HESSE, Konrad. *A força normativa da constituição.* Porto Alegre: Fabris, 1991.

[214] HÄBERLE, Peter. *Hermenêutica Constitucional.* Porto Alegre: Fabris, 1997.

[215] CANOTILHO, José Joaquim Gomes. *Direito Constitucional.* Coimbra: Almedina, 1997.

[216] MAXIMILIANO, Carlos. *Hermenêutica e Aplicação do Direito.* Rio de Janeiro: Forense, 1992.

Outro festejado jurista, José Afonso da Silva, denomina os mandamentos jurídicos do Título I da Carta de 1988, como princípios político-constitucionais, eis que configuram decisões políticas fundamentais concretizadas em normas conformadoras do sistema constitucional positivo, constituindo verdadeiras normas-princípio, isto é, normas fundamentais de que derivam, logicamente (e em que, portanto, já se manifestam implicitamente), as normas particulares, regulando imediatamente relações específicas da vida social.[217]

Analisando a jurisdicidade desses princípios, podemos dessumir que eles servem de base e teor dos governos e discursos normativos democráticos, pois colocam e mesmo buscam, a concretização dos direitos a que se referem, sempre almejando a proteção e efetivação dos objetivos previamente traçados pelo poder constituinte. Em outras palavras, eles constituem fundamentos para juízos concretos de dever.[218]

Assim, a Constituição brasileira de 1988 tem, em seu título primeiro, elencados os princípios fundamentais que pautam a organização do Estado e da Sociedade brasileira, deduzindo como fundamentos da República, a soberania, a cidadania, a dignidade da pessoa humana, etc. Essa mesma República tem, como objetivos, a construção de uma Sociedade livre, justa e solidária; garantir o desenvolvimento nacional; erradicar a pobreza e a marginalização, reduzindo as desigualdades sociais e regionais; promover o bem de todos, sem preconceitos de origem, raça, sexo, cor, idade e quaisquer outras formas de discriminação.

Como lembra Bonavides,[219] princípios como estes fazem transparecer uma superlegalidade material e se tornam fonte primária do ordenamento. Esses princípios apresentam-se como efetivos valores elegidos pela comunidade política local e, enquanto tais, afiguram-se como a pedra de toque ou critério com que se aferem os conteúdos constitucionais em sua dimensão normativa mais elevada.

No Brasil, entretanto, com a tradição de Constitucionalismo rígido e dogmático que tivemos e temos,[220] esses novos ideais e conjunturas não foram suficientes, ao menos em caráter expressivo, para sensibilizar os poderes instituídos oficiais, e tampouco, as lideranças políticas nacionais, para que se pensasse uma forma mais integrada com o meio, em trabalhar

[217] SILVA, José Afonso da. *Direito Constitucional Positivo.* São Paulo: Malheiros, 1997,p. 85.

[218] Concordamos com ALEXI, Robert. *Teoria de los derechos fundamentales.* Madrid: Centro de Estudios Constitucionales, 1993, p. 125, quando afirma que tanto as regras como os princípios são normas, porquanto ambos se formulam com a ajuda de expressões deônticas fundamentais, como mandamento, permissão e proibição.

[219] BONAVIDES, Paulo. *Curso de Direito Constitucional.* São Paulo: Malheiros, 1998, p. 176.

[220] Neste sentido, ver o trabalho de BARACHO, José Alfredo de Oliveira. *Processo Constitucional.* Rio de Janeiro: Forense, 1984. e o texto de MELLO, Oswaldo Aranha Bandeira de. *A teoria das constituições rígidas.* São Paulo: José Bushatsky Editor, 1980.

e dar efetividade e um significado mais crítico e coerente com o momento nacional, aos dispositivos normativos constitucionais do país.

Entendemos, a partir do referido, que os princípios constitucionais do título primeiro da Constituição de 1988 estão a vincular os atos oficiais do Estado na busca de dar concretude ao que pretendem os indicadores normativos da carta política em vigor, bem como a prestação de suas funções legislativas e judiciárias protetivas e instituidoras de políticas públicas voltadas àquele desiderato.

Aliás, a interpretação do texto constitucional, e em especial dos princípios constitucionais, na melhor doutrina contemporânea,

> opera a mediação entre o caráter geral do texto normativo e sua aplicação particular; é um processo intelectivo através do qual, partindo de fórmulas lingüísticas contidas nos textos, enunciados, preceitos e disposições, alcançamos a determinação de um conteúdo normativo. O intérprete desvencilha a norma de seu invólucro (o texto); neste sentido, o intérprete produz a norma. Assim, texto é diferente de norma: o texto é o sinal lingüistico; a norma é o que se revela, designa.[221]

Assim, a qualquer hermenêutica que se pretenda instituir no âmbito da criação, fiscalização e aplicação das leis, impõe-se, como necessária, sua vinculação orgânica aos princípios constitucionais, definidores de uma escolhida concepção de homem e de mundo pela própria Sociedade, até porque o texto normativo não contém imediatamente a norma; esta é construída pelo intérprete no decorrer do processo de concretização do direito.[222]

O Direito Administrativo, por sua vez, sempre irá se referir a uma certa ordem jurídica positivada e, como quer Caetano,[223] enquanto ramo do Direito que compreende as normas reguladoras das relações de autoridade – entre sujeitos com poderes desiguais, portanto – para realização de interesses públicos, está intimamente ligado à Constituição Política de cada país.

Nesta ótica, os Princípios que informam o Direito Administrativo brasileiro, de um lado, são extraídos do texto constitucional e significam, pois, todo um conjunto de realidades e conjunturas políticas e econômicas que estão na base do quadro constitucional vigente; de outro lado, afiguram-se como elementos norteadores do sistema jurídico administrativo como um todo, condicionando os atos praticados pelos agentes públicos, no sentido

---

[221] Neste sentido, GRAU, Eros Roberto. *O direito posto e o direito pressuposto.* São Paulo: Malheiros, 1998.

[222] Ver MÜLLER, Friedrich. *Direito, Linguagem e Violência.* Porto Alegre: Fabris,1995, e COELHO, Inocêncio Mártires. *Interpretação Constitucional.* Porto Alegre: Fabris,1997. Ainda nesta perspectiva, Eros Grau insiste na assertiva de que "a interpretação do direito deve ser dominada pela força dos princípios; são eles que conferem coerência ao sistema". GRAU, Eros Roberto. *Ensaio e discurso sobre a interpretação/aplicação do direito.* São Paulo: Malheiros, 2002, p. 45.

[223] CAETANO, Marcelo. *Princípios Fundamentais do Direito Administrativo.* Coimbra: Almedina, 1996, p. 19.

de vê-los comprometidos nuclearmente com a implementação dos referidos princípios, direitos e garantias fundamentais.

Desde uma perspectiva habermasiana, estamos sustentando que a Administração Pública no Brasil se apresenta como uma esfera de intermediação entre sistema jurídico e mundo da vida. É em face dessa posição de intermediadora que emerge, em vários níveis, a tensão entre validade e faticidade no âmbito de sua significação e sentido, eis que para cumprir sua função de efetivadora dos direitos e garantias fundamentais só pode fazê-lo – sob o prisma da legitimidade[224] – com a participação orgânica e ampliada daqueles que são atingidos e envolvidos por seu mister, sob pena de esvaziar – no processo de concretização destas prerrogativas –, a constituição cívica de suas possibilidades, transformando-os em novos expedientes burocráticos, com ausência de adesão social.[225]

Com base na teoria do discurso da Democracia contemporânea de Habermas, acreditamos que um dos principais desafios de uma Administração Pública, que se queira democrática, é a de buscar mecanismos de fundamentação, de ação e de restabelecimento do equilíbrio da autonomia privada e da autonomia pública no cenário societal, eis que os direitos humanos e fundamentais, associados com os objetivos e finalidades da República nacional, só podem estar garantidos onde esteja assegurado/efetivado o princípio da soberania do povo, aqui entendido como o procedimento compartilhado comunitariamente à formação da vontade estatal. Isto só pode ocorrer a partir de estratégias políticas de regulação legítima de relações interpessoais, da coordenação de ações mediante normas justificadas e da solução consensual de conflitos com base em princípios normativos e regras reconhecidas intersubjetivamente.[226]

Como bem adverte Jessé Souza:

> Em Habermas, destaca-se a conexão complementar e problemática de "poder comunicativo" e "poder administrativo". O poder comunicativo manifesta-se nos procedimentos democráticos de formação da vontade estatal que, além de incluir o processo eleitoral e o legislativo, abrange o discurso em vários níveis da esfera pública. Tra-

---

[224] Veja-se que, do ponto de vista interno da Democracia, para Habermas, a tensão entre validade e faticidade manifesta-se inicialmente na relação entre positividade e legitimidade. Assim o Direito e a Administração Pública valem não apenas porque se encontram formalmente postos, mas tão-somente se são postos de acordo com um procedimento democrático, no qual se expressa intersubjetiva e materialmente a autonomia dos cidadãos. Ver o texto de HABERMAS, Jürgen. *Direito e Moral.* Lisboa: Instituto Piaget, 1999, p. 59.

[225] Há uma reflexão bastante interessante sobre esta perspectiva que é a de UNGER, Roberto Mangabeira. *Democracy Realized.* New York: Verso. 1998.

[226] Ver HABERMAS, Jürgen. *Aclaraciones a la ética del discurso.* Madrid: Trotta, 1998, p. 108. Tal perspectiva é importante porque, assim como o direito, a Administração Pública não alcança o seu sentido normativo pleno *per se,* através de sua forma normativa, tampouco mediante um conteúdo moral dado *a priori,* mas sim através de um procedimento à sua constituição e ação, produtor – necessariamente – de legitimidade.

ta-se da determinação de decisões vinculatórias e da produção de normas jurídicas entre sujeitos orientados na busca do entendimento. O poder administrativo corresponde à dominação legal racional no sentido weberiano. Habermas propõe que o direito seja compreendido como o meio de conversão do poder comunicativo em poder administrativo.[227]

Esta conversão necessária, proposta por Habermas, do poder comunicativo em administrativo, deve pautar as políticas governamentais e mesmo as formas de viabilização da participação social no âmbito das demandas coletivas que cotidianamente devem ser implantadas pelo Estado.

4.6. Considerações finais

Em termos de realidade nacional, temos percebido que, para o atual governo brasileiro, a proposta e o modelo de Estado mais adequado para enfrentar os desafios que o país apresenta no final do milênio, pode ser dado por uma nova social-democracia, nominada nos anos 90 de Terceira Via. Esta *alternativa* presidencial pretende apresentar não apenas uma nova plataforma política, mas uma teoria da Sociedade contemporânea, acreditando na domesticação racional do mercado e seu redirecionamento para o humanismo.[228]

Como bem assevera Marilena Chauí,

> De fato, o núcleo duro do pensamento social-democrata, desde Bernstein, é que o socialismo (ou a propriedade coletiva dos meios de produção) pode ser e deve ser alcançado por reformas progressivas impostas ao capitalismo (ou a propriedade privada dos meios de produção), e não por meio de uma revolução. Entre o capitalismo e a revolução intercala-se um terceiro caminho, o da reforma, que humaniza o capitalismo e acumula forças para passar pacificamente ao socialismo. Esse pressuposto tornou-se realidade quando a social-democracia passou a operar com as idéias econômicas e políticas de Keynes e estabeleceu uma distinção entre economia liberal de mercado e economia planejada sob a direção do Estado.[229]

---

227 SOUZA, JESSÉ (Org.). *Democracia hoje: novos desafios para a teoria contemporânea.* Brasília: UnB, 2001, p. 123.

228 Ver texto de GIDDENS, Anthony. *A Terceira Via.* Op. cit.

229 CHAUÍ, Marilena. *Fantasias da Terceira Via.* In Jornal Folha de São Paulo, Caderno MAIS, edição de 19/12/1999, p. 04. Neste texto, a autora faz menção ainda às radicais contradições de pauta e conclusões entre a Terceira Conferência Ministerial da Organização Mundial do Comércio – OMC, em Seattle (EUA), em face da Reunião de Líderes Mundiais em Florença (Itália) no mês de dezembro de 1999. Lembra a autora, curiosamente, que "parece haver um problema de paternidade no ressurgimento da expressão Terceira Via: alguns pensam que foi usada pela primeira vez por Clinton, outros acham que foi introduzida nos discursos de Tony Blair por conselho de seu mentor, o sociólogo Anthony Giddens, que, segundo os jornais brasileiros, deixou de ser apenas o guru de Blair para tornar-se leitura obrigatória dos assessores de FHC.A origem dessa fórmula, como reconhecem seus atuais proponentes, é pouco ilustre: foi empregada pelo fascismo para indicar um projeto e um programa econômico, social e político que se pretendia eqüidistante do liberalismo e do socialismo/comunismo. Reapareceu nos

As características fundantes do Estado e do Governo, a partir desses pressupostos, na dicção de Guiddens, são:

1) a crença na idéia de uma justiça social e na rejeição de uma *política de classes*, procurando apoio em todas as classes sociais, postando-se o governo como garante das condições para a expansão e o desenvolvimento da liberdade individual;

2) a eleição do pressuposto de que cabe ao Estado preservar a competição, criar bases institucionais para os mercados, proteger contra a intromissão indesejada do mercado os bens públicos e culturais, assim como proteger as condições físicas e contratuais dos empregados;

3) a promoção de uma reforma administrativa que torne o Estado um administrador *tão competente como uma grande empresa*, independentemente de critérios democráticos de procedimentos e tomada de decisões.[230]

4) a correção dos desvios e equívocos do Estado-Providência (burocracia, comodismo, passividade), reformando-o no sentido de estimular as parcerias (ou privatizações) com empresas, para a criação de empregos e serviços.

Tentemos identificar, agora, algumas razões do insucesso desse modelo no Brasil, ao menos no que tange a determinados itens elencados, condizentes com o objeto de nosso trabalho.

Primeiro, a crença na idéia de um projeto político que possa implementar uma justiça social contando com a união de *todas as classes* é, para o Brasil, no mínimo, ingênua, eis que desconsidera que as diferenças entre estas classes são criadas pelo próprio modelo de agenda econômica internacional e nacional imposta pelas regras, não muito controláveis, de um mercado transnacionalizado, ao qual o país está totalmente entregue, bem como faz parte da lógica de acumulação dada. Nesse sentido, o governo brasileiro tem se mostrado extremamente comprometido com as regras do jogo já estabelecidas, servindo de mediador da acumulação de capital.

Segundo, inexistem no Brasil políticas públicas que evidenciem a preocupação com a regulação das relações econômicas, a despeito da previsão normativa-constitucional do art.174 da Constituição em vigor.

---

anos 40 nos discursos de Perón e consolidou o peronismo. Em outras palavras, outrora como agora, a idéia de Terceira Via tem a pretensão de colocar-se além da direita liberal e da esquerda socialista-comunista". Doc. citado.

[230] Nessa concepção, como diz Marilena Chauí, no texto citado, o Estado democrático e contemporâneo democratizar-se-á operando por delegação de poder, referendos, plebiscitos, democracia direta nas localidades, transparência nos negócios públicos, em suma, por aumento da participação política com a estratégia de renovação e de incentivo à formação de comunidades solidárias.

Terceiro, em nosso sentir, nunca existiu no Brasil um Estado-Providência,[231] mas tão-somente equívocos de comportamento privatista do Estado enquanto instituição jurídica e pública, servindo a interesses setoriais vinculados a elites hegemonicamente dominantes (banqueiros, industriais, grandes corporações).

Agora, no que tange à reforma administrativa capaz de imprimir novas tarefas e características ao Poder Público Federal, aproximando-o do modelo desejado pela nova ordem econômica internacional, aí sim, o Brasil observou bem a cartilha da novel social-democracia. Prova real disto é, dentre outras ações estatais, a emenda constitucional nº19, de 04/06/1998, trazendo, por exemplo, um outro princípio informativo à Administração Pública, a saber, a *eficiência*. O que ocorre é que a mesma emenda não mostrou quais os critérios e indicadores para aferir tal eficiência, mas, por certo, serão fornecidos pela iniciativa privada, com o explícito intento de instituir um discurso de fragilização ainda maior do Estado Administrador e justificar o projeto de privatização do espaço público.

Para as elites governistas, entretanto, a posição sobre esta matéria é a de que:

> Existe uma forte relação entre a falta de debate democrático nos países latino-americanos e seu fracasso em alcançar e manter taxas de crescimento econômico maiores ou pelo menos iguais às dos países ricos. Falta-nos o espaço público, não apenas fisicamente – as ruas não são seguras, mas socialmente. Se na Sociedade brasileira houvesse maior "common ground", ou seja, um conjunto de valores e crenças e de regras do debate comuns, teríamos um melhor Estado e melhores governos. E nossos resultados no plano econômico e no social seriam bem melhores.[232]

Já que não há esse *common ground*, impõe-se, na perspectiva referida, ao invés do Estado e mesmo contra ele, garantir a setores estratégicos da economia nacional/internacional, não necessariamente produtivos, as condições necessárias para que a concentração de renda e lucros se perpetuem, arcando com o custo social consectário.

Por óbvio que as feições de uma Administração Pública, nesse modelo, vai se adequar às feições do Estado por ele desenhado, a saber, reguladora de expedientes burocráticos e formais, principalmente aqueles que digam respeito à morosidade de atendimento das demandas efetivamente públicas que afetam a maior parte quantitativa da população, justificado por uma cultura fomentada na ineficiência do velho Estado Nacional.

Sem optarmos pelo viés do discurso panfletário, importa registrar que, enquanto a Administração Pública brasileira se valer dos instrumentos nor-

---

[231] Aqui entendido como Estado promovedor e garante de direitos sociais e fundamentais. Aprofundamos este tema em nosso livro LEAL, Rogério Gesta. *Perspectivas Hermenêuticas dos Direitos Humanos e Fundamentais no Brasil*. Porto Alegre: Livraria do Advogado, 2001.

[232] Conforme PEREIRA, Carlos Bresser. *A diferença está no debate*. In Jornal Folha de São Paulo, edição de 20 de dezembro 1999, Seção Opinião, p. 1-3.

mativos que existem à sua disposição para tão-somente cumprir com pautas gerenciais formais, desconectadas dos interesses verdadeiramente públicos existentes, ela não terá outra função a não ser a de corroboradora de ações públicas estéreis e distanciadas de políticas públicas sociais, evidenciando compromissos com uma gestão fundada em estratégias instrumentais e pré-ordenadas por segmentos minoritários – sob o ponto de vista do desenvolvimento social e auto-sustentável – pois, em nome da legalidade, mantém-se inerte e silente em face das violações cotidianas dos direitos e garantias fundamentais da cidadania brasileira.[233]

Entendemos, por fim, que a Administração Pública, vista como instrumento de gestão compartida no âmbito dos interesses públicos, tem, sim, um estatuto e finalidades dogmaticamente estabelecidas pelo sistema jurídico pátrio, em especial, na sua norma fundamental-constitucional, a serem perseguidas, não facultativamente, mas, como única possibilidade de se efetivar o Estado Democrático de Direito anunciado.

Tal finalidade, todavia, deve tomar em conta, o fato de que a sociedade brasileira contemporânea vem marcada pelo dissenso, manifestado nas suas interações intersubjetivas concretas (institucionais e pessoais), provindas, tanto da diversidade valorativa e da pluralidade de identidades éticas, como da multiplicidade de âmbitos autônomos de comunicação ou de esferas discursivas existentes.

Significa dizer que, para além de Habermas,[234] em lugar da moral tradicional, não há condições para a emergência de uma moral orientada procedimentalmente para a construção do consenso que elimine a diferença, isto porque, ao partir-se da tese de que a moral pós-tradicional aponta para o reconhecimento do outro, um espaço de moralidade no mundo da vida, só pode ser concebido, exatamente, como âmbito de viabilização do dissenso em torno de valores e interesses.

Além do mais, com o aumento da complexidade e com a crescente diferenciação funcional da sociedade, o respeito à autonomia das distintas

[233] O conceito de uma racionalidade formal irracional é de MARCUSE, Herbert. *Idéias sobre uma teoria crítica da sociedade.* Rio de Janeiro: Zahar, 1982, p. 61. Sustenta o autor que "no desenvolvimento do racionalismo capitalista temos então que o irracionalismo se converte em razão: a razão na forma de desenvolvimento forçado da produtividade, da pilhagem da natureza e dos seus recursos, de aumento dos stocks de bens. Essa razão é irracional porque, acrescida a sua produtividade, o domínio da natureza e da riqueza social convertem-se em forças destrutivas".

[234] Conforme Jessé de Souza (op. cit.,p. 134), com quem concordamos, Habermas parte da suposição de que há na sociedade moderna e contemporânea um consenso presente intuitivamente em suas práticas cotidianas que, mediante a coordenação da ação por meios lingüísticos de comunicação, ultrapassam o contexto da interação. Mediante esse tipo de coordenação, dependente da formação de consenso, constituir-se-ia a esfera pública da qual estamos falando. Nesse caso, os riscos do dissenso são amortecidos, mas não com a indiferença para a construção do entendimento, indiferença que seria inerente à coordenação da ação por meios sistêmicos de regulação, mas com sua compreensão/absorção interativa e conflitual.

esferas de comunicação transforma-se, cada vez mais, em uma exigência moral, tema que a Administração Pública precisa enfrentar, inclusive para conferir a tão festejada legitimidade democrática às suas ações de integração social e compartilhamento conceitual e operacional do gerenciamento das demandas comunitárias emergentes.[235]

Neste espaço público democrático ampliado, é que vão se constituir as legítimas políticas públicas implementadoras dos vetores constitucionais e infraconstitucionais da ação estatal, todos vinculados aos objetivos e finalidades estampadas no Título Primeiro da Carta Política de 1988. Nos dizeres de Antônio Medeiros:

> O intervencionismo e a participação estão na raiz do fenômeno da "politização do social", o que significa que a demarcação da linha imaginária entre Estado e Sociedade fica cada vez mais tênue como decorrência da privatização da esfera do público e da politização da esfera do privado. Assim, a análise de políticas públicas não necessariamente se refere apenas às políticas geradas nas instituições propriamente estatais, devendo também levar em conta as políticas geradas nas instituições não-propriamente estatais. Ou, como é mais freqüente, precisa referir-se às políticas geradas na imbricação da alavancagem propriamente estatal com alavancagem não-propriamente estatal.[236]

Veja-se que, a despeito de todo este perfil democrático que está a informar a organização formal da sociedade brasileira, contando com a participação de toda a sociedade, impera ainda um modelo burocrático e endógeno de gestão. Afinal, se a burocracia foi criada a fim de fornecer serviços adequados, coordenando-os em grande escala e ser uma mediadora em conflitos entre grupos, na atualidade, ironicamente, as mesmas precondições que impeliram a invenção da burocracia, têm levado determinados setores sociais a se organizarem em formas alternativas – como as organizações não-governamentais, por exemplo.[237]

Estas novas formas associativas vêm criando um novo cenário de articulações e mobilizações políticas, ampliando o leque dos atores que par-

---

[235] Para o aprofundamento reflexivo da abordagem teórica desta assertiva, ver o texto de SOUZA, Jessé. (Org.). *Democracia hoje: novos desafios para a teoria contemporânea.* Op. cit., p. 130. Destaca o autor que "o consenso moral que se impõe diz respeito apenas aos padrões de expectativas (princípios) que tornam possível e promovem a interação dissensual. Estes princípios não visam à busca de um resultado racionalmente consensual ou a afastar o risco do dissenso, destinam-se precisamente a, nas relações intersubjetivas, promover o dissenso provável e a tornar provável o dissenso improvável. Nas condições presentes da sociedade mundial, só os princípios de uma moral do dissenso podem ter o caráter universalista e includente no sentido do acesso de toda e qualquer pessoa, independente de seus interesses, expectativas e valores, a procedimentos discursivamente abertos".

[236] MEDEIROS, Antônio Carlos. "Em busca de paradigmas para a análise de políticas públicas". In *Revista de Administração Pública*, Rio de Janeiro, Fundação Getúlio Vargas, *10*(2):241-56, abr/jun. , p. 6. 1976.

[237] A burocracia é, assim, por sua própria natureza, coercitiva ao mesmo tempo que irresponsável – elimina a responsabilidade das fontes legítimas de seu poder – e estende essa corrente a todas as pessoas das mais altas às mais baixas no sistema. Neste sentido, ver o trabalho de CARVALHO, Nanci Valadares de. *Autogestão: o nascimento das ONGs*. São Paulo: Brasiliense, 2001.

ticipam da Sociedade Democrática de Direito, o que enseja, tanto um controle maior da Administração Pública, como, também, destaca formas institucionais ou mais espontâneas de participação nela.

Por óbvio que os riscos de cooptação ideológica e instrumental da Administração Pública por parte das categorias sociais hegemônicas e devidamente articuladas no cenário público da política são muito grandes (aliás, é o que mais ocorre no Brasil), eis que o Estado Democrático de Direito constitucional contém procedimentos à viabilização, intermediação e absorção do dissenso, através de fórmulas (processo legislativo regular e medidas provisórias, por exemplo) veiculadoras de interesses, valores e discursos que pretendem, por meio desses procedimentos, generalizar-se politicamente, isto é, como decisão coletivamente vinculante (normas jurídicas cogentes), amarrando, pelo procedimento instrumental e estratégico, projetos de mercado e crescimento econômico desvinculados do desenvolvimento social.[238]

Para diminuir ou manter em níveis suportáveis estes riscos, a Administração Pública[239] (e fundamentalmente a Sociedade Civil) deve instituir espaços de fomento à participação, criando e reconhecendo formas materiais e eqüitativas de abertura, visibilidade, controle e definição dos interesses demarcadores do espaço público, a partir das diretrizes pautadas pelos direitos e garantias fundamentais internacionalmente reconhecidos.[240]

É só com base nestas diretivas que se pode pensar uma Administração Pública possibilitadora da prevalência de resultados passíveis de generalização pragmática para toda a comunidade e, pois, consensuais, revelando-se como possuidora de um caráter intrinsecamente racional daquelas condições procedimentais que, para o processo democrático considerado como um todo, fundamentam a suposição de que possibilitam resultados

---

[238] A esfera pública, nesse sentido amplo, torna-se "um campo complexo de tensão entre direito e política como sistemas acoplados estruturalmente pela Constituição, por um lado, mundo da vida e outros subsistemas funcionalmente diferenciados da sociedade (economia, ciência, religião, etc.), por outro. SOUZA, Jessé. (Org.). Democracia hoje: novos desafios para a teoria contemporânea". Op. cit., p. 134.

[239] Administração Pública aqui concebida no seu mais alto significado (Poder Executivo, Legislativo e Judiciário).

[240] Novamente Jessé de Souza nos auxilia: "os direitos fundamentais que não se referem imediatamente à organização e aos procedimentos (eleitoral, legislativo, jurisdicional e político-administrativo) são requisitos da legitimação procedimental no Estado Democrático de Direito. Apresentam-se como regras preliminares à realização do jogo. Sem os direitos fundamentais referentes à liberdade e à igualdade não construiria esfera pública pluralista, nem haveria as condições de emergência do dissenso. Portanto, não só a destruição das regras procedimentais que possibilitam a intermediação do dissenso está excluída no Estado de direito, mas também a supressão das regras materiais que constituem precondições dos procedimentos abertos eqüitativamente à diversidade de valores, expectativas, interesses e discursos presentes na esfera pública. SOUZA, Jessé. (Org.). Democracia hoje: novos desafios para a teoria contemporânea". Op. cit., p. 145.

racionais e constitucionalmente justificados. Estamos falando, por fim, de uma gestão pública que se legitima tão-somente na medida em que garante as condições formal-pragmáticas de possibilidades para uma política deliberativa-popular e, desta maneira, à construção do entendimento racional na esfera pública. Os procedimentos legitimam-se nessa orientação enquanto possibilitam e viabilizam o consenso racional, ou seja, a tomada de decisões racionalmente generalizáveis, porque fundadas exatamente sobre os valores, princípios e objetivos da própria idéia de sociedade que está instituída normativamente.

Queremos, agora, avaliar que elementos normativos-constitucionais e infraconstitucionais estão hoje a delimitar as possibilidades de uma Administração Pública Compartida no Brasil, tema do próximo capítulo.

5. Os Princípios Fundamentais da Administração Pública no Brasil: uma releitura necessária

5.1. Notas introdutórias

A pretensão deste capítulo é, tão-somente, abordar como se tem pensado, e mesmo construído, os princípios informativos do Direito Administrativo brasileiro, no intento de verificar se tal abordagem é suficiente para dar conta das velhas e novas demandas sociais-públicas existentes no país.

Para tanto, dividiremos o enfrentamento da matéria sob duas perspectivas distintas, mas complementares: (1) a de que o texto constitucional de 1988, no Brasil, traz um plexo de princípios fundamentais que vincula toda a Sociedade e suas instituições representativas; (2) ao lado destes princípios fundamentais, há, para a Administração Pública em especial, uma série de outros princípios fluídos no mesmo diploma que visam indicar e operacionalizar ações estatais.

5.2. Princípios constitucionais fundantes do estado administrador no Brasil

Já referimos em outras oportunidades[241] que a tratadística da dogmática jurídica brasileira, em geral, tem pautado seu entendimento sobre sistema e ordenamento jurídico a partir da idéia de norma jurídica escrita/codificada. Não bastasse isto, há ainda uma preocupação em enquadrar essas normas em uma certa estrutura jurídica lógica, em que, tanto a proposição jurídica constituída pelo suposto de fato que ela determina, como suas conseqüências, se encontram formuladas com similar pretensão/propósito de precisão.

[241] Por exemplo, em nosso livro LEAL, Rogério Gesta. *Hermenêutica e Direito: considerações sobre a Teoria do Direito e os Operadores Jurídicos.* 2ª ed. Santa Cruz do Sul: Edunisc, 1999.

Com tal perspectiva, historicamente tem-se dito que, ao lado daquelas normas, existem princípios jurídicos caracterizados por possuírem

> un margen de indeterminación y abstracción que los lleva a requerir siempre de un acto posterior que los precise en una formulación más detallada, ya sea en su incorporación al derecho positivo o a falta de éste, en su aplicación al caso concreto.[242]

Por certo, tal compreensão dos princípios reduz em muito sua significação filosófica e política, enquanto ponto de partida *desde el que una cosa es, se hace o se conoce.*[243] Em outras palavras, conceber os princípios jurídicos como elementos abstratos e indeterminados que demandam ato jurídico específico (e oficial) para sua inserção no sistema jurídico, é retirar-lhe o plano da eficácia imediata enquanto norma jurídica.

Assim é que adotamos, neste particular, uma outra concepção de princípio jurídico, a saber: aquela que o tem, num primeiro momento dogmático, como núcleo básico de um sistema jurídico, verdadeira norma-guia de finalidades e objetivos a serem alcançados pela Sociedade que o adota.[244] Enquanto norma que integra o sistema jurídico, é norma jurídica válida, vigente e a espera de eficácia (se constitucional, imediata).

Nos estreitos limites deste trabalho não vamos, todavia, ingressar na discussão sobre as diferenças conceituais, e mesmo epistemológicas, entre princípios jurídicos, princípios de direito e princípios gerais de direito, tão bem apreciada por Eros Grau,[245] eis que optamos por identificar no sistema jurídico brasileiro, definições mais pragmáticas às suas normas jurídicas.

Vai neste sentido a posição de Eros Grau, ao insistir com o fato de que um sistema jurídico não pode ser constituído tão-somente por regras,

---

[242] DEL VECCHIO, Giorgio. *Los principios generales del derecho.* Barcelona: Edille, 1979, p. 12.

[243] ARISTÓTELES. *Metafisica.* Livro V. Madrid: Paidós, 1990, p. 49.

[244] Neste sentido, o texto de CARRIÓ, Genaro. *Princípios Jurídicos e Positivismo Jurídico.* Buenos Aires: Abeledo-Perrot, 1987, p. 37. Já numa acepção mais lógica, REALE, Miguel. *Filosofia do Direito.* São Paulo: Saraiva, 1999, p. 60, nos diz que os princípios são definidos como "verdades ou juízos fundamentais, que servem de alicerce ou de garantia de certeza a um conjunto de juízos, ordenados em um sistema de conceitos relativos a dada porção da realidade".

[245] GRAU, Eros Roberto. *Ensaio e discurso sobre a interpretação/aplicação do direito.* São Paulo: Malheiros, 2002, p. 122 e ss. Também é de se fazer menção ao louvável trabalho de ÁVILA, Humberto. *Teoria dos Princípios: da definição à aplicação dos princípios jurídicos.* São Paulo: Malheiros, 2003. No caso particular de Grau (p. 128), não concordamos com o fato de que aqueles princípios, assim como todo o sistema jurídico, estejam tão ou só condicionados pelo *modo de produção capitalista* – que por certo tem uma relevância destacada na constituição do sistema e de suas possibilidades pragmáticas e semânticas de sentido –, sob pena de retirarmos deste espaço complexo de constituição do jurídico, outras variáveis tão importantes quanto o modo de produção social: a afetiva (na sua dimensão da solidariedade e tolerância), a moral (na perspectiva da formatação de valores, objetivos e finalidades individuais e comunitárias que tenham como centro neural a emancipação do homem); a dialógica (que opera no âmbito da interlocução social voltada ao entendimento, fundada na crença e capacidade racional de superação das condicionantes materiais e subjetivas das relações sociais).

integrando-o, necessariamente, e princípios jurídicos ou princípios de Direito (princípios positivos do Direito ou princípios gerais do Direito).[246]

Mesmo com uma leitura normativo-sistêmica dos princípios jurídicos (aqui tomados os gerais de direito e os jurídicos propriamente ditos – como normas positivadas), sustentada inclusive por proposições kelsenianas de que tais elementos não são retirados de uma ordem jusnatural e transcendente, mas de um permissivo da norma geral inserta no sistema jurídico,[247] temos que o ordenamento jurídico brasileiro, desde o constitucional, está, não só permitindo a operacionalização dos princípios no sistema, mas instituindo tal procedimento como condição de possibilidade da sua existência.[248]

Karl Larenz sustenta – com o que concordamos – que os princípios são verdadeiras pautas orientadoras da normatividade jurídica que possuem, tanto função de persuasão como de justificação de decisões jurídicas, delimitando as significações vinculadas do sistema como um todo.[249]

Numa direção mais pragmática, pode-se dizer que, desde uma teoria axiológica dos direitos fundamentais (que parte, dentre outras, da teoria da integração de Rudolf Smend[250] e chega até Robert Alexy[251]), aqueles princípios fixam valores fundamentais da comunidade, formando um sistema de bens jurídicos passíveis de tutela – singular ou coletiva; um sistema cultural, através do qual os indivíduos alcançam um *status* material e substantivo.

---

246 GRAU, Eros Roberto. *A Ordem Econômica na Constituição de 1988- Interpretação e Crítica*. São Paulo: Revista dos Tribunais, 1991, p. 95 e seguintes. Veja-se que BOBBIO, Norberto. *Teoria do Ordenamento Jurídico*. Brasília: UNB, 1990, p. 83, lembra que, se são normas aquelas das quais os princípios gerais são extraídos, através de um procedimento de generalização sucessiva, por que não seriam normas também eles? De outro lado, a função para qual são os princípios abstraídos e adotados, é a mesma que se outorga à todas as normas, ou seja, regular um caso concreto.

247 No caso brasileiro, estamos falando das disposições do Título Primeiro da Constituição Federal de 1988 e do art. 4º da Lei de Introdução do Código Civil, autorizadora, no caso da jurisdição estatal estar autorizada a se socorrer dos princípios gerais de Direito, em caso de omissão da lei.

248 Juan Carlos Cassagne chega a referir que "el ordenamiento se halla constituido no sólo por las normas sino también por los principios generales del derecho, encontrándose éstos en el cúspide del ordenamiento jurídico. La admisión de los principios generales como fuente del derecho rompe la estatización del derecho que se pretendió asegurar con el dogma de la completitividad del ordenamiento. In Los principios generales del derecho en el derecho admininistrativo". Buenos Aires: Abeledo-Perrot, 1990, p. 32. A despeito de que a negação desses princípios como fonte de direito continua sendo sustentada por concepções e escolas mais positivistas que consideram o tema da justiça, como uma noção metajurídica que se encontra fora do direito.

249 LARENZ, Karl. *Metodologia da Ciência do Direito*. Lisboa: Fundação Calouste Gulbenkian, 2000, p. 24 e ss.

250 Como quer SMEND, Rudolf. *Filosofia del Derecho*. Madrid: Civitas, 1990, p. 86 e ss.

251 ALEXY, Robert. *Teoria de los Derechos Fundamentales*. Madrid: Centro de estúdios constitucionales, 1997.

Do mesmo modo que na teoria da estatuição,[252] ou na teoria institucionalista,[253] de forma mais genérica, os direitos fundamentais e os princípios jurídicos que os densificam – como os que estamos fazendo referência no âmbito da Carta Política brasileira de 1988 –, têm caráter de normas objetivas, e não de pretensões subjetivas. Recebem seu conteúdo objetivo como emanação do fundamento axiológico da comunidade estatal e como expressão de uma decisão axiológica que a comunidade toma para si (para tais escolas, isto ocorre no âmbito do processo legislativo, e não mais após a norma estar vigendo em sua forma acabada). De qualquer forma, mesmo utilizando os referenciais mais dogmáticos de uma abordagem restritiva do sistema jurídico, de seus ordenamentos e normas, isso repercute diretamente no conteúdo da liberdade e da vontade, estatal e administrativa cotidiana, bem como na sua forma de efetividade (procedimental), vinculada que está à realização dos valores expressos naqueles direitos.

Daqui decorre a coerência e importância das contribuições de Konrad Hesse, ao sustentar que, embora a Constituição não possa, por si só, realizar nada, ela pode impor tarefas e se transforma em força ativa se essas tarefas forem efetivamente realizadas se existir a disposição de orientar a própria conduta segundo a ordem nela estabelecida, desde que, a despeito de todos os questionamentos e reservas provenientes dos juízos de conveniência, se puder identificar a vontade de concretizar esta ordem.[254]

No caso particular do Direito Administrativo, em que as relações jurídicas não se encontram necessariamente tipificadas em normas escritas e fechadas em códigos, os princípios têm uma função importantíssima no sentido de viabilizar a interpretação e aplicação das regras existentes em face da dinâmica e das competências que lhe são próprias.

É neste sentido que Vigo[255] sustenta cumprirem os princípios jurídicos, diversas funções distintas no sistema normativo, desde o aspecto de

---

[252] Como a kelseniana, por exemplo. Ver os textos de KELSEN, Hans. *What is Justice?* Los Angeles: University of California Press, 1997, p. 203/224. Ver igualmente o texto de HERVADA, Javier. *Qué es el Derecho?* Navarra: Edicciones Universitárias, 2002, p. 49 e ss.

[253] Como a de HART, Herbert L. A. *The concept of law.* Oxford: Oxford University Press, 1971.

[254] Conforme HESSE, Konrad. A força normativa da Constituição. Porto Alegre: Fabris, 1991, p. 14 e seguintes. Textualmente diz Hesse: "pode-se afirmar que a Constituição converter-se-á em força ativa se se fizerem presentes, na consciência geral particularmente, na consciência dos principais responsáveis pela ordem constitucional, não só a vontade de poder, mas também a vontade de Constituição". Na dicção do autor, existem alguns pressupostos necessários para que a constituição possa desenvolver sua força normativa, podendo ser citados os seguintes: a) quanto mais o conteúdo de uma Constituição lograr corresponder à natureza singular do presente, tanto mais segura há de ser o desenvolvimento de sua força normativa; b) um ótimo desenvolvimento da força normativa da constituição depende não apenas de seu conteúdo, mas também de sua práxis. Isto quer dizer que de todos os partícipes da vida constitucional exige-se partilhar da chamada vontade de Constituição.

[255] VIGO, Rodolfo. *Los princípios generales del derecho.* Buenos Aires: Abeledo-Perrot, 1996, p. 36. No mesmo sentido ENTERRÍA, Eduardo García. *Curso de Derecho Administrativo.* Vol. I. Madrid: Técnos, 1990, p. 67, sustenta que "estos principios generales del derecho constituyen – en sentido ontológico – la causa y la base del ordenamiento porque son los soportes centrales de todo el sistema al cual prestan su sentido".

elucidação do sentido de uma norma ou conjunto delas, até a instituição de novas formulações jurídicas sobre a matéria que tratam.

A doutrina espanhola sobre o tema, por exemplo, sugere que: (a) as indeterminações das normas que surjam na base das diferentes possibilidades que se colocam à aplicação normativa, devem ser resolvidas da maneira que mais se aproxime ao que estabelecem os princípios; (b) devem ser rechaçadas todas as interpretações que conduzam a uma conseqüência que contradiga direta ou indiretamente o princípio.[256]

De forma mais particular, Parejo Alfonso esclarece que os princípios são *fórmulas condensatórias de los valores y de los bienes básicos, del ordenamiento en su conjunto, justamente los que, por ello, lo organizan, lo articulan animando y dando vida a las instituciones y confiriendo así a aquél sentido de totalidad y de sistema coherente y cerrado (carente de lagunas).*[257]

Isto nos dá uma idéia bastante clara sobre a importância dos princípios que alimentam o sistema jurídico de um país, enquanto elementos inexoráveis no processo de constituição e interpretação de normas e ações individuais e coletivas, privadas e públicas, ocorrentes no cotidiano do mundo da vida.

No caso do Brasil, e para o Direito Administrativo, temos no Título Primeiro da Constituição Federal, arts.1° a 4°, os denominados Princípios Fundamentais, os quais chamamos de fundantes, nominando a República Federativa Nacional como um Estado Democrático de Direito e versando sobre seus fundamentos, objetivos e princípios.

Talvez a primeira dificuldade que se apresente neste cenário seja a de definirmos, com urgência, quais as funções e importância destes princípios no nominado de Estado Democrático de Direito brasileiro. Nesta direção, já sustentamos em outras oportunidades[258] que, por questão de coerência e lógica do texto constitucional – entendido aqui como o resultado da deliberação política da Sociedade brasileira que instituiu o que pretende em termos de organização e desenvolvimento social – tanto o Estado (instituição política e jurídica, bem como governo), como o Povo (sujeito coletivo de cidadania), estão vinculados e comprometidos com o projeto político, econômico e cultural demarcado pelo texto constitucional.

---

[256] Estamos falando, por exemplo, de autores como: ENTERRÍA, Eduardo García. *La Constitución como norma y el Tribunal Constitucional.* Madrid: Técnos, 1981, p. 104; DE LA TORRE, Sanches. *Los principios clásicos del derecho.* Madrid: Paidós, 1981, p. 122; PÉREZ, Jesus González. *El princípio general de la buena fe en el derecho administrativo.* Madrid: Civitas, 1986, p. 44.

[257] ALFONSO, Luciano Parejo. *Derecho Administrativo.* Madrid: Arial, 2003, p. 352. Insiste o autor que estes princípios são efetivamente de direito, "porque no están fuera (no son derecho natural y, menos aún, moral o ética), sino dentro de éste, son reglas estrictamente jurídicas".

[258] Em nossos livros: LEAL, Rogério Gesta. *Hermenêutica e Direito: considerações sobre a Teoria do Direito e os Operadores Jurídicos.* Op. cit, e *Teoria do Estado: cidadania e poder político na modernidade.* Porto Alegre: Livraria do Advogado, 2001.

Significa dizer que esses princípios, de um lado, servem de muro de contenção às investidas de ações públicas e privadas dos atores sociais, devendo todos respeitar tais garantias e não as violar, seja a que título for; de outro lado, também se apresentam esses princípios como objetivos a serem perseguidos pelas autoridades a quem são atribuídas tais responsabilidades, notadamente estatais, eis que, para o caso da Sociedade brasileira, as promessas constitucionais carecem de uma eficácia real, que não podem ficar na dependência da sensibilidade do mercado das relações de produção e da exploração virtual e especulativa, mas, ao contrário, só pode contar com a mediação estatal-governamental[259] do Estado Democrático de Direito, para nós com caráter provedor/interventor junto à realidade social, além, é claro, de que é imperioso contar com a capacidade de mobilização e interlocução da cidadania organizada.

Enquanto princípios fundamentais vinculantes, nesse caso especial à Administração Pública, todas as ações estatais (criação e desenvolvimento de políticas públicas, atos administrativos, legislativos e jurisdicionais) estão previamente determinadas por alguns contornos, limites e direções estatuídos por tais princípios, a ponto de afirmarmos, em nível de metodologia de abordagem e procedimento desses atos, que ocorra em relação a eles, sempre e de forma continuada, o prévio exame de sua constitucionalidade e legalidade a partir do cotejo com os fundamentos e objetivos do Estado Democrático de Direito brasileiro normatizado.

Assim é que, quando a Administração Pública estiver promovendo seus atos oficiais, cumprindo com suas atribuições normativas e políticas,[260] ou o faz respeitando e perseguindo os ditames constitucionais insertos nos Princípios Fundamentais, ou corre o risco de cometer inconstitucionalidades por omissão ou ação.

Em outras palavras, é da competência dos poderes estatais instituídos (e não só deles), em seus andares institucionais, perseguir incondicionadamente a mantença da soberania nacional, a potencialização da cidadania e da dignidade da pessoa humana, os valores sociais do trabalho e da livre iniciativa, o pluralismo político, visando: à construção de uma Sociedade livre, justa e solidária; a dar garantias ao desenvolvimento nacional; a erradicar a pobreza e a marginalização; a reduzir as desigualdades sociais e regionais; a promover o bem de todos, sem preconceitos de origem, raça, cor, sexo, idade e quaisquer outras formas de discriminação.

---

[259] Pois, em tese, responsável pela mantença do equilíbrio dos pactos sociais estabelecidos matricialmente na constituição da própria civilidade social, garantido que a submissão do cidadão ao Estado só se justifica em face das causas motivadoras do pacto associativo: o bem comum público. Neste sentido, SOLER, Jorge. *Derecho, Filosofia e Lenguaje*. Buenos Aires: Astrea, 1985, p. 118.

[260] Aqui entendidas como atinentes à supremacia do interesse público da maior parte quantitativa da população e sua indisponibilidade.

Os atos administrativos – enquanto gênero –, devem ajustar-se aos referidos princípios, eis que eles, na verdade, se afiguram como as condições de possibilidades de sua existência; são a causa ou fonte do próprio sistema jurídico e do Estado. Assim, a eventual violação do que dispõem, torna ilícitos e ilegítimos aqueles atos, matéria que pode ser aferida ou sindicada, tanto pela via administrativa como pela jurisdicional.[261]

A par destas considerações teóricas preliminares, cumpre verificar agora uma possível taxonomia generalizante dos princípios que estamos referindo, notadamente aqueles que dizem respeito, de forma mais próxima, à Administração Pública.

5.3. Princípios constitucionais operativos da administração pública brasileira

5.3.1. Os princípios implícitos

Sem nos apegarmos demasiadamente a conceitos fechados e exclusivos envolvendo a definição de categorias tão complexas e multifacetadas como a dos princípios, optamos, neste particular, por adotar a perspectiva estruturante de Luís Pietro Sanchís, quando aduz que se pode extrair, das múltiplas propostas de conceituação dos princípios hoje vigentes, uma certa enquadratura mais geral, no sentido de tê-los conformados em três grandes segmentos, a saber:

> (a) principios explícitos o expressamente recogidos em alguna disposición normativa; (b) principios implícitos obtenidos por dedución o inducción a partir de alguna norma o grupo de normas; (c) principios estrasistemáticos o totalmente inexpresos, formados a partir de la Constitución material o de alguma filosofia moral o política que se supone inspirada en el ordenamiento en su conjunto, pero que no se puede decir razonablemente que constituyan el significado de uma disposición.[262]

Em tal perspectiva, pode-se afirmar que, enquanto os princípios explícitos são perfeitamente identificados – num primeiro momento – pela forma gramatical e objetiva com a qual são postos no sistema jurídico, a começar pela constituição e passando por todos os demais ordenamentos consectários, os princípios implícitos demandam esforço hermenêutico e desvelador diferenciado por parte do operador do direito, uma vez que não contam

---

[261] O Conselho de Estado Francês, tratando de matéria administrativa sob esta perspectiva, já referiu que uma ação administrativa ou regulamento que viole um princípio jurídico configura o mesmo tipo de invalidez que a violação de uma regra positivada. Neste sentido a obra de RIVERO, Jean. *Droit Administratif.* Paris: Dalloz, 1981, p. 135. No Brasil, por exemplo, já temos algumas posições jurisprudências que vão nessa direção.

[262] SANCHÍS, Luís Pietro. *Sobre Princípios y Normas: problemas del razonamiento jurídico.* Madrid: Centro de Estúdios Constitucionales, 1998, p. 137.

(salvo melhor juízo) com a plasticidade direta e posta pela norma cogente,[263] a despeito de já constarem do sistema jurídico como um todo.[264]

Com tais particularidades, os princípios implícitos, por vezes e em caráter também genérico, podem englobar os princípios gerais de direito, historicamente constituídos pela ciência do direito, mais o direito *pressuposto de uma determinada sociedade,*[265] aqui entendido como o resultado da capacidade criadora e modificadora das relações societais em face das disposições normativas que as regulam.[266]

Neste particular, pretendemos delimitar, a título exemplificativo, tão-somente, quatro dos princípios implícitos que entendemos como constitutivos do Estado Administrador,[267] em face da ordem constitucional vigente, a saber: o princípio da supremacia do interesse público em face do interesse privado; o princípio da indisponibilidade do interesse público; o princípio da proporcionalidade; e, o princípio da finalidade.[268]

Tratando como primeiro o da *supremacia do interesse público*, temos que ele é inerente a qualquer Sociedade contemporânea, a despeito de não constar expressamente no texto constitucional brasileiro,[269] haja vista que diz respeito, de um lado, a uma circunstância que não pode ser negada no âmbito das relações de poder e políticas contemporâneas, marcadas que estão, por interesses e projetos sociais distintos, tais como os do mercado capitalista (agora virtual) em face dos excluídos (com menor ou

---

[263] Já os princípios extra-sistemáticos possuem possibilidades de expressão mais abertas ainda, eis que dizem respeito às manifestações sociais espontâneas e induzidas por um conjunto de variáveis que não são exclusivamente jurídicas, tais como fatores econômicos, culturais, sexuais, religiosos. Tais elementos vão demarcando, de forma mais ou menos intensa, comportamentos e hábitos individuais e coletivos que potencialmente podem redundar em conseqüências jurídicas. Ex.: Peculato de Uso; Furto Famérico; Crimes de Bagatela; etc.

[264] Vale aqui a advertência de GRAU, Eros. *Ensaio e Discurso sobre a Interpretação do Direito.* Op. cit., p. 130: "esses princípios, se existem, já estão positivados; se não for assim, deles não se trata. A sua positivação, todavia, não se dá mediante seu resgate no universo do direito natural, como tantos supõem; ela não é constituída, essa 'positivação', mas simplesmente reconhecida no instante do seu descobrimento (do princípio) no interior do direito pressuposto da sociedade a que corresponde."

[265] Idem. Ibidem, p. 125. Refere o autor que "o direito pressuposto brota da (na) sociedade, à margem da vontade individual dos homens, mas a prática jurídica modifica as condições que o geram".

[266] Neste sentido, ver o texto de MELLO, Oswaldo Aranha Bandeira de. *Princípios Gerais do Direito Administrativo.* Rio de Janeiro: Forense, 1969, p. 404 e ss. Neste texto, o autor refere que há princípios gerais de direito inerentes às relações da vida, defluindo da ordem das coisas, em face das instituições morais, políticas e econômicas de determinado estágio de civilização da humanidade, nas suas origens e promoções evolutivas.

[267] Entendido aqui como aqueles que estabelecem os pressupostos que a Administração Pública deve observar na execução de suas políticas e pautas gerenciais cotidianas.

[268] Sabemos, aqui, que tantos outros princípios implícitos são nominados pela tratadística oficial. Todavia, como nosso foco não é sobre princípios propriamente ditos, preferimos destacar alguns que, efetivamente compõem o universo conceitual mais geral que definimos nos capítulos anteriores envolvendo a noção de gestão pública compartida.

[269] Trata-se, aqui, de um Princípio Implícito ao ordenamento jurídico, tão importante quanto os explícitos, consoante ensinamento de GRAU, Eros Roberto. *A Ordem Econômica na Constituição de 1988.* Op. cit.

maior lesividade); de outro lado, à formatação de práticas de poder geralmente corporativas e unilaterais, exatamente para reproduzir o modelo de crescimento econômico hegemônico. Todo este cenário aponta para uma radical distinção pública entre privada – tema anteriormente tratado por nós.

Assim, ao nos referirmos ao princípio da supremacia do interesse público, subentendemos existir, ao lado dele, um plexo de interesses privados no cenário social, notadamente a partir de uma análise mais pontual sobre o perfil das sociedades complexas do século XX e início do século XXI, evidenciador de que o debate sobre o público e o privado encontra-se cada vez mais contundente e paradoxal.

Veja-se que os interesses privados, principalmente a ordem de transnacionalização em que se encontram os mercados, envolvem perspectivas de Sociedade e cidadania restrita a sua inclusão, enquanto consumidores de tendências e produtos, reais e virtuais, disponibilizados pelo capital transmutado. A agenda de prioridades e forma de organização desses espaços privados obedecem à lógica, ou de indivíduos-mônadas que podem acessar o que lhes é disponibilizado pelo mercado, ou de coletividades na mesma situação, trabalhando, desta forma, com o binômio inclusão x exclusão societal, pois não há como desconhecer que a maior parte dos indivíduos não se enquadram no perfil demandado para a recepção mercadológica referida.[270]

Ora, salvo melhor juízo, as possibilidades de esse conjunto de interesses privados ir ao encontro de um projeto de gestão comunitária (local, regional, nacional ou mesmo internacional), que vise a integrar o cidadão (todos as pessoas alcançadas pelo texto constitucional como sujeitos de direitos) no desenvolvimento nacional, têm-se mostrado muito escassas, bastando vermos a condição da maior parte das pessoas no país, em situação de miséria e pobreza cada vez mais alarmante.

Por sua vez, temos como interesses públicos os que dizem respeito, de um lado, ao plexo normativo de prerrogativas sociais atinentes a toda comunidade nacional – principalmente os constitucionais; de outro lado, os apresentados cotidianamente pelas demandas de natureza política, econômica, cultural, etc., também por toda a comunidade nacional. O diferencial aqui é: (1) a fonte emanadora das demandas, eis que, na pública, estamos tratando com pretensões qualificadas pelo contingente demográfico atingido; (2) a qualificação da matéria objeto da pretensão deduzida, dizendo respeito (também nas demandas públicas), em regra, a temas envolvendo os direitos humanos e fundamentais previstos pela Constituição e prioriza-

[270] Neste sentido, ver o excelente trabalho de DEMO, Pedro. *Pobreza Política*. Campinas: Autores Associados, 1996.

dos por ela em termos de concretização, agora veiculados em forma de políticas públicas universais.[271]

Este princípio, como refere Mello,[272] faz parte já da Teoria Geral do Direito, e se apresenta como condição de sustentabilidade do Estado Democrático de Direito, eis que norteador de uma hierarquia axiológica na constituição da Sociedade contemporânea, priorizando, em nível de políticas e ações públicas, os interesses sociais e coletivos em relação aos privados e meramente corporativos ou privados.[273] Contudo, há que se tomar cuidado no que tange à forma com que a Administração Pública fará uso deste vetor hermenêutico e comportamental, pois, inevitavelmente, as ações políticas e públicas que buscarem sustento em tal princípio, deverão ainda atentar para o necessário e indeclinável arcabouço jurídico que subjaze à sua motivação, necessariamente voltada a uma finalidade pública inconteste.[274]

Por óbvio, não se está aqui a defender qualquer tese de que há uma contraditória relação entre interesse público e privado, pois eles, em verdade, se inter-relacionam constantemente, sendo por vezes causa e efeito recíprocos. Todavia, revela-se inafastável a percepção de que eles também operam com lógicas diferenciadas – anteriormente descritas – , mantendo um certo tensionamento em suas coexistências que precisa ser identificado e solvido em cada situação concreta que se apresentar. Esta tarefa, de qualquer sorte, deve estar coordenada pelo Estado, eis que é espaço de gestão de todos os interesses que interagem no contexto do mundo da vida.

Ao lado desse princípio, ainda poderíamos citar outro, correlato a ele, que trata da *indisponibilidade do interesse público*.[275] Sobre ele, a doutrina administrativista brasileira tem, em regra, unificada sua interpretação, sustentando que, em face da natureza do interesse, demarcada pelos contornos

---

[271] Estamos falando, por exemplo, do conjunto de direitos insertos nos arts.5º, 6º, 7º, 144, 150, 170, 182, 191, 194, 196, 203, 205 da Constituição de 1988.

[272] MELLO, Celso Antônio Bandeira de. *Curso de Direito Administrativo*. São Paulo: Malheiros, 1997.

[273] Por óbvio que este cenário não é de exclusão ou afastamento de um dos interesses em relação ao outro, mas tão-somente de ponderação e razoabilidade na definição de atendimento deles.

[274] Vale lembrar novamente MELLO, Celso Antônio. Op. cit., p. 57, quando lembra que "onde há função não há autonomia da vontade, nem liberdade em que se expressa, nem a autodeterminação da finalidade a ser buscada, nem a procura de interesses próprios, pessoais. Há adscrição a uma finalidade previamente estabelecida e, no caso de função pública, há submissão da vontade ao escopo pré-traçado na Constituição ou na lei".

[275] A indisponibilidade, aqui, diz respeito exatamente à noção ou idéia contrária de bens ou interesses disponíveis, ou seja, aqueles sujeitos à alienação ou à transação pelos seus titulares. Neste sentido é o escólio de CALMON DE PASSOS, em seu texto *Comentários ao CPC*, 4ª ed., Rio de Janeiro: Forense, vol. III, p. 406/408, asseverando que indisponível "é todo o direito em relação ao qual o titular não é livre de manifestar a sua vontade. Tais são os bens da Fazenda Pública, uma vez que estão fora da disposição de seus titulares. Por conseguinte, os representantes das pessoas jurídicas de Direito Público Interno, para a satisfação dos objetivos de interesse coletivo, não detêm a disponibilidade dos direitos daquelas pessoas jurídicas".

de sua supremacia e objeto que alcança, dizem respeito não a vontade/propriedade do administrador ou do Estado, mas, ao contrário, pertence originariamente a outrem, o detentor da soberania material: a Sociedade. E, assim, não possuindo a Administração a titularidade do bem público (aqui entendido como o interesse público), cabe-lhe, tão-somente, a condição de gestora, por delegação de competências, de tal patrimônio.[276] Esta gestão, por sua vez, também está condicionada por objetivos e fins pré-ordenados, ao menos em termos gerais.[277]

Assim é que o denominado interesse particular pode ser considerado como disponível, porque informado, tão-somente, pela vontade humana livre e limitado pelos termos vedatórios da norma jurídica (veja-se que a disponibilidade impera no campo do direito privado, visto que está subordinada à *voluntas* do *dominus*), tem como critério diferenciador do interesse público, dentre outros, o fato de que se revela como indisponível porque informado pela idéia de fim. Se no direito privado prevalece a vontade, no direito administrativo temos a finalidade como elemento informador das possibilidades da ação ou omissão estatal.

> A atividade administrativa obedece, cogentemente, a uma finalidade, à qual o agente é obrigado a adscrever-se, quaisquer que sejam as suas inclinações pessoais; e essa finalidade domina e governa a atividade administrativa, imediatamente, a ponto de assinalar-se, em vulgar, a boa administração pela impessoalidade, ou seja, pela ausência de subjetividade. À relação jurídica que se estrutura ao influxo de uma finalidade cogente dá-se o nome de relação de administração. Esta domina e paralisa a de direito subjetivo.[278]

Advirta-se que, o que resta paralisado aqui, é o direito subjetivo previamente estabelecido pelo sistema jurídico e, não, a extensão e os múltiplos sentidos contingenciais que o operador deste sistema vai imprimir no processo de atuação da norma – sempre controlado pelos mecanismos de ação e participação social/jurisdicional disponibilizados nos ordenamentos vigentes.[279]

Diante do ponderado, resta claro que o administrador não tem a *proprietas* do bem/interesse público; não tem o direito de operar com o inte-

[276] Nesse sentido FIGUEIREDO, Lucia Valle. *Curso de Direito Administrativo.* São Paulo: Malheiros, 1999, p. 63. Da mesma forma e direção: ALESSI, Renato. *Instituciones de Derecho Administrativo.* Buenos Aires: Casa Editorial, 1990; BIELSA, Rafael. *Derecho Administrativo.* Buenos Aires: La Ley, 1975. BONNARD, Roger. *Précis de Droit Administratif.* Paris: Libraire du Recueil Sirey, 1993. CAVALCANTI, Themístocles Brandão. *Tratado de Direito Administrativo.* São Paulo: Freitas Bastos, 1986.

[277] Os já referidos princípios constitucionais e direitos e garantias fundamentais.

[278] LIMA, Ruy Cirne. *Princípios de Direito Administrativo.* Porto Alegre: Globo, 1984, p. 51. A paralisação do direito subjetivo a que faz referência o autor não pode ser confundida com a capacidade e obrigação do gestor público exercer, com responsabilidade e vinculatividade ao ordenamento jurídico, sua discricionariedade oficiosa.

[279] Ver neste sentido o texto de GRECO, Guido. *Argomenti di Diritto Amministrativo.* Milano: Giuffrè, 2002, principalmente as páginas 107/130.

resse público de tal maneira que dele disponha a seu talante, em função das normas que o restringem, explicitando-se, cotidianamente, como intangível e indisponível.

Indisponível, no sentido que lhe dá Calmon de Passos,[280] é todo o direito em relação ao qual o titular não é livre de manifestar a sua vontade. *Tais são os bens da Fazenda Pública, uma vez que estão fora da disposição de seus titulares. Por conseguinte, os representantes das pessoas jurídicas de Direito Público Interno, para a satisfação dos objetivos de interesse coletivo, não detêm a disponibilidade dos direitos daquelas pessoas jurídicas.*

Neste particular, importa reforçar a idéia de que o interesse público é confiado ao Estado, não a seus órgãos e, muito menos, a seus agentes, destácando-se as pessoas administrativas como verdadeiros instrumentos do Poder Público, o que não significa total paralisia no processo de planejamento, instituição e execução de políticas públicas, mas que tais não podem estar atreladas a idiossincrasias intersubjetivas desses agentes.[281]

O titular único do interesse público, pois, é a Sociedade e, sua representação jurídico-institucional, o Estado, como síntese dos poderes soberanos.[282] Por óbvio, estamos falando, no particular e no Brasil, do Estado-União, do Estado-Membro, do Estado-Município. Cada pessoa jurídica pública, na esfera da respectiva competência, detém, como algo que lhe é instituído, o interesse público, sempre compreendido como o que diz respeito à Sociedade, enquanto sujeito político que é fonte e fim do Estado.[283]

---

[280] CALMON DE PASSOS, J. J. *Comentários ao Código de Processo Civil.* Volume III. Rio de Janeiro: Forense, 2001, p. 406/408.

[281] Assim, não se pode imaginar que a Administração Pública possa proceder a transações administrativas, ou mesmo judiciais, envolvendo o patrimônio público, sem qualquer autorização para tanto, matéria na antiga tratadística pátria. Neste sentido se pronunciou o já extinto Tribunal de Alçada do Rio Grande do Sul: Recurso: APC – Número: 189022809 – Data: 06/06/1989 – Órgão: Primeira Câmara Cível – Relator: Osvaldo Stefanello – Origem: Rio Pardo – EMENTA – Possessória contra Município. Bens de uso comum do povo. Acordo. Não é válido acordo feito em audiência, reconhecendo, o Município, a legitimidade da posse dos autores em ação proposta contra a pessoa jurídica de direito publico, fazendo doação de benfeitorias construídas, com dinheiro publico, sobre a área objeto da lide. Apelação. Legitimidade do Município. Tem legitimidade o Município para interpor o recurso de apelação, objetivando seja declarado nulo o acordo de cujas condições decorre lesividade ao patrimônio público municipal, ante a indisponibilidade dos bens de domínio público ou de uso comum do povo. Provimento do apelo do Município. Decisão: dado provimento. Unânime.

[282] Conforme o texto de BATTAGLINI, Cosi Orsi. *Attività vincolata e situazioni soggettive.* Padova: Daltricce, 2004, p. 49.

[283] Interessante notar que, para alguns autores administrativistas brasileiros, como José Cretella Jr., no texto *Os Cânones do Direito Administrativo*, publicado na Revista de Informação Legislativa, Brasília, n.97, Janeiro/Março de 1988, p. 05/52, o interesse público se apresenta como próprio e inerente ao Estado, diminuindo, a nosso ver, a dimensão social fundante que ele possui, isto é, tonificando a perspectiva institucionalista do interesse público e o enaltecendo como pertencente ao Estado, e não à comunidade.

Para que haja a disponibilidade do interesse público, há que se observar todo um plexo de medidas e procedimentos reflexivos e aferidores das motivações e fundamentos apresentados para tanto, mediante, necessariamente, o pronunciamento e autorização, por exemplo, do legislativo, tudo ficando a mercê da sindicabilidade jurisdicional.

Os Poderes da Administração, nessa perspectiva, apresentam-se como instrumentais servientes do dever de bem cumprir a finalidade a que estão, indissoluvelmente, atrelados. Logo, quem desempenha o *munus* público, tem, na realidade, deveres-poderes, onde a tônica reside, como quer Mello[284] e Alessi,[285] no dever.

Em seguida, destacamos o princípio da *proporcionalidade,* aplicando-se fundamentalmente à utilização dos meios necessários para alcançar a finalidade prevista pela Lei, sob pena de cair o ato administrativo em desvio de finalidade.

O princípio da proporcionalidade pode ser localizado, matricialmente, no alvorecer da Idade Moderna, tendo como escopo o problema da limitação do poder dos governos monárquicos, que saem do medievo, habituados a impor suas vontades – principalmente as de natureza econômica – e, em regra, sobre as riquezas e o trabalho da burguesia ascendente.

Nesse sentido, Canotilho lembra que:

> O princípio da proporcionalidade dizia primitivamente respeito ao problema da limitação do poder executivo, sendo considerado como medida para as restrições administrativas da liberdade individual. É com este sentido que a teoria do Estado o considera, já no séc. XVIII, como máxima suprapositiva, e que ele foi introduzido, no séc. XIX, no direito administrativo como princípio geral do direito de polícia (cfr.art. 272/1). Posteriormente, o princípio da proporcionalidade em sentido amplo, também conhecido por princípio da proibição de excesso (Übermassverbot), foi erigido à dignidade de princípio constitucional.[286]

Esse princípio, pois, tem por objeto a aferição da relação entre o fim almejado e o meio utilizado, com sentido teleológico ou finalístico, reputando-se arbitrário o ato que não observar que os meios destinados a realizar um fim não são, por si mesmos, apropriados, ou, quando a desproporção entre o fim e o meio praticado para alcançá-lo, é particularmente manifesta.

Assim que, para o autor português, podem ser demarcadas as seguintes particularidades ao princípio sob comento:

a) exige conformidade ou adequação dos meios, o que pressupõe a investigação e prova de que o ato é conforme os fins que justificam sua adoção (relação de adequação medida-fim), ou seja, se a medida é suscetível de atingir o objetivo escolhido;

---

[284] Op. cit., p. 57.

[285] ALESSI, Renato. *Principi di Diritto Amministrativo.* Milano: Giuffrè, 1990, p. 82.

[286] CANOTILHO, José J. Gomes. *Direito Constitucional.* Coimbra: Almedina, 1998, p. 385.

b) observa o princípio da necessidade ou da menor ingerência possível, consistente na idéia de que os meios eleitos para alcançar determinado fim, devem ser os menos onerosos, daí decorrendo a perquirição da necessidade material (o meio eleito deve atingir o menos possível os direitos fundamentais), exigibilidade espacial (deve ser bem demarcado o âmbito da intervenção), exigibilidade temporal (também se exige rigorosa delimitação no tempo da intervenção do poder público) e exigibilidade pessoal (a medida tomada deve-se limitar a pessoa ou pessoas cujos interesses estão envolvidos) ou individuação das limitações;

c) atenta para o princípio da proporcionalidade em sentido restrito, em que meios e fim são colocados em equação mediante um juízo de ponderação, a fim de se avaliar se o meio utilizado é ou não proporcional em relação ao fim.[287]

Todavia, se aquele princípio, num primeiro momento, serviu para conter um modelo de poder político que tinha como característica particular a intervenção desmesurada e exploratória na vida dos cidadãos, e neste sentido foi revolucionário e emancipador, a partir do século XIX não pode significar, tão-somente, um limitador de poderes do Estado, enaltecendo ainda a tese dos direitos fundamentais de primeiro ciclo (políticos e de liberdade), próprios da agenda de mercado e desenvolvimento então vigente.

Tal impossibilidade significa se dá, primeiro, porque a sociedade contemporânea tem outra conformação de forças e relações (assim como outros tipos de demandas e complexidades) e, segundo, porque em face desta configuração societal, ao Estado são atribuídas funções de mediação e gestão do público e privado, voltadas todas à priorização dos direitos humanos e fundamentais – elementos nucleares-informativos do constitucionalismo contemporâneo.[288]

Como quer Alexy, o princípio (juízo) de proporcionalidade, em sentido amplo, conta com a existência de elementos ou subprincípios: adequa-

---

[287] CANOTILHO, José J. Gomes. op. cit., p. 386. Alerta o autor que, em geral, não se discute sobre a adoção da medida em si, mas se a autoridade pública poderia ter adotado outro meio igualmente eficaz e menos desvantajoso para os cidadãos. De outro lado, Larenz insiste com o fato de que *ponderar e sopesar é apenas uma imagem; não se trata de grandezas quantitativamente mensuráveis, mas do resultado de valorações que – nisso reside a maior dificuldade – não só devem ser orientadas a uma pauta geral, mas também à situação concreta em cada caso.* LARENZ, Karl. *Metodologia da Ciência do Direito.* Lisboa: Fundação Calouste Gulbenkian, 1997, p. 574. De qualquer sorte, o autor sempre lembra que esta ponderação tanto pode ser fundamentada em princípios de direito fundamental – já referidos por nós –, como em princípios do Estado de Direito e na nominada prática jurisprudencial e conceito de justiça (p. 576).

[288] Estamos falando de uma sociedade em que o processo de exclusão social e demandas públicas são cada vez maiores, independente da vontade do Estado, pois fruto de um fenômeno notadamente econômico que é a transnacionalização do capital. Neste sentido, ver nosso livro LEAL, Rogério Gesta. *Perspectivas Hermenêuticas dos Direitos Humanos e Fundamentais no Brasil.* Porto Alegre: Livraria do Advogado, 2000.

ção, necessidade e proporcionalidade em sentido estrito. Tais elementos são dedutíveis do caráter principiológico das normas de Direitos Humanos e Fundamentais.[289]

Em outras palavras, se é certo que a realização destes direitos supõe uma otimização não só de situações jurídicas, mas igualmente de situações fáticas, fica claro que a adequação dos meios aos fins, bem como a busca da maior idoneidade do meio para a realização ótima do fim, estão implícitas no processo, porque são elas que determinam, enfim, o resultado apto sob o aspecto da realidade possível.

É de se notar que, apesar de a Constituição brasileira de 1988 não versar explicitamente sobre esse princípio – o que faz a Constituição portuguesa –, há uma adoção implícita em diversos dispositivos, senão vejamos:

a) o princípio da adequação dos meios, no art. 138, ao se referir às garantias constitucionais que ficarão suspensas durante o Estado de Sítio;

b) o princípio da necessidade, no art. 37, IX, sobre a contratação por tempo determinado de pessoal para atender à necessidade temporária de excepcional interesse público;

c) o princípio da proporcionalidade em sentido restrito, no art. 173, dispondo que, ressalvados os casos previstos na constituição, a exploração direta de atividade econômica pelo Estado só será permitida quando necessária aos imperativos da segurança nacional ou a relevante interesse coletivo, conforme definidos em lei.

Tais exemplos demonstram que o exercício de qualquer direito não é absoluto, mesmo porque a liberdade consiste em fazer tudo aquilo que não prejudique outrem;[290] assim, o exercício dos direitos naturais de cada ho-

---

[289] ALEXY, Robert. *Teoría de los Derechos Fundamentales*. Trad. de Ernesto Garzón Valdez. Madrid: Centro de Estudios Constitucionales, 1997, p. 265. Neste sentido, já referimos que o processo de demarcação de forças entre um princípio jurídico e outro, a ser aplicado ao caso concreto, não fica totalmente jogado à sorte e ao desejo dos atores jurídicos e sociais envolvidos no tema, mas é aferido tanto em face do arbítrio de quem leva a cabo a interpretação, como em face de uma fundamentação vinculante e necessária. Tanto mais lícita, aceita, razoável e ponderável a ação jurídica – principalmente a estatal – quanto mais estiver estribada, racionalmente, em valores humanos e jurídicos já pacificados pelo tempo e pela história, tais como os Direitos Humanos e Fundamentais. Ver nosso LEAL, Rogério Gesta. *Perspectivas Hermenêuticas dos Direitos Humanos e Fundamentais no Brasil*. Op. cit.

[290] Esse princípio se aplica também no âmbito do direito privado, perspectiva há bastante tempo assimilada pelos tribunais brasileiros: RESCISÓRIA – PROMESSA DE COMPRA E VENDA – DEVOLUÇÃO DE PRESTAÇÕES CLÁUSULA PENAL ABUSIVA – ENRIQUECIMENTO ILÍCITO. Considera-se leonina e abusiva a cláusula padrão comum a promessa de compra e venda que prevê a devolução de prestações pagas ao promissário comprador com violação do principio da proporcionalidade e do equilíbrio contratual. A cláusula penal que estabelece a devolução de valor aquém do que desembolsou o promissário comprador leva ao enriquecimento sem causa do promitente vendedor. (Apelação nº 227201-5, 3ª. Câmara Cível do TAMG, Belo Horizonte, Rel. Juiz Kildare Carvalho, Unânime, 05.02.97).

mem não tem por limites, senão, os que asseguram aos outros membros da sociedade o gozo dos mesmos direitos.[291]

De uma certa forma, tal princípio vem tendo sua delimitação significativa voltada aos demais princípios, em especial, ao da finalidade, eis que o Poder Público que só possui poderes para desenvolver deveres, necessariamente predispostos em norma jurídica anterior, devendo estar sempre buscando a consecução dos interesses públicos, tem, à sua responsabilidade, a difícil tarefa de também constituir um elenco de prioridades que possam denominar e qualificar o que é efetivamente público e comunitário – e por certo aqui implica a forma de fazê-lo (com ou sem participação social).[292]

Moreira Neto[293] não cansa de advertir, contudo, que tal princípio alcança tanto a norma jurídica positiva que prevê em tese a ação estatal, quanto o ato administrativo que a autoriza, isto é, todos eles encontram-se limitados pela proporcionalidade entre os sacrifícios impostos e a vantagem geral obtida. Diz o autor que, *quando esta relação for desbalanceada, a ponto de tornar demasiadamente onerosa a prestação, positiva ou negativa, do administrado, em confronto com o reduzido ou nenhum proveito para a Sociedade, a força do princípio é desconstitutiva.*

Está a nos lembrar a doutrina do Direito Administrativo que o princípio da proporcionalidade serve também como indicador de legitimidade e,

---

[291] Nos termos, por exemplo, do art. 4º da Declaração dos Direitos do Homem e do Cidadão, de 26 de agosto de 1789. Nessa direção, o Supremo Tribunal Federal no Brasil tem decidido historicamente algumas questões no âmbito também do direito privado: Supremo Tribunal Federal – DESCRIÇÃO: *HABEAS CORPUS* NÚMERO: 76060 – JULGAMENTO: 31/03/1998 – EMENTA – DNA: submissão compulsória ao fornecimento de sangue para a pesquisa do DNA: estado da questão no direito comparado: precedente do STF que libera do constrangimento o réu em ação de investigação de paternidade (HC 71.373) e o dissenso dos votos vencidos: deferimento, não obstante, do HC na espécie, em que se cuida de situação atípica na qual se pretende – de resto, apenas para obter prova de reforço – submeter ao exame o pai presumido, em processo que tem por objeto a pretensão de terceiro de ver-se declarado o pai biológico da criança nascida na constância do casamento do paciente: hipótese na qual, à luz do princípio da proporcionalidade ou da razoabilidade, se impõe evitar a afronta à dignidade pessoal que, nas circunstâncias, a sua participação na perícia substantivaria. OBSERVAÇÃO: Votação: Unânime. Resultado: Deferido. ORIGEM: SC – SANTA CATARINA. PARTES: PACTE.: ARANTE JOSÉ MONTEIRO FILHO – IMPTE.: ELISA PIMENTA – COATOR: TRIBUNAL DE JUSTIÇA DO ESTADO DE SANTA CATARINA. PUBLICAÇÃO: DJ DATA-15-05-98 PP-00044 EMENT VOL-01910-01 PP-00130 . RELATOR: SEPULVEDA PERTENCE. SESSÃO: 01 – Primeira Turma.

[292] A Jurisprudência é relativamente antiga e esclarecedora aqui: Tribunal de Justiça de São Paulo. Matéria: FUNCIONÁRIO PÚBLICO MUNICIPAL. Recurso: AC 145457 1. Origem: Prudente. Órgão: CCIV 1. Relator: ANDRADE MARQUES. Data: 16/08/93. Nos termos da Constituição Federal/88, em seu art. 37, XV. Funcionário público municipal – colocação em disponibilidade – direito a percepção de proventos integrais – ocorrência – segurança concedida e injusta, e afronta o principio da irredutibilidade do salário (arts. 7º, inc. VI e 37, inc. XV da CF/88), a interpretação no sentido da proporcionalidade, eis que a disponibilidade não e punição e o funcionário não contribui voluntariamente – legislador, que ao dispor sobre o cômputo do tempo de serviço público, para os efeitos de disponibilidade, desejou aludir ao conceito de funcionário estável, não a proporcionalidade dos vencimentos. Fonte: Jurisprudência Informatizada Saraiva. São Paulo: Saraiva, 1997, CD-ROM nº 11, 1º trimestre de 1998, documento nº 01, de 06.

[293] Op. cit. p. 74.

mesmo legalidade, dos atos administrativos do Estado, pois tudo o que desbordar da finalidade pública envolvida e motivadora da ação pública, estará suscetível à sindicabilidade jurisdicional do órgão competente.[294]

No que tange ao princípio da finalidade, temos que ele está inserido numa perspectiva ampliada do princípio da legalidade, e isto, no mínimo, em duas direções: a das regras e a dos princípios jurídicos que a vinculam.

Sobre as regras jurídicas que vinculam as finalidades da Administração Pública, podemos referir aquelas que estão a demandar ações concretas e pontuais em face de dispositivos normativos que perquirem comportamentos específicos, tais como: a prestação de contas públicas que está a exigir o art.170, parágrafo único, da Constituição Federal de 1988 (cuja finalidade é dar a maior amplitude e cognição às ações do Poder Público, envolvendo receita e despesa públicas); a que determina que os julgamentos do Poder Judiciário serão públicos e fundamentadas todas as suas decisões, nos termos do art.93, IX, do mesmo Diploma (cuja finalidade é igualmente garantir visibilidade e controle das decisões judiciais para todos os alcançados por seus atos); a criação de autarquias somente pela forma da lei (art.37, XIX, CF/88) – exatamente para que se tenha a deliberação do Legislativo em tema de tamanha relevância, eis que se trata de descentralizar determinadas atividades públicas, assegurando a especificação das formas de como vão se dar tais questões.

Em relação a estas regras, a Administração Pública tem pouca ou quase nenhuma possibilidade de manejo do sistema jurídico, devendo efetivamente observar seus ditames, sob pena de nulidade dos seus atos, bem como a decorrente responsabilidade.

O mesmo não ocorre com as finalidades estabelecidas por princípios jurídicos, tanto em face da plasticidade e abertura que contém estas normas, como em razão de suas significações político-ideológicas à cidadania nacional e às suas instituições.

De qualquer sorte, como adverte Gasparin,[295] está-se vedando, com esta diretiva, o surgimento de atos destituídos de finalidade pública e que venham, eventualmente, a atender interesses meramente individuais ou particulares, ou mesmo, a prejudicar interesses particulares em razão do descumprimento da infringência do princípio.[296]

---

[294] Ver o texto de ANTUNES, Luis Felipe Colaço. *Para um Direito Administrativo de garantia do cidadão e da administração*. Lisboa: Almedina, 2004, p. 99 e ss.

[295] GASPARIN, Diógenes. *Direito Administrativo*. São Paulo: Saraiva, 1990.

[296] Neste sentido, há antigas posições jurisprudenciais no país, tal como a do Superior Tribunal de Justiça, no Acórdão nº:00010751, de 11-11-1992, especificamente um Recurso Ordinário em Mandado de Segurança. Publicado em 07/12/1992, na pg:23285, do Diário da Justiça. Ementa: Administrativo – concurso – ascensão funcional – candidato que substancialmente preenche todos os requisitos – inscrição no concurso mediante liminar – aprovação – principio da finalidade. Funcionário que já satisfaz todos os requisitos a promoção para a ultima classe de sua categoria se inscreve mediante

Na esfera judicial, já sabemos que ele é ampla e historicamente aplicado, como se mostra nesta antiga decisão do Tribunal de Justiça do Estado do Rio Grande do Sul:

> EMENTA: Agravo de Instrumento. Justiça Gratuita. Concessão de plano pelo juiz, sem intervenção do Ministério Publico, nos próprios autos da ação principal, não implica na sua invalidade, nem do processo, por alcançar o resultado pretendido pela parte, que provou, através de atestado de pobreza, da necessidade de assistência judiciaria. Principio da Finalidade. Recurso improvido. Tribunal de Alçada do Rio Grande do Sul. Agravo de Instrumento nº 29284, de 21/10/1982. Quarta Câmara Cível. Relator: Mário Augusto Ferrari. Comarca de Estrela.[297]

Estamos aqui ratificando a percepção de Forsthoff, quando insiste na tese de que a Administração Pública do Estado Social de Direito – ou mesmo do Estado Democrático de Direito – tem natureza diversa daquela que foi fundada pelo Estado de Direito Burgês, haja vista que a atual tem obrigações e funções de conformação social, aqui entendida como a de concretizar os objetivos e finalidades estabelecidas pelo programa conceitual e de ação dado pela Constituição ao país e seus atores sociais (individuais, coletivos e institucionais).[298]

Além destes princípios implícitos, temos alguns explícitos que são importantes em termos de densificação do Estado e da Sociedade Democráticas de Direito.

5.3.2. Os princípios explícitos

Em que pese a existência de nominados implícitos pela doutrina especializada, a Administração Pública no Brasil conta com princípios constitucionais operativos explícitos,[299] dispersos no texto da Carta Política de 1988, a iniciar pela dicção do art.37, *caput*, com sua nova redação dada pela Emenda Constitucional nº 19/98, a saber:

---

liminar em concurso para ascensão funcional e vem a ser aprovado em curso de formação para nova categoria, não há como lhe negar o direito a ascensão, sem contrariar o escopo do concurso, e o próprio interesse do estado que fez consideráveis gastos na formação e treinamento do servidor. Relator: Ministro Humberto Gomes de Barros.

[297] Fonte: Jurisprudência Informatizada Saraiva. São Paulo: Saraiva, 1997, CD-ROM nº 10, 4º trimestre de 1997, documento nº 04, de 29.

[298] FORSTHOFF, Ernstt. *Tratado de Derecho Administrativo.* Madrid: Instituto de Estúdios Políticos, 1980.

[299] NETO, Diogo de Figueiredo Moreira, por exemplo, em sua obra *Curso de Direito Administrativo.* Rio de Janeiro: Forense, 1996, p. 63 e seguintes, tem sustentado que, na verdade, existem quatro categorias de princípios que incidem sobre o Direito Administrativo, a saber: Princípios Gerais de Direito, Princípios Gerais do Direito Público, Princípios Gerais do Direito Administrativo e os Princípios Setoriais do Direito Administrativo. Entretanto, em nossa proposta de abordagem, vamos apenas tratar destes Princípios em linhas gerais, para em seguida ver como se aplicam na operacionalidade do Estado, enquanto gestor dos interesses públicos.

Art. 37. A administração pública direta e indireta de qualquer dos Poderes da União, dos Estados, do Distrito Federal e dos Municípios obedecerá aos princípios de *legalidade, impessoalidade, moralidade, publicidade e eficiência* e, também, ao seguinte:...

O princípio constitucional clássico da *legalidade* tem sido tratado, por alguns administrativistas nacionais – anteriormente nominados –, no sentido de que os atos, enquanto comportamentos administrativos, principalmente os de ação, só podem ser produzidos na conformidade da lei. A partir daqui, tem se entendido que a administração pública não tem liberdade e nem vontade pessoal, pois a função administrativa se subordina à legislativa, não apenas, porque a lei pode estabelecer proibições e vedações à Administração, mas também, porque esta só pode fazer aquilo que a norma antecipadamente autoriza.

Por óbvio, temos que ter presente o fato de que essa concepção da Administração presa ao que está disposto na norma é fruto dos primeiros passos da Idade Moderna, quando a preocupação da burguesia ascendente era efetivamente reduzir e monitorar os comportamentos do Estado/Governo no sentido de evitar que ele, de alguma maneira, continuasse (aos moldes da Idade Média) intervindo e prejudicando o projeto de desenvolvimento econômico e social do mercado capitalista em expansão.[300]

Nos termos do art. 5º, inciso II, da Constituição Federal, já temos a previsão jurídica deste princípio, donde *ninguém será obrigado a fazer ou deixar de fazer alguma coisa senão em virtude de Lei.* Assim, ao cidadão é permitido tudo fazer, desde que não transgrida norma jurídica cogente; ao Estado, contudo, só lhe é permitido fazer/agir quando a lei o permite.[301]

A exata compreensão do princípio da legalidade determina que a autoridade administrativa não está vinculada apenas ao direito criado pelo Poder Legislativo; ela está, também, subordinada pelo direito que ela própria cria, através dos seus regulamentos e estatutos.

Neste passo, revela-se interessante perquirir-se, sempre e em cada situação, como as vozes da Lei são captadas/traduzidas pelos operadores estatais e que critérios hermenêuticos balizam a aplicação e consecução do ordenamento jurídico no momento de sua concretude, especialmente no momento em que o Estado Administrador executa suas funções/deveres. É

---

[300] Conforme BOBBIO, Norberto. *Estado, Governo e Sociedade.* São Paulo: Brasiliense, 1990, p. 85.

[301] Neste sentido, a decisão dos tribunais, anteriores, ainda à Constituição de 1988: Tribunal de Alçada do Rio Grande do Sul. Recurso número: 186019170, de 29/05/1987. Segundo grupo cível. Relator: Silvio Manoel de Castro Gamborgi. Comarca de Alegrete. EMENTA: AÇÃO DE MANUTENÇÃO DE POSSE. BEM PUBLICO. RESERVA BIOLÓGICA. Os atos de mera permissão ou tolerância não induzem posse. Permissão concedida por preposto do Estado, sem competência para tal. A validade do ato administrativo esta adstrita ao principio da legalidade. Inexistência de servidão de passagem ou passagem forcada. Embargos Infringentes acolhidos para restabelecer a sentença que julgou procedente a ação de manutenção de posse. Fonte: RJTJRS, V-56 p-332.

aqui, dentre outros lugares, que vamos buscar o conjunto principiológico/valorativo existente no Título Primeiro da Carta Política brasileira de 1988, que está a vincular os andares do país, de sua cidadania e de seus órgãos oficiais, inclusive quando se busca definir o que, efetivamente, pretende a norma jurídica.[302]

Nesse sentido, afastamo-nos, radicalmente, das posições que, trabalhando com a lógica da completude do Sistema Jurídico e seu Ordenamento, acreditam que somente em face da existência de lacunas jurídicas é possível se lançar mão de vetores constitucionais, sejam eles princípios ou regras jurídicas, para dar a leitura e resolução merecida ao fato/ato jurídico administrativo.[303] Tal recurso, em nosso sentir, é elemento constitutivo e necessário à aferição preliminar da legalidade/constitucionalidade de todo o comportamento estatal.[304]

Existem situações paradoxais, constitucionais e infraconstitucionais,[305] no Brasil, em que o princípio da legalidade, todavia, pode ser relativizado, considerando-se circunstâncias de exceção, como as medidas provisórias (art. 62 e parágrafo único), decretação do estado de defesa (art. 136) e estado de sítio (arts. 137 a 139), a despeito da vulgarização cultural que se interpôs no país envolvendo o tema das Medidas Provisórias.

Assim, se em certos casos e como regra, a lei estabelece o único comportamento a ser adotado pelo administrador perante situações concretas. Noutros, entretanto, o legislador permite ao administrador, diante de certas situações específicas e justificadas, determinada margem de liberdade no praticar ou não o ato, ou concede-lhe competência para escolher o momento de praticar o ato, ou faculta-lhe a opção quanto à forma do ato, ou autoriza

---

[302] Este tema hermenêutico está na base do princípio da legalidade, sob pena de aceitarmos ou trabalharmos com um conceito gramatical ou exegético de norma jurídica , partindo-se do pressuposto que as palavras da lei são claras suficientes e independem de interpretação, pois sua dimensão enunciativa-descritiva já apresenta todos os elementos necessários à sua intelecção. Ver nosso livro LEAL, Rogério Gesta. *Hermenêutica e Direito.* Op. cit.

[303] Como as metodologias clássicas do positivismo moderno.

[304] Estamos falando, por exemplo, de festejado administrativista argentino, Juan Carlos Cassagne, para quem "en el derecho administrativo, frente a la carencia histórica de normas, la tarea de integración exige partir de la Constitución Nacional, respetando su supremacía y averiguando si se dan los supuestos que permiten la autointegración o hetero-integración". In *El Acto Administrativo*. Buenos Aires: Abeledo-Perrot, 1990, p. 46.

[305] Nesse caso, veja-se a seguinte decisão: *A natureza administrativa do procedimento de jurisdição voluntária leva a Lei a deferir poderes ao juiz de ampla e livre investigação dos fatos, não ficando adstrito a observar critério de legalidade estrita, podendo adotar, em cada caso, a solução que reputar mais conveniente, oportuna e consentânea com os objetivos da prestação jurisdicional.* (Apelação nº 242299-1, 1ª. Câmara Cível do TAMG, Ituiutaba, Rel. Juiz Paris Pena, Unânime, 16.12.97). É digno de registro que um dos princípios fundamentais a ser aplicado aos procedimentos de Jurisdição Voluntária, no Brasil é o do predomínio da eqüidade sobre a legalidade, eis que uma das raras oportunidades normativas (e só nestas circunstâncias o admite) em que o sistema jurídico pátrio admite a utilização desse princípio.

o administrador a decidir sobre a providência a ser adotada entre alternativas que lhe são oferecidas.[306]

Nessas hipóteses, estamos diante do típico caso de discricionariedade administrativa, matéria que aprofundaremos mais tarde, e que Celso Mello pontua:

> Nestes casos, diz-se que há discricionariedade, porque cabe interferência de um juízo subjetivo do administrador no que atina, isolada ou cumulativamente: a) à determinação ou reconhecimento – dentro de certos limites mais além referidos – da situação fática ou; b) no que concerne a não agir ou agir ou; c) no que atina à escolha da ocasião azada para fazê-lo ou; d) no que diz com a forma jurídica através da qual veiculará o ato ou; e) no que respeita à eleição da medida considerada idônea perante aquela situação fática, para satisfazer a finalidade legal.[307]

A partir destas exemplificações, apesar da obviedade, devemos insistir na lembrança de que tal princípio alcança também as atividades legislativas e judiciárias do país, eis que desenvolvem ações estatais oficiosas em seus cotidianos, estando também vinculadas à dicção normativa constitucional e infra-constitucional.[308]

Por outro lado, o princípio da legalidade é extensivo a todas as atividades estatais, quer exercidas pela Administração Direta, quer pela Administração Indireta ou Fundações, exigindo de todos os agentes públicos, especialmente os das empresas públicas e das sociedades de economia mista, pelo costume anterior de uma atuação sem maior controle efetivo, um atuar cauteloso e de rigorosa obediência à lei (inclusive considerando suas potencialidades semânticas e pragmáticas).[309]

---

[306] Para esta reflexão, ver o texto de PELLISSIER, Gilles. *Le príncipe d'égalité em droit public.* Paris: EJA, 2003, p. 37 e ss.

[307] MELLO, Celso Antônio Bandeira de. *Discricionariedade e Controle Jurisdicional.* São Paulo: Revista dos Tribunais, 1992, p. 17.

[308] Neste sentido, a jurisprudência dos tribunais tem avaliado a matéria sob diversos ângulos: "A poluição sonora provocada pela atividade fabril ainda não se encontra disciplinada em lei, razão pela qual não se pode condenar, sob pena de ofensa ao principio da legalidade contido no Art. 5º, Item II, da CF, o suposto infrator com base na Portaria 92/80 do Ministério do Interior, mero ato administrativo e, como tal, despossuido da forca cogente típica de lei. Instalada a atividade industrial ou comercial em área mista por longo período, de conformidade a legislação da época, caracterizado resta o direito adquirido, e a remoção dos respectivos estabelecimentos darse-a apenas pela via expropriatoria". (Apelação nº 128236-0, 5ª. Câmara Cível do TAMG, Araguari, Rel. Juiz Aloysio Nogueira, Unânime, 03.12.92, DJ 05.08.93 e RJTAMG49/72-73 – 06.01.94). De outro lado: "Inadmissível a aplicação de atenuante se fixada a pena mínima, porquanto, por forca do principio da legalidade da pena, tanto as circunstâncias que atenuam quanto as que agravam não podem ultrapassar os limites punitivos do tipo". (Apelação nº 134191-3, 2ª Câmara Criminal do TAMG, Ervalia, Rel. Juiz Herculano Rodrigues, Unânime, 22.09.92).

[309] Neste sentido, a Constituição Federal impôs aos administradores das empresas públicas, das sociedades de economia mista e das autarquias um regime de atuação rígida e vinculada, unicamente, à lei, mesmo quando a atividade a ser desenvolvida tenha caráter nitidamente privado. No caso das empresas públicas e das sociedades de economia mista, embora sejam geridas pelas normas aplicáveis às empresas particulares e exerçam condutas privatizadas, não estão desobrigadas do cumprimento do princípio da legalidade em qualquer fase do seu atuar, quer que explorem serviços públicos, quer que exerçam atividades econômicas ou financeiras em concorrência com as empresas privadas, como lembra DELGADO, José Augusto. *A Administração Pública indireta na constituição federal de 1988 – alguns aspectos.* In Revista Síntese, volume 79, Janeiro de 1996. Porto Alegre: Síntese, 1996.

Quanto ao tema do princípio da *impessoalidade*, ele traduz a idéia de que a administração tem que tratar a todos os administrados sem discriminações, benéficas ou detrimentosas, sem favoritismos nem perseguições.

A impessoalidade da ação administrativa decorre do fato legal de que ela se desenvolve dentro de um círculo onde não há liberdade de querer do agente público, ou, tal liberdade e querer vêm delimitados pontualmente pelos termos das disposições normativas cogentes, sempre expostas às intempéries e variáveis interpretativas existentes. Este deve agir de modo que alcance a finalidade antecipadamente disposta em lei. Quer na administração direta, quer na indireta, não se pode buscar a satisfação de interesses individuais ou particulares, uma vez que se caracteriza por vincular-se a um fim alheio à pessoa e aos interesses particulares do agente ou do órgão que o exercita.[310]

Como adverte Cirne Lima,

> A atividade administrativa obedece, cogentemente, a uma finalidade, à qual o agente é obrigado a adscrever-se, quaisquer que sejam as suas inclinações pessoais; e essa finalidade domina e governa a atividade administrativa, imediatamente, a ponto de assinalar-se, em vulgar, a boa administração pela impessoalidade, ou seja, pela ausência de subjetividade.[311]

É óbvio que tal ausência de subjetividade não diz respeito à inexistência de identidade nas ações estatais, esta condizente com a proposta filosófica e política de gestão pública caracterizadora dos agentes públicos e seus vínculos ideológicos e partidários. Todavia, o que pretende o princípio é notabilizar que a Administração está vinculada ao interesse público e, portanto, deve ter presente cotidiana e procedimentalmente o fundamento de seus atos e relações, a saber, *relação jurídica que se estrutura ao influxo de uma finalidade cogente, dominando e paralisando interesses de direito subjetivo privado*.[312]

A jurisprudência pátria, há bastante tempo, tem-se mostrado apegada a este princípio, em especial no que tange aos atos dos Poderes Estatais:

> Supremo Tribunal Federal - Descrição: Recurso Extraordinario. Número: 197888. Julgamento: 13/01/1997. EMENTA - Juiz Classista - Suplência - Vinculação. Na hipótese de afastamento do representante classista titular, há de ser convocado o suplente que com ele foi nomeado. O artigo 117, caput e parágrafo único, da Constituição Federal merece interpretação calcada na razoabilidade, descabendo concluir estar nele encerrada a subjetividade, ou seja, a prerrogativa de o Presidente do Tribunal Regional do Trabalho vir, à livre discrição, pinçar o classista suplente que substituirá o titular, olvidando os princípios da moralidade e impessoalidade e, sob

---

[310] Conforme LIMA, Ruy Cirne. *Princípios de Direito Administrativo*, Porto Alegre: Sulina, 1984, p. 21 e 22.

[311] LIMA, Ruy Cirne. *Princípios de Direito Administrativo*. Op. cit., p. 54.

[312] Idéia presente no conceito de *relação de administração*, sustentada por Cirne Lima (op. cit., p. 54).

o ângulo jurisdicional, o do juiz natural. Observação: Votação: Unânime. Resultado: Não conhecido. Origem: Ba – Bahia. Partes: Recte.: União Federal. Recdo.: Wenceslau Alban Corujeira. Publicação: Dj Data-28-11-97 Pp-62231 Ement Vol-01893-04 PP-00800. Relator: Marco Aurelio. Sessão: 02 – Segunda Turma.[313]

A impessoalidade se configura quando o agente desenvolve a sua atividade segundo as normas legais e as finalidades públicas demarcadas, sendo fiel ao conjunto de objetivos e preceitos informativos de sua ação, fazendo com que o ato alcance a sua finalidade e as exigências do interesse público. Neste sentido, impõe a proibição de não serem ultrapassados os limites das atribuições fixadas, evitando-se, assim, a feição particular do atuar administrativo.

Por outro lado, como que pairando sobre todo e qualquer ato da Administração Pública, de forma até instigante, temos o complexo princípio da *moralidade* administrativa que, por sua vez, constitui pressuposto da validade de todo o comportamento do agente público e suas institutições, compreendendo os princípios da lealdade e da boa-fé.[314]

A moralidade administrativa está inserida na Constituição Federal como princípio fundamental a ser obedecido pela Administração Pública, sendo diversos e variados os desdobramentos desta moralidade por atingir, de modo nuclear, o aspecto axiológico das ações concretas desenvolvidas pelos agentes públicos.

A despeito de tamanha significação, não se pode afirmar que exista, hoje, nas teorias que se ocupam do Estado Administrador, uma especial e definitiva para a configuração jurídica da moralidade administrativa. O que se tem, como certo é que a moralidade administrativa constitui, isto sim, pressuposto da validade de todo ato da Administração Pública.

A doutrina especializada atribui à Maurice Hauriou[315] a sistematização do conceito a respeito da moralidade administrativa, fato ocorrido nas primeiras décadas do século atual. Segundo o referido doutrinador, não se busca impor, na prática da atividade administrativa, uma moral comum, mas sim, uma moral jurídica, entendida como o conjunto de regras de conduta tiradas da disciplina interior da Administração.

313 Da mesma forma, em decisões mais pretéritas vem sustentando o Superior Tribunal de Justiça: Acórdão RIP:00024989 Decisão:25-02-1997 – Proc: RESP. Num: 0027865 Ano:92 Uf: Df Turma: 6 – Recurso Especial – Publicação: Dj Data:14/04/1997 Pg:12804 – EMENTA: Administrativo. Concurso Público. Exame Psicotécnico. Caráter sigiloso da entrevista, art. 37 da Cf/1988. Princípio da Impessoalidade. Violação – Viola o Principio da Impessoalidade, a avaliação psicológica de candidato a concurso público realizada em caráter subjetivo e sigiloso, sujeita única e exclusivamente ao arbítrio do examinador. Recurso não conhecido. Relator Ministro William Patterson. Observação: Por unanimidade, não conhecer do recurso.

314 Conforme quer BONNARD, Roger. *Précis de Droit Administratif.* Paris: LGDJ, 2001, p. 82 e ss.

315 HAURIOU. Maurice. *Precis Élémentaire de Droit Administratif.* Paris: Dalloz, 1976. Para o autor, esta moralidade diz respeito a ações que têm como resultados elementos satisfatórios ao interesse da comunidade, fim primordial da Administração Pública.

Tem-se, portanto, na escola administrativa francesa, a base da construção da moralidade administrativa moderna, como princípio que se compõe da afirmação de que a legalidade dos atos jurídico administrativos é fiscalizada pelo recurso baseado na violação da lei. Mas, a conformidade desses atos aos princípios basilares da boa administração, determinante necessária de qualquer decisão administrativa, é fiscalizada por outro recurso, fundado no desvio de poder, cuja zona de policiamento é a zona da moralidade administrativa.[316]

Assim é que, a partir do princípio da moralidade administrativa, a satisfação dos requisitos legais do ato não é suficiente, impondo-se ir adiante na análise da ação administrativa, no intento de investigar se, realmente, há interesse público nela ou outro tipo de interesse, desse divorciado.[317]

Em outras palavras, é indispensável à caracterização da moralidade de um ato administrativo a análise do motivo e do objeto de tal ato, o que possibilita afirmar se houve ou não a efetivação do dever de boa administração inerente ao Administrador/Interesse Público.[318]

De se ver que o âmbito de subjetividade que a moral contém implica não se tratar apenas de saber se é ou não legal determinado ato de gestão pública, mas se ele está ou não em consonância com os anseios de justiça, objetivos e princípios que informam a organização social dos administrados, previamente insertos no Texto Constitucional, em especial no bojo dos Princípios Constitucionais. A finalidade do controle da moralidade, assim, é, fundamentalmente, assegurar que os atos da Administração Pública estejam sempre de acordo com esses *vetores axiológicos administrativos*, que sempre impõem o interesse público sobre o particular.

Observa-se, dessa forma, que o conceito de moralidade é determinante de regras de conduta, ou seja, traça linhas de comportamento para o administrador, fazendo com que este, ao realizar seus atos, observe, além dos

---

[316] Nesse sentido, ver também BRANDÃO, Antônio José. *Moralidade Administrativa,* in Revista de Direito Administrativo, n. 25, p. 454/467. São Paulo: Revista dos Tribunais.

[317] Oportuno lembrar, como visto dantes, que os poderes administrativos concedidos à autoridade pública não são ilimitados, mas deverão estar sempre em consonância com os princípios que lhe são impostos pelo ordenamento jurídico, os implícitos ou explícitos, todos aqui considerados horizontalmente no que concerne à importância. O uso de tais poderes é prerrogativa da autoridade desde que não haja qualquer abuso ou desvio, estes entendidos como excesso de poder ou desvio de finalidade. Ocorre o primeiro, quando a autoridade pratica determinada ação que vai além do permitido por lei, insurgindo-se, pois, na ilegalidade, o que, conseqüentemente, acarretará a invalidação do referido ato. O desvio de finalidade, por sua vez, se efetiva quando a prática do ato estiver fundamentada em motivos ou tiver fins diversos dos objetivados pela lei ou pelo interesse público, conforme ensinamento de DIEZ, Manoel Maria. *El acto administrativo.* Buenos Aires: Depalma, 1995, p. 273.

[318] Evidencia-se, pois, viciada a moralidade administrativa quando houver a prática de um ato fundado em motivo inexistente, insuficiente, incompatível etc.; do mesmo modo, caracteriza-se a imoralidade administrativa quando o ato visar ao objeto impossível, desconforme e ineficiente ao permissivo legal e ao interesse público. Neste sentido, o texto de MAIRAL, Héctor. *Control Judicial de la Administración Pública.* V.I. Buenos Aires: Depalma, 1990, p. 134.

elementos constitutivos próprios de cada um, a eficácia dos mesmos no plano dos compromissos e vinculações político-jurídicas já existentes – os denominados vetores axiológicos administrativos.[319]

A identificação da compatibilidade da atividade administrativa com aqueles vetores é matéria complexa que conduz a situações singulares, dotadas de sutilezas que desafiam o aplicador e intérprete do direito. Sobrinho,[320] numa perspectiva mais pragmática, elenca quatro hipóteses que podem configurar quebra ao princípio: a) a de o fato não justificar o ato, viciando-o na origem; b) a de o ato não corresponder ao fato, desviando-se da causa; c) a de o fato não exteriorizar motivos determinantes categóricos; d) a de o ato não formalizar regras jurídicas estabelecidas.[321]

O elemento moral, a partir da Constituição brasileira de 1988, passa, desta forma, a integrar o ato administrativo por força de preceito da mais alta categoria. A conseqüência gerada é de relevância, porque a moralidade passou a ser um requisito constitucional de sua validade, evidenciando-se como um dos elementos integrantes da formação do ato administrativo, o que não mais permite a conduta jurisprudencial a abandonar a sua análise, pelo que, agindo de conformidade com o princípio constitucional referido, põe um freio na conduta da Administração que, por vezes, apresenta evolver desordenado, irregular, impróprio, desajustado com o ordenamento jurídico.

A jurisprudência nacional já vem, há bastante tempo, insistindo em assim compreender este princípio, entendendo, por exemplo, em sede de Ação Popular, que basta existir ato administrativo que contraria normas específicas que regem a sua prática ou que se desviam dos princípios que norteiam a Administração Pública, para os fins de ensejar sua interposição, afigurando-se como dispensável a demonstração de prejuízo material aos cofres públicos no caso concreto, já que o disposto no inciso LXXIII do art. 5º da Constituição Federal abarca, não só o patrimônio material do Poder Público, como também o patrimônio moral, o cultural e o histórico.[322]

Em outra situação curiosa do legislativo brasileiro, a jurisprudência pátria, da mesma forma, entendeu que, uma vez sendo a remuneração do Prefeito, do Vice-Prefeito e dos Vereadores fixada pela Câmara Municipal em cada legislatura para a subseqüente, nos termos do que dispõe a Carta Política, em seu art.29, V. Assim, em ocorrendo a fixação pelos edis de sua própria remuneração para viger na própria legislatura, praticam ato incons-

[319] Como quer FRAGOLA, Umberto. *Degli atti amministrativi*. Milano: Giuffrè, 1992, p. 187.

[320] SOBRINHO, Manoel Antônio Franco. Op. cit., p. 85.

[321] Inserimos, por convicção, o conceito de normas-princípios nesse escalonamento, mantendo a coerência de nossa abordagem até aqui.

[322] Conforme decisão RE-170768 – DJ:13/08/99. PP-00016, EMENT.VOL.01958-03, p. 445. Julgamento em 26/03/99, Primeira Turma, Relator: Ministro Ilmar Galvão. Origem: São Paulo.

titucional lesivo, não só ao patrimônio material do Poder Público, como à moralidade administrativa que constitui patrimônio moral da sociedade os bens atingidos por tal comportamento.[323]

A verdade é que, em regra, a cidadania brasileira não mais se tem conformado com o comportamento de passividade e mesmo, a falta de qualidade dos serviços prestados pelo Estado, sobretudo com as arbitrariedades e imoralidades dos atos de seus agentes, matérias amplamente divulgadas pela mídia nacional e internacional. Em face disto, a perspectiva é a de que se aumentem os controles sobre o poder do administrador, de modo a englobar, não mais apenas a análise da legalidade pura, mas também o âmbito da moralidade, impessoalidade, finalidade pública etc.

Nesse sentido, sob a idéia de dever para o Administrador e direito subjetivo para o cidadão, o princípio da moralidade administrativa se impõe no *caput* do art. 37 da Carta Magna, juntamente com os demais princípios administrativos, de modo a tonificar a vocação do Estado brasileiro para uma Democracia fundada no Direito.[324]

Passemos a avaliar, agora, o princípio da *publicidade,* da mesma forma inscrito no art.37 da Constituição Federal de 1988, dizendo respeito à necessidade que tem a administração de manter plena transparência em seus comportamentos.

Como referimos acima, a nova postura constitucional sobre a Administração Pública tem o condão de reconhecer os fins próprios a que ela se destina, que é a realização do interesse público efetivo, e de protegê-lo

---

[323] RE-206889/ MG. DJ: 13/06/97, PP-26718, EMENT. VOL. 01873-11, p. 02257. Julgamento em 25/03/97, Segunda Turma. Relator: Ministro Ilmar Galvão. Assim também a seguinte decisão envolvendo o Tribunal de Contas da União: EMENTA:Tribunal de Contas. Nomeação de seus membros em Estado recém-criado. Natureza do ato administrativo. Parâmetros a serem observados. Ação Popular desconstitutiva do ato. Tribunal de Contas do Estado de Tocantins. Provimento dos cargos de conselheiros. A nomeação dos membros do Tribunal de Contas do Estado recém-criado não e ato discricionário, mas vinculado a determinados critérios, não só estabelecidos pelo art. 235, III, das disposições gerais, mas também, naquilo que couber, pelo art. 73, § 1º, da CF. NOTORIO SABER – Incisos III, art. 235 e III, § 1º, art. 73, CF. Necessidade de um mínimo de pertinência entre as qualidades intelectuais dos nomeados e o oficio a desempenhar. Precedente histórico: parecer de Barbalho e a decisão do Senado. Ação Popular. A não observância dos requisitos que vinculam a nomeação, enseja a qualquer do povo sujeita-la a correção judicial, com a finalidade de desconstituir o ato lesivo a moralidade administrativa. Recurso extraordinário conhecido e provido para julgar procedente a ação. In RE-167137/TO. DJ:25/11/94, p. 32312, Ement. Vol. 01768-04, p. 00840. Julgamento em 18/10/1994, Ministro Paulo Brossard, Segunda Turma.

[324] Só a título de ilustração, podemos dizer que no título I da Constituição Federal, que trata dos princípios fundamentais, pode-se observar vários princípios ensejadores da moral, quais sejam, a dignidade da pessoa humana; a construção de uma sociedade livre, justa e solidária; a prevalência dos direitos humanos; a defesa da paz etc. Já no âmbito dos *Direitos* e *Garantias Fundamentais*, disciplinado no título II da CF, temos inúmeras referências ao princípio da moralidade, além de remédios jurídicos à sua tutela, tais como a indenização por dano moral, a vedação à tortura e ao tratamento desumano e degradante, o respeito à integridade moral dos presos; a inadmissibilidade de provas obtidas por meio ilícito; a concessão de hábeas-corpus em caso de abuso de poder; e ainda, a ação popular que visa a anular ato lesivo à moralidade administrativa.

eficazmente. Determina, outrossim, que a vontade livre, em nenhum momento, domine as formas da administração, em qualquer hipótese, eis que todos os seus atos devem ser praticados com vinculação ao seu fim específico – já determinados prévia e juridicamente.

Se de um lado a publicidade dos atos dos poderes estatais instituídos serve para garantir o mínimo de transparência e visibilidade do exercício do poder aos seus destinatários e verdadeiros fundadores, o povo, também é acertado dizer que tal publicidade se afigura como atendendo a função de divulgação oficial do ato para conhecimento público e início de seus efeitos exteriores, podendo alinhar as seguintes características:

a) embora a publicidade não seja elemento formativo do ato, é requisito de eficácia e de moralidade;

b) a simples publicação do ato não tem força de convalidar os atos irregulares;

c) os atos regulares não dispensam a publicação para se tornarem exeqüíveis, quando a lei ou o regulamento a exige;

d) o sigilo dos atos administrativos só é admitido em situações excepcionais, previamente autorizadas por lei válida e competente;[325]

e) a de possibilitar o seu conhecimento e seu controle pelos interessados direitos e pelo povo em geral, através dos meios processuais constitucionais;

f) sem publicação não fluem os prazos para impugnação administrativa ou anulação judicial, quer o de decadência, quer o de prescrição.

Veja-se que tais características do princípio em cotejo têm sido albergadas pelas decisões dos tribunais desde há muito, consolidando uma certa uniformidade de tratamento à matéria.

> MANDADO DE SEGURANÇA – CONCURSO PÚBLICO – CRITÉRIO DE DESEMPATE – RESOLUÇÃO – PUBLICIDADE DO ATO – Se o primeiro critério de desempate, em concurso público, para a classificação de candidatos com média idêntica, é o número de pontos obtidos em certa matéria, cumpre à administração torná-los públicos, sob pena de ilegalidade por inobservância da publicidade como requisito apto à eficácia e moralidade de todos os atos administrativos.[326]

> SINDICÂNCIA – DESVIO DE FINALIDADE – APLICAÇÃO DE PENALIDADE – PROCESSO PUNITIVO – AMPLA DEFESA – PUBLICIDADE – EFEITOS DA SENTENÇA – HONORÁRIOS ADVOCATÍCIOS – SÚM. 512 DO STF – SÚM. 105 DO STJ – O

---

[325] Por exemplo, naqueles casos imprescindíveis à segurança da Sociedade e do Estado, conforme estabelece o art. 5º, XXXIII, CF/88.

[326] TJDF – AC 34.358/95-DF (Reg. Ac. 82.458) – 4ª T – Rel. Des. Everardo Mota e Matos – DJU 13.03.1996. Da mesma forma o TRT: "A estabilidade bienal do servidor público (art. 41 da CF/88) pressupõe aprovação em concurso público. Processo seletivo interno não supre o pressuposto, nem se confunde com esse, pois não atende aos requisitos de ampla publicidade e universalização do certame a todos os cidadãos legalmente qualificados". TRT 18ª R. – RO 2049/92 – AC. 1798/95 – TP – Rel. Des. Josias Macedo Xavier – DOEGO 01.09.1995.

processo administrativo punitivo, independente da denominação que lhe dê a Administração Pública, é informado pelos princípios da ampla defesa e da publicidade. O desrespeito a tais princípios, em desvio de finalidade, gera a nulidade do procedimento. A autoridade administrativa superior pode rever, dentro dos limites da legalidade e da discricionariedade que esta lhe confere, os atos de seus subordinados, visando ao atendimento do interesse público. Não cabe, em MS, a condenação em honorários advocatícios, conforme já sedimentado pela Súm. 512, do STF, e pela Súm. 105, do STJ. Apelação e remessa oficial improvidas.[327]

Por fim, com o advento do novo modelo de Estado posto no país, partindo de pressupostos absenteístas e neoglobais, tendo como objetivos explícitos os da privatização massiva dos serviços e patrimônio público, tem-se a inclusão de um princípio constitucional ligado a um paradigma ainda a ser identificado teórica e pragmaticamente, mas perfeitamente delimitado pelo modelo de produtividade mercadológica vigente em todos os quadrantes nacionais e internacionais, a saber: o princípio da *eficiência*. Tal princípio está inscrito na nova redação do art.37, *caput*, da Constituição Federal, nos termos da Emenda Constitucional nº 19 de 5 de junho de 1998.

Ocorre é que a mesma emenda não indicou quais os critérios e indicadores para aferir tal eficiência, mas, por certo, eles estão sendo fornecidos pela iniciativa privada, com o explícito intento de instituir um discurso de fragilização ainda maior da máquina estatal e justificar o projeto de privatização do espaço público.

Para as elites governistas, entretanto, a posição sobre esta matéria é a de que:

> Existe uma forte relação entre a falta de debate democrático nos países latino-americanos e seu fracasso em alcançar e manter taxas de crescimento econômico maiores ou pelo menos iguais às dos países ricos. Falta-nos o espaço público, não apenas fisicamente – as ruas não são seguras, mas socialmente. Se na Sociedade brasileira houvesse maior "common ground", ou seja, um conjunto de valores e crenças e de regras do debate comuns, teríamos um melhor Estado e melhores governos. E nossos resultados no plano econômico e no social seriam bem melhores.[328]

Já que não há esse *common ground*, impõe-se, na perspectiva referida e nos comportamentos oficiais, ao revés do Estado e mesmo contra ele, garantir a setores estratégicos da economia nacional/internacional, não necessariamente produtivo, as condições necessárias para que a concentração de renda e lucros se perpetue, arcando toda a sociedade com o custo social consectário.

---

[327] TRF 4ª R. – AMS 95.04.32722-2 – RS – 4ª T. – Rel. Juiz Dirceu de Almeida Soares – DJU 24.02.1999.

[328] Conforme PEREIRA, Carlos Bresser. *A diferença está no debate*. In Jornal Folha de São Paulo, edição de 20 de dezembro 1999, Seção Opinião, p. 1-3.

Óbvio que as feições de uma Administração Pública, neste modelo, vão se adequar às feições do Estado por ele desenhado, como, regulador de expedientes burocráticos e formais, principalmente aqueles que digam respeito à morosidade de atendimento das demandas efetivamente públicas que afetam a maior parte quantitativa da população, tudo justificado por uma cultura fomentada na ineficiência do velho Estado Nacional.

Em face de tais razões, o princípio da eficiência, assim como os demais princípios ora destacados, deve estar fundado em prévios e visíveis objetivos e valores de base, que estabelecem o que vincula o Poder Público em termos de governo, Estado e Sociedade.

Ocorre que, para as últimas administrações públicas brasileiras, o governo tem buscado o menor envolvimento possível com os setores produtivos, deixando que as relações de produção os regule sob os influxos dos mercados transnacionais, a despeito dos interesses e demandas sociais mais carentes e emergentes de sua cidadania.[329]

Em manifestação pública no ano de 1998, o Governo Federal explicitou sua posição quanto a este tema, dizendo que é preciso romper, na cabeça das pessoas, com a noção de que o Estado é pai e que está aí para acolher e proteger com o zelo que se dedica a um filho.[330]

Em outras palavras, parece que para os tradicionais governistas de plantão no Brasil, a atuação do Estado deve-se dar em compartimentos estanques, supondo uma divisão do trabalho de tal forma segmentada, que bloqueia ou torna letárgica a gerência de ações que necessitam de agilidade para sanar inúmeras dificuldades presentes no cotidiano dos cidadãos usuários do patrimônio público (serviços e bens). Esta forma de pensar o político e o social, enquanto menos Estado e mais mercado, revela um dos argumentos mais fortes e vigentes para estereotipar, por exemplo, os serviços públicos estatais como caros e ineficientes, lentos e excessivamente burocratizados, justificando a privatização de muitas tarefas e responsabilidades do Estado.

No que consiste, então, este princípio de eficiência que se deseja insculpir na Administração Pública? Numa primeira análise, tal princípio tem a ver, como referimos, com um possível conceito ou definição de qualidade no serviço prestado, estabelecido pelos critérios oficiais do Governo/Mercado e se destinando, tanto ao administrador como ao administrado.

Em outras palavras, diz respeito à exigência, no sentido de que toda a atividade administrativa seja executada com agilidade e rapidez, de modo a não deixar desatendidos e prejudicados os interesses coletivos. Impõe, outrossim, que os atos administrativos sejam executados com perfeição,

[329] Como tivemos oportunidade de avaliar nos capítulos anteriores.

[330] Conforme artigo publicado pela então Ministra da Administração Federal e Reforma do Estado, sra. Cláudia Costin, no Jornal Zero Hora, edição de 24/07/98, p. 19, Porto Alegre, RS.

compreendendo a efetiva execução do que é almejado, valendo-se a Administração, para esse efeito, de técnicas e conhecimentos adequados que deverão proporcionar o melhor resultado possível, não só para o serviço público, como também para a própria coletividade.

De outro lado e aparentemente de forma paradoxal, tais argumentos levam a crer, pela forma com que são colocados e operados, que o Estado brasileiro não tem mais função de gestor fundamental do espaço público face ao seu amadorismo e despreparo diante dos requisitos do mercado, devendo deixar ao mercado o maior número de atividades possíveis, quando, na verdade, pelo que até agora ponderamos, revela-se inexorável para a sociedade brasileira que o Estado retome a sua função de garantidor das promessas e prerrogativas constitucionais vigentes, através de ações políticas e administrativas implementadoras dos direitos humanos e fundamentais, e mesmo através da criação e asseguramento de espaços públicos não governamentais de participação social neste âmbito. Na dicção de Moreira Neto, tal princípio diz respeito:

> A eficiência na destinação e na atribuição do poder, pela captação correta do consenso originário, capaz de assegurar uma nomogênese estável a nível constitucional, quando da fixação dos fins do Estado vis-à-vis aos da sociedade e da partilha de poder entre ambos.[331]

Importa lembrar, no entanto, que a eficiência, como pressuposto básico da atuação administrativa, não constitui novidade no plano legal, pois já se verifica constar, no bojo do Decreto-Lei 200/67, orientação no sentido de que toda a atividade administrativa deveria estar submetida ao controle de resultado (arts. 13 e 25, V), fortalecendo-se o sistema de mérito (art. 25, VII) e recomendando-se a demissão ou dispensa do servidor comprovadamente ineficiente ou desidioso (art. 100). Quanto à administração indireta, expressa o dispositivo legal referido que a supervisão ministerial teria como objeto assegurar, essencialmente, a eficiência administrativa (art. 26, III).

Pode-se concluir, portanto, e com fulcro no que até aqui defendemos, que ao alçar-se a eficiência no plano constitucional à condição de princípio básico da atividade administrativa, deve-se dar destaque ao desejo de maximizar-se sempre os resultados em toda e qualquer atuação da ação e do serviço públicos, impondo-se uma atuação dentro de padrões aceitáveis de presteza, perfeição e rendimento, tudo voltado, reforçamos, aos fins e interesses públicos perseguidos e já definidos – ao menos em caráter geral –, não somente pela Administração, mas, através dela, pelos objetivos, finalidades e princípios constitucionais delineados.

---

331 MOREIRA NETO, Diogo de Figueiredo. *Legitimidade e Discricionariedade.* Rio de Janeiro: Forense, 1991, p. 5.

5.4. Considerações finais

Após todas as nossas considerações, concordamos com Tarso Genro quando insiste com o fato de que o primeiro grande passo de um projeto que debata as condições e possibilidades de um novo espaço público é a luta pela hegemonia, tanto no âmbito cultural como político, que pode e deve ser abrangente, tolerante e no intento de incorporar a constelação dos novos sujeitos sociais e suas demandas, o que implica a proposição de um novo modo de vida e numa nova organização da produção e da sociedade.[332]

Para tanto, a participação do Estado enquanto gestor do desenvolvimento social é indispensável, principalmente na perspectiva de que tal tarefa institucional cada vez mais se caracteriza ou não por ser democrática em face dos procedimentos que utiliza cotidianamente para tanto.

Assim, saímos do campo da significativa subjetividade em que se encontrava, mesmo na Idade Moderna, o exercício do Poder Político, para substancializar os atos estatais com elementos axiológicos (vetores), vinculantes em termos de finalidades e objetivos a serem perseguidos, todos identificados – pela legalidade e legitimidade – no âmbito da dicção constitucional, em especial, de suas normas estruturantes: os princípios fundamentais.

Num mundo de comunicação eletrônica instantânea, em que, inclusive as regiões mais pobres do planeta estão envolvidas, independente de sua vontade, questiona-se se o Estado-Nação está se tornando uma ficção, e o governo, obsoleto? Acordando com Guiddens, entendemos que não, a despeito de que seu formato está sendo alterado.

> A globalização "afasta-se" do Estado-nação no sentido de que alguns poderes que as nações costumam possuir, inclusive aqueles que são subjacentes à administração econômica keynesiana, foram enfraquecidos. No entanto, a globalização também "empurra" – ela cria novas demandas e também novas possibilidades para a regeneração de identidades locais.[333]

Na medida em que os fenômenos de transnacionalização do capital e do poder político tendem a se fragmentar no espaço, no tempo e no território, afastando-se da órbita de controle e previsibilidade das forças sociais

[332] GENRO, Tarso. *O novo espaço público*. Jornal Folha de São Paulo, Edição de 09/06/96, Caderno Mais, p. 3. Neste texto, o autor ainda reforça sua idéia dizendo que a crise da eficácia e representatividade do Estado moderno vem sendo acobertada politicamente pelo ideário neoliberal, que traduz a submissão da política, da cultura, da educação, etc, às necessidades espontâneas de um novo salto no processo de acumulação, organicamente organizado pelo capital financeiro em escala mundial.

[333] GIDDENS, Anthony. *A terceira via*. Rio de Janeiro: Record,1999, p. 41. Sustenta o autor que o Estado-Nação não está desaparecendo, e a órbita do governo, tomada geral, se expande em vez de diminuir à medida que a globalização avança. Algumas nações, em algumas situações, têm mais poder do que costumavam ter, e não menos – como os países da Europa Oriental na esteira da queda do comunismo.

tradicionais, é verdade que alguém se beneficia com esta nova correlação de forças: o capital e quem o detém, em detrimento das comunidades que se colocam como objetos do seu evolver.

Ora, a partir desta lógica, percebe-se que alguns centros de poder se afirmam como resistência e preservação de identidades, estes muito mais locais do que transnacionais, pois é no plano dos interesses comunitários locais que se forjam novas modalidades de gestão dos interesses públicos, com redefinições importantes sobre a democracia substancial e participativa.

A Administração Pública, por sua vez, também sofre um processo de delimitação de seus significados e funções, eis que resultado dos fenômenos acima identificados, ora se portando como mera espectadora dos cenários que se instauram – por vezes se comportando como financiadora de projetos globalizantes[334] –, ora como co-autora de uma nova historicidade, baseada nos valores exaustivamente debatidos no presente trabalho.

De qualquer sorte, a experiência brasileira de administração pública não tem levado em conta que o intervencionismo estatal[335] e a participação popular estão na raiz do fenômeno da politização do social, o que significa que a demarcação da linha imaginária entre Estado e Sociedade fica cada vez mais tênue como decorrência da privatização da esfera do público e da politização do privado. Assim, a análise de políticas públicas e de gestão do espaço público não, necessariamente, se refere apenas às políticas geradas nas instituições propriamente estatais, devendo, também, levar em conta as políticas geradas nas instituições não propriamente estatais. Ou, como é mais freqüente, precisam referir-se às políticas geradas na imbricação da alavancagem propriamente estatal com alavancagem não propriamente estatal, incorporando, por exemplo, processos de interlocução comunitária cotidiana através de mecanismos e instrumentos apropriados, institucionais ou não, como Organizações Não-Governamentais, movimentos populares, Conselhos Municipais institucionalizados, etc.

---

[334] Lembrando novamente Guiddens, op. cit., p. 45, "fala-se com bastante freqüência da globalização como se ela fosse uma força da natureza, mas ela não é. Estados, corporações empresariais e outros grupos promoveram ativamente seu avanço. Grande parte da pesquisa que ajudou a criar os satélites de comunicações foi financiada por governos, como mais recentemente o foram as fases iniciais do que se tornou a Internet. Governos contribuíram para a expansão dos mercados financeiros mundiais através dos títulos que emitiram para levantar dinheiro para saldar seus compromissos domésticos. A globalização, em suma, é uma complexa variedade de processos, movidos por uma mistura de influências políticas e econômicas. Ela está mudando a vida do dia-a-dia, particularmente nos países desenvolvidos, ao mesmo tempo em que está criando novos sistemas e forças transnacionais".

[335] Aqui referido, considerando que as mudanças econômicas têm levado o Estado a inserir-se diretamente no processo de acumulação do capital, seja para conter a tendência decrescente da taxa de lucros nas economias capitalistas, seja para atender os imperativos da divisão internacional do trabalho, que requer, cada vez mais, níveis mais altos de competitividade, seja ainda para gerenciar o custo social do modelo econômico hegemônico.

A partir da existência dessa infra-estrutura funcional por parte da Sociedade e do Estado, temos uma perspectiva mais sólida de condições reais para o debate, controle, decidibilidade e executoriedade da gestão pública dos interesses sociais comunitários, substituindo-se o modelo tradicional de relações verticais de autoridade por relações horizontais da solidariedade.

6. Possíveis Dimensões Jurídico-Políticas Locais dos Direitos Civis de Participação Social no Âmbito da Gestão dos Interesses Públicos

6.1. Notas introdutórias

Pretendemos, neste capítulo, propor uma reflexão sobre as possíveis dimensões jurídico-políticas, no âmbito da entidade federativa municipal, da participação e do controle social na administração dos interesses públicos, enquanto espécie de direitos fundamentais civis. Para tanto, vamos, preliminarmente, delimitar o que entendemos por direitos civis e políticos fundamentais de participação social na constituição do mundo da vida; em seguida, pretendemos verificar quais os pressupostos e condições normativas outorgadas pela Carta Política brasileira de 1988 à efetivação daqueles direitos; por fim, buscaremos demarcar que instrumentos jurídicos e políticos estão informando algumas experiências administrativas locais envolvendo os direitos sob comento, notadamente e partir de alguns modelos vigentes na cidade de Porto Alegre, Rio Grande do Sul, Brasil.

6.2. Direitos civis e políticos fundamentais: um redesenho necessário

Numa perspectiva histórica, podemos afirmar que o tema dos Direitos Civis e Políticos, além de novo no cenário jurídico, sempre esteve umbilicalmente jungido a um outro tema maior que é o dos Direitos Humanos em sua acepção internacional, haja vista os termos de alguns documentos de meados do século XX, como a Carta Atlântica, firmada por Roosevelt e Churchill em 14/08/1941, e a Declaração das Nações Unidas, firmada em 01/01/1942. A despeito da importância destas iniciativas, também é possível asseverar que o marco histórico mais incisivo deles restou consubstanciado pela Declaração Universal, de 10 de dezembro de 1948,[336] que, após a 2ª Guerra, vem consagrar um consenso sobre valores jurídicos e políticos de alcance global.

Esta Declaração[337] estabeleceu uma mediação do discurso liberal da cidadania, até então vigente de forma hegemônica em face das economias de mercados já transnacionais, com o discurso social que toma corpo e vulto, igualmente em face das conseqüências perversas de exclusão fomentadas pelo mesmo modelo de mercado e economia, trabalhando tanto direitos civis e políticos, como direitos sociais, econômicos e culturais, contribuindo à demarcação conceitual e operacional contemporânea dos direitos humanos,[338] deduzindo ser o valor da liberdade conjugado ao valor da igualdade, consoante faz parecer a Resolução nº 32/130, da Assembléia Geral das Nações Unidas, quando afirma que todos os direitos humanos, qualquer que seja o tipo a que pertencem, se inter-relacionam, necessariamente, entre si, e são indivisíveis e interdependentes.

Vários preceitos da Declaração Universal são, com o passar do tempo, incorporados a Tratados Internacionais que possuem, em razão de sua natureza, força jurídica vinculante, como o Pacto Internacional de Direitos Civis e Políticos e o Pacto Internacional de Direitos Sociais, Econômicos e Culturais, ambos de 1966, os quais compõem, juntamente com a Declaração Universal, a chamada Carta Internacional dos Direitos Humanos.

Nas mais modernas tendências do Direito Internacional,[339] os tratados internacionais de tutela dos direitos humanos buscam, precipuamente, garantir o exercício de direitos e liberdades fundamentais, motivo por que, não apenas o Estado, mas também os indivíduos, passam a ser sujeitos de direitos internacionais, consolidando-se a capacidade processual internacional destes.

As declarações internacionais após 1948, assim, foram elaboradas, também, com o objetivo de atender ao processo de proliferação de direitos, que sempre envolve, dentre outras coisas, o aumento dos bens merecedores de proteção e a ampliação dos direitos políticos, civis, sociais, econômicos, culturais, entre outros, bem como a extensão da titularidade de direitos com

336 É importante que se registre aqui o surgimento, em abril de 1948, aprovada em Bogotá, da Declaração Americana dos Direitos e Deveres do Homem. Neste sentido, ver a obra de VERDOODT, Antoain. *Naissance et signification de la Declaration universelle des droits de l'homme*. Paris: Louvain. 1973, p. 39 e seguintes.

337 Amadurecida desde Dumbarton Daks (outubro de 1944), quando se decidiu criar um organismo internacional que substituísse a Liga das Nações.

338 A unidade referida diz respeito ao fato de que uma geração de direitos não substitui a outra, mas com ela interage. Neste sentido, o livro de ESPIELL, Hector Gross. *Estudios sobre Derechos Humanos*. Madrid: Civitas, 1988, p. 92.

339 Podem-se citar aqui as ponderações de MELLO, D. Albuquerque. *Curso de Direito Internacional*. São Paulo: Saraiva. 1990, p. 117.

o alargamento do conceito de sujeito de direito, alcançando as entidades de classe, as organizações sindicais, etc.

A partir de uma perspectiva doutrinária, desde T. S. Marshall,[340] os três elementos articuladores da cidadania moderna seriam os direitos civis, os direitos políticos e os direitos sociais. Isto porque eles alcançariam os espaços de atuação mais corriqueiros e fundamentais da cidadania moderna e contemporânea, a partir dos quais há a proliferação de tantos outros direitos, quanto as complexas relações sociais vão construindo.

Mais recentemente, no plano normativo internacional, vamos ter a Resolução nº 2.200, das Nações Unidas, de 03 de janeiro de 1976, nominada de Pacto Internacional de Direitos Econômicos, Sociais e Culturais, sendo que no final do ano de 1982, setenta e cinco (75) Estados a ratificaram. Este Pacto, composto de um preâmbulo e trinta e um (31) artigos, comparte, com o Pacto Internacional de Direitos Civis e Políticos, normas similares.

Interessante verificar que o terceiro parágrafo do preâmbulo deste texto se baseou na interpretação da Declaração Universal, formulada pela Assembléia Geral em 1950 e 1951, oportunidade em que se estabeleceu que o gozo das liberdades cívicas e políticas e dos direitos econômicos, sociais e culturais, estavam vinculadas entre si e se condicionavam mutuamente.

> El hombre privado de los derechos económicos, sociales y culturales no representa esa persona humana que la Declaración Universal considera como el ideal del hombre libre.[341]

Ainda no Pacto dos Direitos Econômicos, Sociais e Culturais, reconheceu-se: o direito ao trabalho; o direito ao gozo de condições de trabalho eqüitativas e satisfatórias; o direito a fundar sindicatos e filiar-se neles; o direito à seguridade social; o direito da família, das mães, das crianças e adolescentes à mais ampla proteção e assistência.

Já nos termos da Resolução nº 2.200-A, em 23 de março de 1976, a Assembléia Geral das Nações Unidas colocou em vigor o Pacto Internacional de Direitos Civis e Políticos, constituindo-se de um preâmbulo e 53 artigos, sendo que no final de 1982, setenta e dois (72) Estados o ratificaram.

Os direitos civis e políticos estabelecidos pela ONU, neste documento, foram: direito à igualdade de trato ante os tribunais e demais órgãos de administração da justiça; direito à segurança da pessoa e à proteção pelo Estado contra toda a violência ou dano físico, tanto infligidos por funcionários do governo como por indivíduos, grupos ou instituições; direitos políticos, em especial o de participar de eleições, a votar e ser candidato,

---

[340] MARSHALL, T. S. *Americans no more: the death of citizenship.* Boston: Harvard University Press, 2002, p. 195.

[341] TRAVESSO, Juan Antonio. *Historia de los derechos humanos y garantías.* Buenos Aires: Heliasta, 1993, p. 238.

com base no sufrágio universal e igual, a tomar parte no governo, assim como na condução dos assuntos públicos em todo os níveis e, à igualdade de acesso à Administração Pública; o direito de liberdade de trânsito e de residência dentro das fronteiras do Estado, direito a sair de qualquer país, inclusive do próprio, e voltar ao próprio país; direito à nacionalidade; direito ao matrimônio e à escolha do cônjuge; direito à propriedade individual ou em associação; direito à liberdade de pensamento, consciência e religião; direito à liberdade de opinião e expressão; direito à liberdade de reunião e associação pacífica.[342]

Tais previsões normativas internacionais, entretanto, não se projetaram direta e incisivamente sobre os Estados Nacionais (em fase já de internacionalização), e isto, por razões múltiplas e complexas, tema que não podemos exaurir nos limites deste trabalho. Isto pode ser aferido tanto pela lentidão do processo de recepção dos tratados nos países signatários, como pelo desconhecimento e pela falta de eficácia deles na ordem jurídica cotidiana. Em face disto, as próprias previsões normativas atinentes aos direitos civis, políticos, sociais, econômicos e culturais, se ressentem de garantias e procedimentos reais de efetivação, deixando de ter conseqüências e significados na vida diária das pessoas.

Para o estudo que se pretende, a relação entre Estado e Sociedade Civil em termos de gestão de interesses públicos, em nada se alterou, ao longo dos últimos tempos, com a edição daquelas regras internacionais ratificadas pelos países signatários, mais especificamente as atinentes aos direitos civis e políticos de *tomar parte no governo, assim como na condução dos assuntos públicos em todo os níveis, e à igualdade de acesso à Administração Pública.*

Ocorre que a concepção hegemônica, daqueles direitos civis e políticos os tem restringido a uma dimensão meramente institucionalista e minimalista, haja vista que se contenta com espaços minúsculos de ação social, sem maior reflexividade e mobilização política das comunidades, adotando, por exemplo, o voto, como o grande, e quiçá único, instrumento e momento de participação no governo e nos interesses públicos.[343]

Diante deste cenário, adverte David Held que,

> uma vez que o entrelaçamento do Estado e da sociedade civil deixa poucas, ou nenhuma, das esferas da vida privada intocadas pela política, a questão da forma correta de regulamentação democrática apresenta-se vivamente. Qual forma o controle democrático deveria assumir e qual deveria ser a esfera do processo democrático de tomada de decisões: estas se tornam questões urgentes.[344]

---

[342] Neste sentido, o texto de ALEINIKOFF, Alexander. *Semblances of sovereignty.* Boston: Harvard University Press, 2001.

[343] Conforme bem lembra PAUPÉRIO, Arthur Machado. *Teoria Democrática do poder.* Rio de Janeiro: Pallas, 1976, p. 81.

[344] HELD, David. *Modelos de Democracia.* Belo Horizonte: Paidéia. 1995, p. 231.

Estamos querendo dizer, com Poulantzas, que acatar os princípios informados pelos direitos civis e políticos implica reconhecer, a uma, que o Estado deve ser radicalmente democratizado, tornando o parlamento, as burocracias estatais e os partidos político, mais abertos e responsáveis pelas bases fundacionais que os justificam; a duas, que novas formas de lutas, em nível local (sindicatos, movimentos sociais, grupos ecológicos), sejam fomentadas e reconhecidas como legítimos interlocutores da cidadania, assegurando que a sociedade, tanto quanto o Estado, seja democratizada, ou seja, sujeita a procedimentos que assegurem a responsabilidade compartilhada.[345]

Na dicção de Macpherson, buscando subsídios em J. S. Mill e indo além dele, só tem sentido pensarmos os direitos civis de participação política da cidadania nos rumos de sua própria história, a partir de condições objetivas e subjetivas de interação e interlocução com o Estado Administrador e suas instâncias burocráticas.[346]

Estas reflexões se fundam na crença de que, se as pessoas sabem que existem oportunidades para participação efetiva no processo de tomada de decisões, elas, provavelmente, acreditarão que a participação vale a pena, participando ativamente e considerando que as decisões coletivas devem ser obedecidas, tudo dependendo, é claro, de condições objetivas e subjetivas viabilizadoras da participação.

Na verdade, podemos chegar à conclusão histórica de que, enquanto os direitos civis e políticos à autodeterminação foram aplicados somente na esfera do governo, a democracia esteve restrita ao voto periódico ocasional, contando pouco na determinação da qualidade de vida das pessoas. Para que a autodeterminação possa ser conquistada, aqueles direitos humanos e fundamentais precisam ser estendidos do Estado a outras instituições centrais da sociedade, pois a estrutura do contemporâneo mundo corporativo internacional torna essencial que as prerrogativas civis e políticas dos cidadãos sejam ampliadas permanentemente por um conjunto similar e variado de deveres, centrados na idéia de responsabilidade coletiva que marca a gestão dos interesses comunitários. Por tais razões, é certo sustentarmos a tese de que, ao lado destes direitos, há deveres igualmente importantes a serem observados, tais como: (a) o da solidariedade; (b) o da tolerância; (c) o do envolvimento orgânico e efetivo da cidadania nos as-

[345] POULANTZAS. Niklos. *La Crise de l'Etat.* Paris: Presses Universitaires de France, 1978. O autor, aqui, faz uma severa crítica contra a ampliação dos podêres do Estado, tanto da social-democracia como do socialismo real, realizando uma criativa construção de um socialismo alternativo, democrático e autogestionário.

[346] MACPHERSON, C.B. *La Democracia Liberal y su época.* Madrid: Alianza Editorial S.A., 1977, p. 38. Ver também do mesmo autor: (a) *Ascensão e queda da justiça econômica.* São Paulo: Paz e Terra, 1991; (b) *A Teoria Política do Individualismo Possessivo.* Rio de Janeiro: Paz e Terra, 1979.

suntos públicos; (d) o do controle da administração pública, dentre outros.[347]

Em outros termos, não basta que se garantam as liberdades civis e políticas tradicionais dos umbrais da Idade Moderna, pois os indivíduos, na contemporaneidade, devem ter a possibilidade material de imprimir a estas, a autonomia cognitiva que exige uma efetiva inserção e participação societal, fundada em uma interlocução não coatada pelos discursos e práticas totalitárias das elites dominantes (com suas linguagens tecnoburocráticas e enclausuradas em si próprias), assim, oportunizando que o sistema social possa ser gerido compartilhadamente. Esta possibilidade de interlocução deve contar, por sua vez, com mecanismos e espaços oficiais de diálogos, deliberações e execuções de políticas públicas voltadas para tal desiderato.[348]

Numa sociedade complexa como é a internacional e a brasileira, circunstâncias como a pobreza extrema, as enfermidades, a falta de habitação e alimentação, o analfabetismo, a inexistência de informação e educação, na maior parte das vezes, inviabilizam as condições e possibilidades de efetividade da participação, motivos pelos quais, mais do que nunca, impõe-se repensarmos formas alternativas de viabilização da participação conjunturalmente situada (isto é, levando em conta as particularidades dos sujeitos da fala e suas desigualdades materiais e subjetivas), única maneira de se dar concretude às previsões jusfundamentais anteriormente referidas.[349]

Isto é tão verdadeiro, que até o sistema jurídico brasileiro acabou por aceitar a fragilidade das relações sociais nacionais que forjam atos, fatos e negócios jurídicos, a ponto de reconhecer, normativamente, a hipossuficência do consumidor em face de um mercado e fornecedores organizados aptos a transitarem pelos meandros do poder econômico.[350]

---

347 Neste sentido, ver o trabalho de NINO, Carlos Santiago. *Ética y Derechos Humanos.* Buenos Aires: Astrea, 1989.

348 Ver o trabalho de PLANT, Raymond. *Cidadania e Mudança Política.* In Reinventando a Esquerda. São Paulo: UNESP, 1997.

349 Por certo que não descuramos das inter-relações diretas que a ordem internacional hoje mantém com a nacional, notadamente num tempo em que as instituições democráticas se vêem ameaçadas por contingências radicais como a do terrorismo, gerando uma reação perigosa às conquistas políticas e de liberdades da modernidade. Vale aqui a advertência de Richard Rorty: "o maior impacto que alcançarão com suas máquinas infernais e seus horrendos atentados não serão o sofrimento e a morte. O maior impacto será o das medidas que os governos ocidentais tomarão para reagir ao terrorismo. Essas reações poderiam significar o fim de algumas instituições que foram criadas nos 200 anos posteriores às revoluções burguesas na Europa e na América do Norte. A suspeita amplamente compartilhada de que a guerra contra o terrorismo é potencialmente mais perigosa do que o terrorismo em si me parece totalmente justificada. Porque, se as conseqüências diretas do terrorismo fossem a única coisa que devêssemos temer, não haveria motivo para supor que as democracias ocidentais não seriam capazes de sobreviver a explosões de bombas nucleares em suas metrópoles. Afinal, as catástrofes naturais que causam à humanidade morte e destruição de magnitude comparável tampouco representam risco para as instituições democráticas". In Folha de São Paulo, Caderno Mais, edição de 04/04/2004, p. 3.

350 Estamos falando do Código de Defesa do Consumidor no Brasil, Lei Federal nº 8.078, de 11/09/1990, que reconhece a vulnerabilidade do consumidor no mercado de consumo (art. 4º, I).

A experiência brasileira, neste particular, infelizmente, é caótica, eis que vem marcada sua Administração Pública, historicamente, pelo insulamento em circuitos de poderes institucionais (Executivo, Legislativo e Judiciário), como únicos espaços legítimos de deliberação e execução do interesse público, afastando-se, radicalmente, a sociedade deste mister, redundando na falência do modelo endógeno de representação política tradicional dominante.[351] Ao lado disto, hodiernamente, temos presenciado o aumento quantitativo e qualitativo das demandas sociais, cada vez mais multifacetadas, envolvendo grupos e interesses, os mais diversos (não necessariamente opostos), em nome do pluralismo de idéias, crenças e modos de vida não mais atendidos ou gestados por aquelas formas tradicionais e frágeis de comportamentos estatais e institucionais, com os quais o Estado vinha agindo (ou deixando de agir).[352]

De uma certa forma, a partir da Constituição de 1988, tivemos no país uma renovação de esperanças e inovações principiológicas e regratórias na concepção de Sociedade Civil, da Democracia e do Estado, temas absolutamente relevantes no desenho do perfil de Administração Pública que vai se formatar, e mesmo, da ampliação significativa dos direitos fundamentais de participação política consectários. Daí, questões que passamos a abordar.

6.3. Perspectivas constitucionais dos direitos fundamentais de participação social no Brasil

Como já referimos nos capítulos anteriores, a premissa neoliberal que marca grande parte dos debates sobre qual o Estado é necessário em uma sociedade transnacionalizada e regida por mercados globais, insistiu por longo tempo na tese do Estado Mínimo, ao qual caberia apenas garantir os direitos de propriedade, deixando ao mercado a total coordenação da economia. Além de ficcional, esta matriz estatal mostrou ser totalmente ilegítima em face do alto grau de complexidade e tensionalidade que atinge as relações sociais contemporâneas, não se podendo aceitar um Estado que apenas acrescente, às suas funções, as de prover a educação, dar atenção à saúde e às políticas sociais compensatórias.

Ao contrário da promessa do mercado livre, o que se tem visto é que o Estado tem sido chamado, cada vez mais, a participar do processo de

---

[351] Este modelo passa, inexoravelmente, por uma crise de representatividade, legitimidade e eficácia, haja vista ter perdido sua vocação e identidade nacionais, atendendo muito mais interesses corporativos e internacionais do que os da comunidade que o constituiu.

[352] Ver o texto de MARTINS, Lúcio. *Reforma da administração pública e cultura política no Brasil: uma visão geral.* Brasília: Enap, 1997.

regulação e gestão dos conflitos inexoráveis de interesses existentes. O que varia é a forma como se dá esta participação: alguns Estados (como o brasileiro), pautando suas iniciativas por ações paternalistas e assistencialistas, concentradoras de poder; outros (como algumas experiências municipais no país, que veremos mais abaixo), procurando ampliar, para o espaço público comunitário, oportunidades de discussão, deliberação e execução de políticas públicas de gestão.

Nesta perspectiva, o papel estratégico que as políticas públicas desempenham no capitalismo contemporâneo é tão importante que se torna irrealista propor que sejam substituídas pela coordenação do mercado, nos termos sugeridos pelo pensamento neoliberal, haja vista, tanto o alcance que possuem em face das demandas emergentes, como a amplitude do campo de visibilidade que propiciam à opinião pública, afetas, que ficam, à sindicabilidade institucional e política.[353]

Por tais razões, a reforma do Estado Constitucional provocada pelo governo Fernando Henrique Cardoso (no Brasil), tem como base epistemológica e teórica a experiência da nominada Administração Gerencial, emergida na segunda metade do século XX, como resposta à fragilização do Estado Tecno-burocrático, como modo de enfrentar a crise fiscal, como estratégia para reduzir o custo e tornar mais eficiente a administração de imensos serviços outorgados ao Estado e como um instrumento de proteção do patrimônio público contra os interesses do *rent-seeking* ou da corrupção aberta.

O *rent-seeking* é quase sempre um modo mais sutil e sofisticado de privatizar o Estado e exige que se usem novas contra-estratégias. A administração gerencial; a descentralização; a delegação de autoridade e de responsabilidade ao gestor público; o rígido controle sobre o desempenho, aferido mediante indicadores acordados e definidos por contrato, além de serem modos muito mais eficientes de gerir o Estado, são recursos muito mais efetivos na luta contra as novas modalidades de privatização do Estado.[354]

---

[353] Como quer SÁNCHES, Ramiro. *Demandas de calidad de la Administración Pública: un derecho de la ciudadania.* Madrid: Dykinson, 2004, p. 106 e ss.

[354] PEREIRA, Luiz Carlos Bresser; SPINK, Peter Kevin.*Reforma. do Estado e Administração Pública Gerencial.* 3.ed. Rio de Janeiro: Editora FGV,1999, p. 29. Esclarecem os autores que o enfoque gerencial da administração pública emergiu com vigor na Grã-Bretanha e nos EUA depois que governos conservadores assumiram o poder em 1979 (governo Thatcher) e em 1980 (governo Reagan), o que levou alguns analistas a verem, nesse enfoque, uma visão intrinsecamente conservadora. Na Grã-Bretanha o gerencialismo foi aplicado ao serviço público imediatamente após a posse do novo governo, e levou a uma reforma administrativa profunda. Uma série de programas – o das Unidades de Eficiência, com relatórios de pesquisa e avaliação; o Próximo Passo, com as agências autônomas; e o Direito do Cidadão – contribuiu para tornar o serviço público na Grã-Bretanha mais flexível, descentralizado, eficiente e orientado para o cidadão. O serviço público britânico tradicional passou por profunda transformação, perdeu os traços burocráticos e adquiriu características gerenciais. Isso ocorreu na Grã-Bretanha, no Canadá, na Austrália, na Nova Zelândia, no Japão e nos EUA. E ocorre atualmente na América Latina, incluindo o Brasil. Op. cit., p. 30.

Ocorre que, salvo melhor juízo, esta perspectiva de Administração Gerencial se afigura muito mais como uma técnica administrativa do que uma política de gestão, eis que este *managerialism* é visto como um conjunto de idéias e crenças que tomam como valores máximos a própria gerência, o objetivo de aumento constante da produtividade e a orientação para o consumidor.[355]

Todavia, pelo que estamos sustentando, não é esta a orientação que se pode dessumir do texto constitucional vigente, alçando o cidadão a mero consumidor de serviços e ações públicas estatais voltadas para o atendimento de necessidades individuais no contexto coletivo. A dicção da Carta Política opera com outra lógica, que é a de uma cidadania orgânica e não letárgica, uma cidadania que, antes de consumidora de serviços prontos e acabados, constitui a condição e possibilidade do espaço público, e, por isto, apresenta-se como co-responsável (solidariamente) pela definição de que Estados, serviços e políticas públicas são necessários, visando ao atendimento, não de interesses moleculares e subjetivos dos atores societais, mas daquilo que interessa à maior parte quantitativa dos que são ou não alcançados por tais comportamentos.

Aqui temos, ao menos, duas metodologias de procedimentos que podem ser adotadas visando à concretização daquelas pautas normativas constitucionais (e infraconstitucionais), a saber: a descentralização da gestão propriamente dita e a delegação do poder de gestão.

Para Keeler, a delegação de poder e a descentralização estão intimamente ligadas, tanto na teoria quanto na prática. Porém, são bem diferentes, uma vez que a delegação de poder diz respeito a quem cabe a responsabilidade pelas decisões, enquanto a descentralização diz respeito a quem as executa. Pode haver delegação de poder sem descentralização de funções.[356]

O argumento para adotar a delegação e a descentralização de poder é claro: a autoridade estatal, para tomar decisões administrativas, tradicionalmente, esteve concentrada nos níveis mais altos da administração. A função da descentralização e da delegação de poder deve potencializar as práticas administrativas para uma abertura de participação em todos os seus níveis. Se o objetivo é deixar (ou fazer) os administradores administrar, eles devem ter autoridade para fazê-lo. Em outras palavras, a partir do cânone da delegação, os administradores de nível mais baixo passam a ter maior autonomia para decidir, mas, ao mesmo tempo, passam a ter de prestar contas (mediante as avaliações de desempenho) pelo exercício desta autoridade. Em relação à desconcentração da gestão, outras ambiências preci-

[355] Como bem observa GRAU, Nuria Cunill. *Repensando lo público a través de la sociedad: nuevas formas de gestión pública y representación social.* Caracas: Nueva Sociedad, 1997, p. 39.

[356] KEELER, John Thomas. *Opening the window for reform: mandates, crises, and extraordinary decision-making.* In Review of Compararive Politicial Studies, vol. 25, p. 433-86. Pricepton, 1999.

sam ser criadas no sentido de trazer à administração dos interesses coletivos, o maior número de interessados e atingidos por ela.

Assim, se de um lado contamos com previsões normativas que dão ensejo às teses aqui levantadas da participação popular na gestão pública do cotidiano, de outro lado, também contamos com as mesmas previsões demarcando possibilidades materiais de instrumentos e mecanismos para tal participação.

Esta participação, na perspectiva habermasiana que adotamos, além da razão instrumental própria do sistema jurídico e institucional que informa o mundo da vida cotidiana da cidadania brasileira, precisa ser marcada por um outro tipo de racionalidade, notadamente comunicativa, fundada numa linguagem integradora das experiências sociais que delimitam a história da comunidade nacional e que se expressa, teleologicamente, na busca do consenso entre os indivíduos, por intermédio do diálogo, a partir de pactos semânticos e pragmáticos mínimos, também fruto da capacidade/necessidade de comunicação que se apresenta. Esta razão comunicativa se encontra na esfera pública do mundo da vida referido, constituída pelos elementos da cultura, sociedade e personalidade dos seus interlocutores.[357]

Estamos, a partir destas premissas, trabalhando com um conceito distinto de sociedade, agora democrática e de direito, enquanto esfera simultaneamente pública e política, na qual a explicação da ação social se articularia com o movimento político de defesa da sociedade contra a penetração dos subsistemas – artificiais – nas formas comunicativas de ação.[358]

Veja-se que o conflito entre Estado e mercado anteriormente destacado, de um lado, e estruturas interativas do mundo da vida, de outro, impulsionam este último a se organizar em movimentos sociais fundadores da democracia que, para nós, é a institucionalização, no sistema político, das sociedades modernas, dos princípios normativos da racionalidade comunicativa. A esfera pública é o local de disputa entre os princípios divergentes de organização da sociabilidade.[359]

---

357 Enquanto a razão instrumental predomina no "sistema", isto é, nas esferas da economia e da política (Estado), que, no processo de modernização capitalista, acabaram dominando e "colonizando" o mundo da vida. Neste sentido, ver o texto de HABERMAS, Jürgen. *Teoria de la Acción Comunicativa.* Vol. I. Madrid: Centro de Estudios Jurídicos, 2000, 201.

358 É importante assinalar que tanto o sistema quanto o mundo da vida são atravessados pelas dimensões do público e do privado. No sistema, o público é o Estado, e o privado é a economia. No mundo da vida, o público é a participação política dos cidadãos, e o privado é a família.

359 Na teoria habermasiana, o conceito de esfera pública tem posição central na formação da vontade coletiva. É o espaço do debate público, do embate dos diversos atores da sociedade civil. Trata-se de espaço público autônomo com dupla dimensão: de um lado, desenvolve processos de formação democrática da opinião pública e da vontade política coletiva; de outro, vincula-se a um projeto de práxis democrática e legitimadora do poder político, onde os cidadãos são capazes de exercer seus direitos subjetivos públicos. Ver op. cit., p. 219.

Assim é que a Democracia, aqui, deixa de ser abordada como fenômeno relacionado exclusivamente com as instituições políticas e passa para o terreno das formas de ação social que lhe garantiriam tal condição ao longo de um processo de modernização societária.[360] Em outras palavras, a idéia de democracia e de sociedade e administração pública democráticas – insertas no texto constitucional de 1988 – implica necessariamente uma noção processual de democratização que deixa de ser passageira e funcional para tornar-se forma permanente e processo de ajuste entre legalidade e legitimidade, entre moral e lei. A adoção de uma concepção societária de democratização, pois, leva em consideração processos de limitação do Estado e do mercado identificados com o surgimento da cidadania e permite conectar a democracia, enquanto prática societária, com o horizonte político dos atores partícipes do processo de democratização.[361]

A idéia de Estado Democrático de Direito, como referimos antes, está associada, necessariamente, à existência de uma Sociedade Democrática de Direito, o que de uma certa forma resgata a tese de que o conteúdo do conceito de democracia aqui se assenta na soberania popular (poder emanado do povo) e na participação popular, tanto na sua forma direta como indireta, configurando o que podemos chamar de princípio participativo, ou, em outras palavras: *democratizar a democracia através da participação significa em termos gerais, intensificar a optimização das participações dos homens no processo de decisão.*[362]

Para tanto, a desificação da democracia à sociedade brasileira implica, salvo melhor juízo, não só oportunidades materiais de acesso da população à gestão pública da comunidade, mas, fundamentalmente, fórmulas e práticas de sensibilização e mobilização dos indivíduos e das corporações à participação, através de rotinas e procedimentos didáticos que levem em conta as diferenças e especificidades de cada qual.

Mas, de quem é a responsabilidade neural à implementação, no mínimo das condições objetivas e subjetivas, destas medidas todas que estamos referindo? Se tal responsabilidade não pode se encontrar, exclusivamente, nas mãos de um único sujeito social porque está dispersa sobre todas as representações (individuais e coletivas) existentes, tenho que é, ainda o Estado – enquanto espaço legítimo de debate público igualitário sobre o que se quer da e na sociedade –, o *locus* privilegiado de impulsão à constituição de uma Sociedade Democrática de Direito, haja vista, tanto os veto-

[360] Como quer THOMAS, Anderson. *Democracy and Polity Development: some examples relating to environmental policies.* In Journal of Commonwealth and Comparative Politics, vol. 34, nº 3, p. 38-67, March. New York: Paulsen, 2003.

[361] Ver o excelente trabalho de VIEIRA, Liszt. *Cidadania e Controle Social.* Rio de Janeiro: Editora Fundação Getúlio Vargas, 1999, p. 230 e seguintes.

[362] SOARES, Fabiana de Menezes. *Participação Popular no Estado: fundamentos da democracia participativa..* In: Direito administrativo de Participação. Belo Horizonte: Del Rey, 1997, p. 34.

res axiológicos desta sociedade que já estão postos em termos constitucionais (com os direitos humanos e fundamentais explícitos e implícitos vigentes hoje no Texto Político brasileiro), como os compromissos emancipatórios republicanos desenhados pelos princípios do mesmo Diploma Legal.

Ocorre que, histórica e notadamente no Brasil da metade da década de 1960 até a abertura democrática, a noção e prática das políticas públicas no contexto das prioridades governamentais caracterizou-se pela implementação de um novo paradigma, o da eficiência, no qual os interesses econômicos prevaleceram sobre os interesses sociais, fundamentalmente porque assentado sobre conceitos e perspectivas induzidas pelo mercado. Como reflexo disto, as políticas governamentais nas áreas de bem-estar coletivo – saúde pública, saneamento, educação, habitação e nutrição – tiveram pequeno destaque na agenda governamental, haja vista, exemplificativamente, a política habitacional e previdenciária decorrente do período.[363]

Deste modo, não se alterou significativamente o perfil de desigualdade social dominante, o que, somado à compressão salarial e ao desemprego, resultou num crescente agravamento das condições gerais da população. Assim, tradicionalmente, a formulação de políticas nunca foi o resultado de um processo de negociação e compromisso com diferentes setores sociais e forças políticas, passando sequer a existir ou dependendo, principalmente, do que se convencionou chamar de *ação tecnoburocrática*, através da ênfase aos programas de racionalização e organização do setor público.[364]

Decorre daí o que Tarso Genro chama de crise do Estado:

> A crise do Estado, porém, não está assentada somente na sua fragilidade para dar respostas materiais às demandas de parcelas importantes de sociedade. Está assentada, também, no aprofundamento da sua intransparência e impermeabilidade para lidar com uma realidade social que se estilhaça e produz incessantemente novos conflitos e novos movimentos, os quais se constróem em torno de novas identidades e buscam criar alternativas para contrapor-se ao brutal isolamento dos indivíduos. A fluidez e a dinâmica do tecido social exigem uma permanente confirmação da legitimidade do poder.[365]

---

[363] Ver a crítica contundente que faz, a este respeito, SACHS. Ignacy. *O Estado e os parceiros sociais: negociando um pacto de desenvolvimento.* In PEREIRA, Luis Carlos Bresser & WILHEIM, Jorge. Sociedade e Estado em Transformação. São Paulo: UNESP, 1999, p. 197/217.

[364] Neste sentido, ver o excelente texto de JACOB, Pedro. *Movimentos Sociais e Políticas Públicas.* São Paulo: Cortez, 1993, p. 09 e seguintes. Na mesma direção, o texto de SOLA, Lourdes. *Reformas do Estado para qual democracia? O lugar da política.* In PEREIRA, Luis Carlos Bresser & WILHEIM, Jorge. Sociedade e Estado em Transformação. São Paulo: UNESP, 1999, p. 23/65.

[365] GENRO, Tarso. *Orçamento participativo e o Estado.* In: Orçamento participativo: experiência de Porto Alegre. Tarso Genro (Org.) Porto Alegre: Fundação Perseu Abramo, 1997, p. 23.

Lembra Jacob que, com a crescente perda da legitimidade do regime autoritário, emergem, com maior nitidez, múltiplas tensões no aparelho estatal que busca mecanismos de articulação e intervenção a partir de pressupostos pautados pela construção de uma nova institucionalidade política que recoloca as relações entre Estado e demandas sociais.[366]

Correlata a estas definições, o reconhecimento de alguns fatos se impõem, tais como: (1) que o Estado não detém, de forma exclusiva, a produção da ordem social, já que os cânones normativos oficiais não são mais suficientes para dar conta da complexidade e tensionalidade das relações comunitárias que se forjam (independentemente da vontade e regulação deste Estado);[367] (2) novas experiências, modelos e estruturas de mobilidade política, e mesmo de organização social, vão surgindo no cotidiano do mundo da vida, não necessariamente contrários aos espaços institucionalizados de representação política vigentes, mas com diferente lógica e organicidade de interlocução e participação; (3) estes cenários indicam pontos de estrangulamento, e mesmo esvaziamento, dos mecanismos de representação política tradicionais, gerando algumas dificuldades de sustentação, de legitimidade e eficácia operacional em face das demandas que lhes entornam;[368] (4) todas estas situações levam a uma salutar revisão categorial e pragmática das estruturas de poder vigentes e do próprio conceito de Estado, no sentido de ampliá-las à dimensão máxima da soberania popular que as fundam.

Certas tendências contemporâneas,[369] desta forma, apontam o surgimento de um modelo de Estado caracterizado pelo distanciamento de algumas funções tradicionais que vinha exercendo, assumindo outras novas, o

---

366 Op. cit., p. 10.

367 Como bem refere TELLES, Vera da Silva. *Sociedade civil e espaços públicos: os caminhos (incertos) da cidadania no Brasil atual.* Belo Horizonte: Ed. UFMG, 1999, p. 144: "em um contexto no qual as organizações estatais não dão conta das exigências cidadãs e no qual referências identitárias tradicionais são erodidas pela emergência de diferenças sociais, culturais e simbólicas que escapam aos mecanismos tradicionais de representação, a questão que está a desafiar a imaginação política é o difícil problema de tornar comensurável a heterogeneidade inscrita na vida social".

368 Para Guillermo ODonnell, em seu texto *Democracia Delegativa?* In Novos Estudos Ceprab. São Paulo, out.1991 (ver também o texto *Sobre o Estado, a democratização e alguns problemas conceituais.* In Novos Estudos Ceprab. São Paulo (36): 123-45, jul.1993), os modelos clássicos de gestão pública no Ocidente Moderno se dão através de uma democracia delegativa que não tem dado muito certo – notadamente no Brasil – , pois supõe um precário funcionamento das instituições políticas, o que faz com que a figura do chefe do Executivo, presidente eleito ou chefe do movimento, assuma um caráter ainda mais central no processo político, pois ele recebe ou avoca delegação para governar acima dos partidos e demais instituições democráticas.

369 Conforme o texto de PIMENTA, Carlos César. "A reforma gerencial do Estado Brasileiro no contexto das grandes tendências mundiais". In *Revista de Administração Pública*, FGV, vol. 32(5):173-99, 1998, Rio de Janeiro, p. 174 e seguintes. O autor, aqui, trabalha com a lógica de que o mercado, sozinho, não garante prosperidade econômica e justiça social; o estatismo exagerado também privilegia o corporativismo e a ineficiência, assim como a sociedade civil organizada não pode dar unidade suficiente a uma nação para enfrentar os desafios da globalização e do avanço do capitalismo em nível mundial.

que o está levando a um novo papel, em que o setor público passa de produtor direto de bens e serviços para indutor e regulador do desenvolvimento, através da ação institucional ágil, de forma inovadora e democrática, compartilhando responsabilidades com o tecido social e tendo como preocupações nodais: a regulação, a representatividade política, a justiça e a solidariedade.

Tais características, por outro lado, implicam o reconhecimento da necessidade, também, de uma nova relação Sociedade Civil e Estado, fundada no reconhecimento efetivo dos direitos civis fundamentais de participação política da cidadania e a criação de mecanismos e instrumentos viabilizadores desta participação, bem como o fato de que este Estado perdeu a detenção da centralidade do poder político porque participa de um novo pacto social. No dizer de Boaventura de Sousa Santos:

> A construção de um novo contrato social, trata-se de um contrato bastante diferente do da modernidade. É antes de mais nada um contrato muito mais inclusivo porque deve abranger não apenas o homem e os grupos sociais, mas também a natureza. Em segundo lugar, é mais conflitual porque a inclusão se dá tanto por critérios de igualdade como por critérios de diferença. Em terceiro lugar, sendo certo que o objetivo último do contrato é reconstruir o espaço-tempo da deliberação democrática, este, ao contrário do que sucedeu no contrato social moderno, não pode confinar-se ao espaço-tempo nacional estatal e deve incluir ingualmente os espaços-tempos local, regional e global. Por último, o novo contrato não está assente em distinções rígidas entre Estado e sociedade civil, entre economia, política e cultura, entre o público e privado. A deliberação democrática, enquanto exigência cosmopolita, não tem sede própria, nem uma materialidade institucional específica.[370]

Ainda, na dicção do autor, com o que concordamos plenamente, esta nova forma de um possível Estado democrático deve estar assentada em alguns princípios de experimentação política, dentre os quais o de que o Estado só é, genuinamente experimental, na medida em que às diferentes soluções institucionais, são dadas iguais condições para se desenvolverem segundo a sua lógica própria. Ou seja, o Estado experimental é democrático na medida em que confere igualdade de oportunidades às diferentes propostas de institucionalidade democrática, e, assim, a luta democrática se converte verdadeiramente em luta por alternativas democráticas e é possí-

---

[370] SANTOS, Boaventura de Sousa. *Reivindicar a democracia: Entre o pré-contratualismo e o pós-contratrualismo.* In OLIVEIRA,Francisco de & PAOLI,Maria Célia.*Os sentidos da democracia.* Petrópolis,RJ: Vozes, 1999, p. 112. O autor aqui faz uma advertência importante, a saber: "Neste novo marco, o Estado, mais que uma materialidade institucional e burocrática, é um campo de luta política muito menos codificada e regulada que a luta política convencional. É neste novo marco que várias formas de fascismo societal buscam articulações que amplificam e consolidam as suas regulações despóticas, transformando o Estado em componente do espaço público não estatal. É esta última transformação do Estado que eu designo por Estado, novíssimo movimento social". Significa dizer que estas mudanças que atingem o Estado Nacional não são suficientes, por si só, para garantirem maior inclusão e bem-estar social, porque elas podem beneficiar tão-somente as corporações que já estão organizadas e que têm condições de tomar de assalto este espaço político de disputa de governo.

vel lutar, democraticamente, contra o dogmatismo democrático. Esta experimentação institucional que ocorre no interior do campo democrático, não pode deixar de causar alguma instabilidade e incoerência na ação estatal e, pela fragmentação estatal que dela eventualmente resulte, podem, sub-repticiamente, gerar-se novas exclusões.

Neste novo modelo experimental de Estado e Sociedade Civil, a função do primeiro não é só garantir a igualdade de oportunidades aos diferentes projetos de institucionalidade democrática, mas também garantir padrões mínimos de inclusão que tornem possível, à cidadania ativa, criar, monitorar, acompanhar e avaliar o desempenho dos projetos de governo e proteção da comunidade. Esses padrões mínimos de inclusão são indispensáveis para transformar a instabilidade institucional em campo de deliberação democrática.[371]

O Estado como novíssimo movimento social, assim, é um Estado articulador que, não tendo o monopólio da governação, retém o monopólio da metagovernação, ou seja, o monopólio da articulação – fundadas nos princípios constitucionais que o informam, notadamente os atinentes aos direitos e garantias fundamentais –, no interior da nova organização política. A experimentação externa do Estado nas novas funções de articulação societal deve, igualmente, ser acompanhada por experimentação interna, ao nível do desenho institucional que assegura, com eficácia democrática, essa articulação.

No âmbito do texto constitucional brasileiro vigente, podemos destacar algumas previsões normativas muito claras dentre as quais, no plano formal e constitucional, tratando de requisitos instrumentais da participação e do controle social da administração pública, como:

a) a exigência de publicidade dos atos da Administração, para os fins de garantir um grau de visibilidade do poder político e social, dela não podendo constar nomes, símbolos ou imagens que caracterizem promoção pessoal de autoridades ou servidores públicos,[372] ao mesmo tempo que se impõe como requisito de vigência da norma legal;[373]

b) o dever da Administração Pública prestar informações à cidadania, para os efeitos de interesse particular, ou de interesse coletivo ou geral, que serão prestadas no prazo da lei, sob pena de responsabilidade, ressalvadas

---

[371] Ver o texto de AVRITZER, Leonardo. *Teoria democrática, esfera pública e participação local.* In Revista Sociologias, ano1, nº 2, julho/dezembro de 1999. Porto Alegre: UFGRS, 1999, p. 18/43.

[372] Nos termos do art. 37, *caput* e parágrafo primeiro, da CF/88, destacando-se este publicidade como princípio informativo da própria Administração Pública.

[373] Cumpre destacar que a publicidade, neste particular, não é elemento formativo do ato, necessário a existência válida deste ato, salvo quando a lei o dispuser, mas, será sempre requisito de sua eficácia, exeqüibilidade e de sua moralidade. Neste sentido, ver o texto de MOREIRA NETO, Diogo de Figueiredo. *Direito de Participação Política.* Rio de Janeiro: Renovar, 1993, p. 107 e ss.

aquelas cujo sigilo seja imprescindível à segurança da sociedade e do Estado, nos termos do art.5º, inciso XXXIII, da Carta Política;

c) o direito do cidadão em obter certidões do Poder Público, visando a trazer informações oficiais sobre interesses pessoais e determinados, consoante disposição constitucional inscrita no art. 5º, inciso XXXIV, do mesmo Estatuto;

d) o direito de petição garantido a qualquer pessoa, independentemente de ser ou não cidadão, alcançando aos três poderes do Estado, para os fins de defesa de direitos ou contra ilegalidade ou abuso de poder, nos termos do art. 5º, inciso XXXIV, *a*.

Paralelamente a estes institutos que alcançam a sociedade civil para efeitos e objetivos mais gerais, contamos ainda com instrumentos de caráter político-legislativos, assim dispostos no texto político do país:

a) O Plebiscito: configurando consulta popular de caráter deliberativo frágil, mas efetivo, em que o cidadão é chamado a manifestar-se costumeiramente sobre um fato ou uma decisão a ser tomada, quase sempre no sentido de dar-lhe ou não valoração jurídica, sendo vinculante o resultado desta manifestação popular à Administração Pública, cuja regulação normativa se encontra posta nos temos da Lei Federal nº 9.709, de 18/11/98, bem como no âmbito dos arts.14, I; 49, XV; 18, 3º; 18, 4, todos da Constituição Federal. Importa registrar que os arts.14,I, e 49, XV, deixam abertas as oportunidades de definir novos casos específicos de consulta plebiscitária, ficando, todavia, a competência exclusiva ao Congresso Nacional para legislar sobre a matéria, pelos termos do art. 49, XV.[374] Pode-se dizer, de uma certa forma, que a matéria plebiscitária, historicamente, vem dizendo respeito a temas que envolvem a legitimidade do exercício do poder político, além de decisões econômicas e sociais de grande relevo e que envolvem a comunidade como um todo.[375]

b) O Referendo: caracterizado pela oportunidade que o cidadão tem de manifestar-se sobre decisões de órgãos legislativos ou administrativos, com o propósito de mantê-las ou desconstituí-las, afigurando-se, portanto, como uma hipótese de autogoverno popular restrito aos termos que lhe são sujeitos (em regra diminutos e sem maiores impactos às estruturas e modelos de administração hegemônicas). A Constituição Federal de 1988, em seu art. 14, II, e 49, XV, regulamentado pela Lei Federal nº 9.709, de 18/11/98, fixou a competência do Congresso para autorizar o seu emprego.

---

[374] O Supremo Tribunal Federal já se posicionou no sentido de que o instituto é de natureza administrativa e não eleitoral, motivo por que deve ser apreciado jurisdicionalmente pela justiça comum, e não a eleitoral. Assim, em face desta matéria administrativa, conclui-se que Estados e Município poderão discipliná-lo, guardadas as devidas coerências com as disposições jurídicas hierárquicas consectárias.

[375] Neste ponto, ver o trabalho de Cohen, John. *Civil Society and Political Theory*. Cambridge: MIT, 1992, p. 34 e ss.

Todavia, esta competência serve tão-somente para autorizar o instituto, o que significa que o Congresso não pode, de ofício, determinar sua realização, haja vista a forma de organização das entidades federativas brasileiras. Por ser assim, Estados e Município podem disciplina-lo, guardadas as devidas coerências com as disposições jurídica hierárquicas vigentes.

c) A Iniciativa Popular: notadamente legiferante, este instituto atribui aos cidadãos ou pessoas jurídicas representativas de categorias de interesses, em quorum especialmente definido, competência para propor medidas legislativas ou decisões administrativas. A Carta Política vigente, em seus arts.27, parágrafo quarto; 29, XIII; 61, *caput* e parágrafo segundo, prevê o instituto, mas na modalidade legislativa, silenciando sobre a administrativa. Cada entidade federativa no país tem competência para regulamentá-lo, observadas as regras gerais referidas.[376]

A experiência brasileira, envolvendo estes institutos formais, regra geral, não tem sido muito exitosa, tanto em face da cultura centralizadora que marca a história das administrações públicas nacionais, como em razão da passividade cívica que identifica a maior parte de sua cidadania, gerando meras expectativas de governo e gestão compartilhadas.

Mesmo em tal cenário, algumas experiências podem ser trazidas como exemplificação da busca de concretude e eficácia da idéia de participação social na Administração Pública, utilizando-se dos mecanismos anteriormente referidos e de outros, fruto da experiência alienígena bem como da criatividade de iniciativas inéditas. Vejamos alguns destes exemplos.

6.4. Instrumentos jurídicos e políticos de gestão pública compartilhada: algumas experiências da cidade de Porto Alegre

Algumas modalidades de participação social no âmbito da administração pública, em termos de especulação doutrinária, legislativa e mesmo de experimentos locais, têm revelado a importância e eficácia de alguns institutos mais políticos do que jurídicos de gestão pública compartida, dentre os quais: (a) a consulta popular sobre determinadas questões envolvendo demandas comunitárias que precisam ser atendidas com grau de prioridade diferido; (b) o debate público, possibilitando, à Administração, o conhecimento de diversas posições em torno de um determinado assunto, de interesse coletivo ou difuso, oportunizando aos indivíduos e grupos

[376] Para o caso dos Municípios, a Constituição Federal estabelece que: "iniciativa popular de projetos de lei de interesse específico do Município, da cidade ou de bairros, através de manifestação de, pelo menos, cinco por cento do eleitorado, *ex vi* do art. 29, XIII".

interessados a possibilidade de discutir amplamente sobre medidas já propostas; (c) a audiência pública, oportunidade em que a cidadania é consultada sobre a pertinência de determinado projeto ou política pública a ser executado pela Administração, no caso brasileiro, previsto nos termos dos arts.204,II, versando sobre as políticas públicas de assistência social, e 216, § 1°, tratando da proteção da cultura no país.

De uma certa forma, podemos dizer que o país deu um salto formal importante, nos últimos anos, nesta direção, haja vista uma série de medidas que foram tomadas em nível federal, tais como: (a) os termos da Lei Federal n° 8.987/95, regulando – ainda que de forma tímida – a participação dos usuários na execução da prestação de serviços públicos por concessionárias e permissionárias;[377] (b) a Lei Federal n° 9.427/96, que trata do setor elétrico, exigindo audiência pública para a tomada de decisões que afetem consumidores e mesmo agentes econômicos envolvidos, a ser convocada pela Agência Nacional de Energia Elétrica; (c) a Lei Federal n° 9.472/97, que trata das Telecomunicações, demandando consulta pública para o debate dos regulamentos que gestarão tais serviços; (d) a Lei Federal n° 9.472/97, que trata da Agência Nacional do Petróleo, perquirindo também audiência pública para quaisquer ações ou decisões que atinjam consumidores direta ou indiretamente; (e) a Lei Federal n° 10.257/2001, que trata do Estatuto da Cidade, criando uma série de instrumentos e espaços de participação social.[378]

Em termos municipais e mesmo estaduais, várias experiências foram se consolidando ao longo do tempo. Para os efeitos deste trabalho, pretendemos destacar alguns instrumentos de operacionalização do direito civil à participação política que o Município de Porto Alegre vem implementando, constituindo, ao longo dos últimos anos, um cabedal de ferramentas de governo que especificam os mecanismos a pouco desenhados, tendo como pressuposto fundante, a participação da comunidade na gestão da coisa pública.

Sem tempo de avaliarmos aqui questões metodológicas, e mesmo epistemológicas, que informam estas experiências, apenas a título exemplificativo, destacaremos duas iniciativas locais que potencializam a idéia de direitos civis e político fundamental anteriormente trabalhada, tema da mais alta relevância na definição da contemporânea Sociedade Democrática de Direito e suas relações com o Estado Democrático de Direito: o tema do orçamento participativo e o dos conselhos municipais.

---

[377] O que já estava previsto na dicção do art. 175, parágrafo único, II, da Constituição Federal de 1988. Na mesma direção, ver os dispositivos da Lei Federal n° 9.074/95.

[378] Faço uma abordagem mais detalhada desta legislação em meu livro LEAL, Rogério Gesta. *Direito Urbanístico*. Rio de Janeiro: Renovar, 2003.

6.4.1. O orçamento participativo

O orçamento participativo de Porto Alegre foi e é fruto de um processo de mudanças de paradigmas no âmbito das políticas públicas de gestão e inclusão social, aliado a uma nova forma de reflexão sobre o Estado e a Sociedade no país. Suas estruturas funcionais e mesmo de concepção, foram se aperfeiçoando ao longo do tempo, notadamente em face de demandas, desafios e dificuldades que surgiam no percurso de sua efetivação.

Em termos de demandas sociais no espaço urbano da cidade de Porto Alegre, o poder público, na gestão do Partido dos Trabalhadores, preocupou-se em mapear – na medida em que isto foi possível – os focos de desigualdades e de exclusão social retroalimentados pelas estruturas de (des)organização da cidade, fomentadas pela lógica centralizadora do mercado, delimitando quais os reclames agudos das suas regiões mais pobres, *locus* em que vive a maior parte da população. Desta delimitação, alguns dos problemas recorrentes nestas localidades eram: (a) a questão do saneamento básico; (b) a iluminação pública; (c) o calçamento; (d) os serviços públicos (escolas, postos de saúde).

Não se pode dizer, por outro lado, que tais problemas ou necessidades sociais das populações mais carentes não foram, de forma alguma, atendidas pelas administrações anteriores, mas, o que marca a diferença desta proposta sob exame é a forma pela qual foram atendidas tradicionalmente (é bem verdade que em quantidade e qualidades menores, consoantes dados estatísticos existentes[379]), a saber, de forma clientelista e por vezes populista, como se fosse um favor que o governo estivesse prestando à população, perdendo-se a noção cívica do interesse e do serviço público vinculado às necessidades comunitárias. Tais cenários estimularam uma certa passividade política da cidadania, restringindo-a a consumidora de préstimos oriundos da benevolência dos poderes instituídos, sem maior oportunidade de discussão e participação social.

Por óbvio, na base desta conjuntura havia, também, uma equivocada compreensão da atividade administrativa sob uma perspectiva meramente técnica, constituída de linguagem inacessível aos não iniciados (todos do povo), argumento retórico de justificação das ações tecnoburocráticas e insuladas do Poder Público em geral. A grande questão, pois, a ser indagada, é sobre a possibilidade ou não de se criar mecanismos e instrumentos de gestão da coisa pública, oportunizando um campo de participação, visibilidade e controle maiores do que aqueles que já existiam até então, o que implica profunda revisão de conceitos, linguagem, comunicação e postura

379 A título exemplificativo, ver o texto de STEIN, Rosa Helena. "A descentralização político-administrativa na Assistência Social". In *Serviço Social & Sociedade*. Ano XX, março de 1999. São Paulo: Cortez, 1999, p. 24/46.

em face do Estado e da Sociedade, tanto por parte dos governantes como da própria comunidade e cidadania.[380]

Assim é que nasce a experiência do orçamento participativo, buscando um novo conceito de inclusão social e de gestão pública compartilhada, a partir de um projeto descentralizador do poder e revitalizador da soberania popular, fundado nos seguintes elementos e instrumentos:

a) A circunscrição física e territorial da cidade de Porto Alegre foi dividida em dezesseis (16) regiões, baseada em critérios tanto geográficos e sociais como e de organização comunitária, a partir do que foi pensada e viabilizada a participação das pessoas.

b) Em termos mais de organização de temas e pontos a serem alcançados pelo orçamento municipal, foram criados cinco espaços diferentes de participação, assim concebidos: (1) organização da cidade e desenvolvimento urbano; (2) circulação e transporte; (3) saúde e assistência social; (4) educação, cultura e lazer; (5) desenvolvimento econômico e tributação.

O órgão gestor desta estrutura é o Conselho do Orçamento Participativo, formado por: (a) 2 (dois) conselheiros titulares e igual número de suplentes eleitos em cada uma das 16 (dezesseis) regiões da cidade; (b) 2 (dois) conselheiros titulares e igual número de suplentes eleitos em cada uma das 5 (cinco) estruturas temáticas; (c) 1 (um) representante titular e 1 (um) suplente do Sindicato dos Municipários de Porto Alegre; (d) 1 (um) representante titular e 1 (um) suplente da União das Associações de Moradores de Porto Alegre. Os representantes do governo são em número de 2 (dois) titulares e 2 (dois) suplentes, não possuindo direito a voto. O mandato dos conselheiros, por sua vez, é de 1 (um) ano, podendo haver uma reeleição consecutiva. Este mandato, contudo, é revogável a qualquer tempo, através de processo específico que tramita no âmbito do Fórum de Delegados Regional e Temático, demandando à sua efetivação, o voto da maioria qualificada de 2/3 (dois terços).[381]

Estes delegados reúnem-se, no mínimo, uma vez a cada mês no chamado Fórum de Delegados Regional e Temático, sendo que suas atribuições nodais são: (a) apoiar os conselheiros na informação e divulgação para a população dos assuntos tratados no Conselho; (b) garantir as reuniões da fase intermediária do orçamento participativo; (c) auxiliar na consolidação dos Conselhos Regionais que se formaram; (d) acompanhar, com a comunidade, o andamento das obras previstas no Plano de Investimentos.

Sobre cada um dos temas referidos em cada uma das regiões constituídas, o Município promove os seguintes tipos de reuniões:

---

[380] Conforme informações organizadas e publicadas pela Administração Pública Municipal, intitulada *Guia do Orçamento Participativo*. Porto Alegre: Município de Porto Alegre, 2002.

[381] Ver o texto organizado e publicado pela Administração Pública Municipal, intitulado *Orçamento Participativo.*. Porto Alegre: Município de Porto Alegre, 2003.

a) Reuniões Preparatórias: que são momentos de articulação, organização e preparação do orçamento participativo nas regiões, tratando da prestação de contas dos exercícios anteriores, da apresentação do plano de investimento e serviços, da apresentação do regimento interno, critérios gerais e técnicos do orçamento (isto numa linguagem acessível à população), discussão das prioridades temáticas (acima referidas), deliberações sobre os critérios para chapa de conselheiros, dentre outras. Neste momento, verifica-se o que foi cumprido, o que está em andamento, o que não foi iniciado e as razões disto, apresentando-se, ainda, o plano de investimentos a ser executado.

b) Grandes Plenárias Regionais e Temáticas: nestes encontros, há a escolha das prioridades temáticas das regiões, a eleição dos Conselheiros e a definição do número de delegados destas regiões.

c) Reuniões das Regiões e das Temáticas: oportunidade em que as regiões elegem seus representantes para o Fórum de Delegados Regional e Temático e debatem temas pertinentes às suas competências nos mais diversos segmentos das demandas sociais existentes.

Importa referir que, entre estas duas reuniões, tem lugar uma fase intermediária, na qual acontecem encontros comunitários, tanto nas temáticas, quanto nas regiões (que são subdivididas em microrregionais). Neste momento, a população faz o levantamento de suas principais carências, forma um juízo sobre suas necessidades e estabelece uma hierarquização das ações e obras mais urgentes.

Após a realização destas reuniões todas, com a constituição do Fórum de Delegados e do Conselho do Orçamento Participativo, começa a definição final do Orçamento do Município e do Plano de Investimentos (este é um momento em que são feitos os estudos técnicos à execução do orçamento), a partir do que novos debates com as comunidades ocorrem, no sentido de visualizar como se pode pensar a forma da execução do orçamento, considerando, fundamentalmente, as informações prestadas pelo Executivo sobre a receita e despesa existentes.[382]

Veja-se que ao longo de todo este processo, e no particular dos estudos envolvendo o plano de investimentos a ser executado, várias variáveis são consideradas e mesmo delimitadas, tais como: (a) as prioridades da região, definidas nas reuniões plenárias regionais, alcançando temas como o saneamento, a educação, a pavimentação, etc.; (b) a população total que vive nas regiões, isto porque as regiões com mais população recebem peso maior para serem atendidas; (c) a carência do serviço ou infra-estrutura perquirida

[382] Interessante consultar o texto organizado e publicado pela Administração Pública Municipal, intitulado *Orçamento Participativo 2004: participação é com a gente*. Porto Alegre: Município de Porto Alegre, 2004.

nas regiões, haja vista que as diferenças de demandas são gritantes, motivo pelo qual as regiões mais carentes têm peso maior nesta definição.

Ao fim e ao cabo, aquele Plano de Investimentos e Serviços, discutido e rediscutidos nos fóruns, é apresentado ao Conselho do Orçamento Participativo, que delibera sobre ele, oportunizando, após, que o Executivo o encaminhe ao Poder Legislativo para apreciação e aprovação. Aqui nesta fase ocorrem também tensões políticas e sociais, eis que os parlamentares também possuem uma perspectiva e representação que, necessariamente, não é a mesma da construída pelo Orçamento Participativo sobre estes temas, resultando um enfrentamento de idéias e interesses que ao menos deixa visível os embates que sempre tiveram presentes nestes tipos de demandas.

6.4.2. Os conselhos municipais

Ao lado da experiência do Orçamento Participativo, que vem se desenvolvendo e aperfeiçoando, outras mais foram se constituindo ao longo do tempo.

Um exemplo típico que rapidamente passaremos a tratar, é o que diz respeito aos Conselhos Municipais, concebidos, num primeiro e paradoxal momento, como órgãos auxiliares da Administração Pública com competências diversas. Paradoxal momento por que, ao menos no Município de Porto Alegre, a legislação que criou formalmente esta figura nasceu exatamente no ano de 1972, auge do governo militar no Brasil, em que as liberdades políticas e sociais se encontravam mitigadas pela força do autoritarismo vigente. Trata-se da Lei Municipal nº 3.607, de 27 de março de 1972.

Esta normativa, à época, criou sete (07) conselhos, a saber: (1) o Conselho Municipal de Contribuintes;[383] (2) o Conselho Municipal do Plano Diretor;[384] (3) o Conselho Municipal da Administração de Pessoal;[385] (4) o Conselho Municipal dos Transportes Coletivos;[386] (5) o Conselho Municipal de Turismo;[387] (6) o Conselho Municipal de Saúde e Bem-Estar Social;[388] (7) o Conselho Municipal de Compras.[389]

---

[383] Sendo conceituado como órgão auxiliar da Administração com competência para julgar os recursos dos contribuintes envolvendo matéria tributária.

[384] Encarregado de aprovar os projetos e planos relacionados com o planejamento urbano (traçado, zoneamento, diretrizes de expansão urbana, circulação, abastecimento, unidades escolares, saneamento, edificações), bem como interpretar toda a legislação sobre estas matérias e decidindo sobre os casos omissos envolvendo-as.

[385] Órgão de assessoramento da Administração Pública em matéria de pessoal.

[386] Órgão de cooperação do Município nos assuntos envolvendo o transporte coletivo.

[387] Órgão consultivo da Administração para as políticas de turismo.

[388] Órgão também consultivo da Administração tratando de da promoção, proteção e recuperação da saúde e bem-estar social da população.

[389] Órgão responsável pelo auxílio da Administração no julgamento dos processos de compras e reclamações de fornecimento de materiais adquiridos pelo Poder Público.

Todavia, estes conselhos não tiveram, naquele momento histórico, uma função efetiva de autonomia e independência, mobilizando a sociedade civil para participação nas questões e matérias que eles versavam: uma, porque os tempos ditatoriais no país não fomentavam o envolvimento espontâneo da comunidade em questões que tinham *feições* políticas e administrativas, *competências* das entidades federativas existentes; duas, porque tanto em nível de composição como de reconhecimento de atribuições, os conselhos foram esvaziados ou manipulados pelo Poder Municipal que os instiutiu.

Veja-se que, pelos termos do art. 2º da Lei Municipal sob comento, os membros dos conselhos eram nomeados através de ato do Prefeito Municipal, cabendo a este a *escolha* das pessoas que comporiam seus quadros diretivos e funcionais, criando, com isto vínculos, políticos demasiadamente estreitos com os governantes da ocasião, dificultando (inviabilizando) ações que eventualmente contrariassem as práticas oficiais de gestão pública vigentes – independentemente de que elas violassem os interesses comunitários emergentes.

Em 1992, através da Lei Complementar nº 267, de 20/01/1992, o Município de Porto Alegre, já na gestão do Partido dos Trabalhadores, tendo como Prefeito o sr. Tarso Genro, regulamentou os Conselhos Municipais da cidade, concebendo-os, não mais como instâncias de assessoria do Poder Público, mas como *órgãos de participação direta da comunidade na administração pública, tendo por finalidade propor, fiscalizar e deliberar matérias referentes a cada setor da administração.*[390]

Estes novos espaços de Administração Pública vieram marcados por novas perspectivas ampliadoras da concepção e, mesmo, das funções dos Conselhos Municipais, atribuindo a eles competências para: (a) atuar na formulação e controle da execução da política setorial da Administração Municipal que lhe afeta; (b) estabelecer as diretrizes a serem observadas na elaboração dos planos e programas de ação setoriais no âmbito municipal; (c) deliberar sobre políticas, planos e programas referentes à política setorial.[391]

A amplitude de responsabilidades e força que possuem os Conselhos Municipais, aqui são destacadas e vêm ao encontro de um novo período histórico, voltado à ampliação e radicalização de democracia social, fundamento último das instâncias e mecanismos políticos que a veiculam. Veja-se que, para tanto, a própria forma de escolha dos membros dos Conselhos foi incisivamente alterada, já que estes são eleitos em Assembléia própria

[390] Concepção outorgada pelos termos do art. 1º da referida Lei.

[391] Consoante os termos do art. 2º da Lei.

e especial convocada para este fim, não ficando mais sob o jugo e subjetividade dos líderes do governo instituído.

No plano da efetividade, os membros dos Conselhos Municipais podem exercer atividades de fiscais das atividades do Município na área de suas respectivas competências, ensejando, desta forma, um controle operacional das políticas públicas, de forma ativa, acompanhando a gestão cotidiana dos interesses comunitários.[392]

A partir deste período, a importância constitutiva dos Conselhos Municipais foi aumentando e figurando como condição de legitimidade do processo de administração da cidade e de suas demandas comunitárias. A partir deles, as tensões e diferenças de postulações vão configurar um quadro mais real de necessidades coletivas que disputam priorização para os efeitos de políticas públicas e atendimento concreto, fomentando a participação de um grande número de indivíduos que agora sabem que o foro para o debate e reivindicação são os Conselhos também, e fundamentalmente.

Certo é que as formas pelas quais estes Conselhos operam suas competências[393] vão contribuir ou não para a inclusão e desenvolvimento social sustentado, dependendo da metodologia que utilizam no processo de discussão, deliberação e execução das prioridades escalonadas para o Poder Público, isto porque, pela própria tradição histórica de manipulação ideológica e corporativa destes espaços, não raro, a inexistência de critérios e ações para garantir o equilíbrio social e cultural dos conselheiros nestes procedimentos, em nome de valores e princípios eleitos para serem perseguidos (inclusive normativo-constitucionais), leva à cooptação casuística dos Conselhos e dos conselheiros, servindo muito mais como comitês administrativos para corporações políticas e econômicas encasteladas nas entranhas institucionais do poder.

6.5. Considerações finais

Ao longo deste capítulo, procuramos identificar alguns pontos de estrangulamento das tradicionais formas de organização e administração do poder político na sociedade contemporânea e, mais destacadamente no Brasil, verificando que, se durante décadas, a representação política no modelo de democracia parlamentar hegemônica parecia estar fundamentada em uma forte e estável relação de confiança entre o eleitorado e os partidos políticos (a grande maioria dos eleitores se identificava com um partido e a ele se mantinha fiel), hoje, o eleitorado tende a votar de modo diferente

[392] Nos termos do art. 14 da Lei citada.

[393] Tema que não temos tempo aqui de explorar.

de uma eleição para outra, tendo aumentado o número de eleitores que não se identificam com partido algum.[394] Em outras palavras, a eleição de representantes já não parece um meio pelo qual os cidadãos indicam as políticas que desejam ver executadas, ao mesmo tempo em que a arena política vem sendo progressivamente dominada por fatores técnicos que os cidadãos não dominam e, em face disto, os afastam cada vez mais dos centros e espaços de decisão, gerando um sentimento de estranhamento e apatia política.

Tal cenário vai explicitar os défices de legitimidade, identidade e eficácia, não só das instituições tradicionais da democracia representativa (Parlamento, Poder Executivo e Poder Judiciário, participação popular através exclusivamente do escrutínio, etc.), em face do esvaziamento político-social de suas ações, dando lugar às estratégias instrumentais de gerenciamento técnico-burocrático de corporações e projetos econômicos de minorias, mas, fundamentalmente, a ausência de ocupação dos espaços de deliberação e execução do projeto emancipatório e cívico-republicano dos cidadãos constitucionalizados.

Diante de tal perspectiva, junto com Avritzer, podemos dizer que tão-somente a dimensão formal dos direitos civis, políticos e sociais é introduzida nos países de modernização tardia como o Brasil. Nestes casos, os direitos civis são introduzidos para facilitar a institucionalização de uma economia de mercado; os direitos políticos para facilitar a legitimação do uso da força pelo sistema político; e os direitos sociais, para facilitar a instauração de uma burocracia que estabeleça uma relação de controle e de concessão com os movimentos sociais. Ao mesmo tempo, a ampliação desses direitos e sua vigência plena serão objeto permanente de disputa entre a arena societária, representada pelos movimentos sociais, e o poder do Estado.[395]

Esta disputa, todavia, se dá em um plano coatado de comunicação e entendimento, eis que, a uma, inexistem pactos semânticos eficazes para uniformizar a linguagem do poder político com a linguagem da técnica gerenciadora das demandas públicas e a linguagem popular da cidadania nacional, desde já inviabilizando os necessários espaços de interlocução orgânica de que falávamos dantes. A duas, a administração pública no Brasil quando pratica atos de gestão, tradicionalmente o faz a partir de enunciados (prescritivos-normativos e concretos) unilaterais que se materializam em comportamentos prestacionais, porém, com tamanho grau de

[394] Conforme SOLA, Luis. *Estado, Mercado, Democracia.* São Paulo: Paz e Terra, 1996, p. 53.

[395] AVRITZER, Leonardo. *Cultura política, atores sociais e democratização. Uma crítica às teorias da transição para a democracia.* Revista Brasileira de Ciências Sociais, N.28 Ano10, Junho. São Paulo: USP, 1995, p. 117.

higidez lingüística, que inviabilizam a compreensão e participação da sociedade.

Ora, se a partir da matriz habermasiana, os atos de fala são basicamente formas de comunicação dinâmica e contextuais, para cujo sucesso não é suficiente obediência a regras gramaticais preestabelecidas, mister é que, além de seguir essas regras, um falante competente (neste caso, o Estado Administrador) deve ser capaz de fazer o ouvinte-interlocutor (cidadania) entender o *conteúdo proposicional* de uma sentença (proposta preliminar de governo) e sua *força ilocuonária*, a qual indica *como* uma proposição deve ser considerada (como afirmação, questão, promessa, ameaça, pedido, etc), a partir do que se constitui uma oportunidade de construção do entendimento sobre o que se pretende como discurso proposto (atendimento dos interesses efetivamente públicos da comunidade).[396]

Dado o estado de fragilidade econômica e cultural por que passa a maior parte da sociedade brasileira, e, em face da capacidade e estágio de organização e mobilização do mercado neocapitalista que se fortifica a cada momento no país, impõe-se ao Estado (parlamentar, executivo e judicante) a tarefa nuclear de criar condições objetivas e subjetivas à realização das prerrogativas e promessas constitucionais vigentes, notadamente a partir de procedimentos democráticos de inclusão social em todas as esferas e momentos da ação política gestacional das demandas comunitárias.

Significa dizer que, no caso do Poder Executivo, para o exercício de seu mister, deve contar com instrumentos de acesso da cidadania à administração, desde seu momento conceitual até o operacional, seja através dos conselhos municipais, seja através da consulta pública, audiência pública, plebiscito, referendo, etc., propiciando todas as formas possíveis de diálogos com os detentores da soberania matricial de todo o poder instituído, sob pena de agravamento capital da sua própria autoridade (de)posta.

---

[396] Conforme HABERMAS, Jürgen. *Teoría de la Acción Comunicativa*. Madrid: Paidós, 1990, p. 92.

7. Gestão pública compartida e organizações sociais: um novo paradigma à administração pública

7.1. Notas introdutórias

O presente capítulo pretende desenvolver, a partir de uma abordagem que envolve o Estado, a Administração Pública e a Sociedade Civil, uma análise da gestão pública capaz de dar conta da complexidade que envolve as questões atinentes à sociedade contemporânea em geral, e no Brasil em especial, compreendida muito mais como um problema político e social da coletividade, do que um problema jurídico do Estado.

Ao longo destas considerações, pois, queremos verificar as condições e possibilidades de problematização do modelo hegemônico de Administração Pública vigente no país, centrado na figura do Estado, contando com os pressupostos filosóficos demarcados anteriormente. Para tanto, vamos tratar de verificar os limites e possibilidades do tradicional conceito e práticas de Administração em dar conta dos desafios que se impõe ao Estado Administrador em face de uma nominada Sociedade Democrática de Direito, bem como as alternativas que se pode propor àquele modelo.

Veja-se que os procedimentos administrativos contemporâneos, nominados de democráticos (e juridicamente estabelecidos), só podem conduzir a uma constituição racional da vontade (do Estado e da cidadania), na medida em que a formação organizada da sociedade, geradora de decisões responsáveis no marco dos órgãos estatais, mantém-se permeável diante dos valores, temas e argumentos que eclodem na comunicação política de seu entorno que, como tal e em seu conjunto, não pode ser somente institucional. Daí o reconhecimento de outros atores políticos contemporâneos perfazendo o espaço público – aqui entendidos os não exclusivamente estatais ou governamentais –, como interlocutores legítimos das categorias que representam (organizações não-governamentais, associações civis, movimentos sociais de resistência civil, etc.). Tais atores conformam os pontos nodais de uma rede de comunicação que resulta do entrelaçamento de estruturas públicas autônomas.[397]

O tema que se apresenta, portanto, é o de traçar o perfil daqueles novos atores sociais que se apresentam, não só como alvo da administração pública contemporânea, de forma passiva e subserviente, mas enquanto co-responsáveis pela gestão de um espaço público que também tem sua atribuição de sentido alterada/ampliada significativamente.

Como tivemos oportunidade de verificar nos capítulos anteriores deste trabalho, historicamente tem-se formado uma concepção um tanto estática de Administração Pública e de Governo, ambas centradas na idéia patrimonialista de Poder Político e de seu exercício, acarretando sua personificação e sua subjetividade exacerbada. Em termos operacionais e de competências institucionais, esta Administração Pública, através de seus operadores (tecnoburocráticos e político-partidários), tem-se auto-atribuído funções e finalidades de forma hegemônica: (1) como responsável por medidas e políticas que atendam a expectativas já delineadas por atores sociais capazes de influir e decidir as prioridades a serem perseguidas pela coletividade (notadamente os econômicos); (2) como articuladora da gestão de tensões e conflitos sociais, para mantê-los em níveis e índices de suportabilidade capazes de garantir a reprodução do modelo de (des)organização societal vigente; (3) como promovedora de medidas capazes de alavancar as condições objetivas (infra-estrutura de energia, financeira, telecomunicacional, tecnológica, fomento à capacitação de mão-de-obra induzida pelo mercado) de crescimento econômico, a despeito do desenvolvimento social. Por certo que todas essas responsabilidades do Estado Administrador estão associadas, necessariamente, ao princípio/conquista da legalidade, tido aqui muito mais como muro de contenção de ações não permitidas pela sociedade através da autorização legislativa,[398] do que previsão normativa para ação.

Não é, todavia, essa a Administração Pública que consegue atender o alto grau de complexidade das demandas sociais que se avolumam nos dias atuais, eis que, cerrada dentro de suas teias tecnoburocráticas, está muito mais preocupada em desenvolver estratégias de gestão concentrada nos corredores do poder e em projetos privados transmutados em públicos, do que

[397] Estamos trabalhando com a perspectiva de Habermas quando insiste no fato de que a soberania contemporânea precisa tornar-se fluida comunicativamente, fazendo-se valer através do poder de discursos públicos que nasçam de estruturas autônomas do público, e tomando corpo nas decisões democraticamente constituídas da formação de opinião e vontade. Assim, os procedimentos democráticos estabelecidos dentro do Estado de Direito permitiriam esperar resultados racionais na medida em que a formação de opinião no centro das corporações oficiais se mantenha sensível aos resultados de uma formação de opinião informal que surja de estruturas autônomas do público. Ver em HABERMAS, Jürgen. *La soberanía popular como procedimiento: un concepto normativo de lo público*. Madrid: Civitas, 1997, p. 65.

[398] Perspectiva do Liberalismo Clássico.

propriamente atender os reclamos oriundos da matriz associativa que deu causa à sua própria existência.[399]

Isso é o que tem ocorrido na maior parte dos países ocidentais desde a Idade Moderna, respeitadas as variações culturais, econômicas e, fundamentalmente, de mobilidade e organização social de cada comunidade. Em outras palavras, de um lado, assistimos à conformação de um Estado Administrador pretensamente onisciente e onipresente em face às demandas públicas reais de sua comunidade, de outro, a constituição de uma sociedade civil que vislumbra a Administração Pública como exclusiva responsável e fornecedora de serviços, bens e produtos capazes de satisfazer todas as suas necessidades.

A história tem-nos demonstrado, contudo, que tal pretensão estatal e postura social não condizem com a verdade dos fatos e a natureza fenomênica e multifacetada dos interesses públicos e privados envolvidos nesse cenário. A falta de envolvimento efetivo no processo de definição e execução de políticas públicas das pessoas atingidas por elas, apresenta-se, por certo, como uma das grandes causas do seus insucessos ou mesmo, da falta de eficácia e ressonância societal.

Habermas, em outras palavras, identifica bem a matéria, quando aduz que a Administração Pública, que opera a partir de um marco normativo, geralmente, responde a seus próprios critérios de racionalidade, pois o que conta para ela, aqui, é tão-somente a eficácia da implementação de um programa dado. Assim é como o sistema administrativo lida com o direito, de forma basicamente instrumental. *As razões normativas, que na linguagem jurídica justificam as políticas escolhidas e as normas estabelecidas, na linguagem do poder administrativo se consideram como racionalizações a posteriori de decisões previamente induzidas.*[400]

Ao lado disso, ainda temos que reconhecer as mudanças que estão a ocorrer no âmbito das relações de força e de poder tradicionais, atingindo o modelo clássico do Estado-Nação localizado espacial e temporalmente (sem termos muito definido a extensão e profundidade destas mudanças),

---

[399] Estamos falando aqui do pressuposto pacto societal levado à cabo entre os cidadãos que fundam o Estado para servir aos interesses particulares seus, viabilizando-os no universo coletivo. Utilizamos aqui a teoria habemasiana da democracia, isto é, que procura constantemente ter presente a tensão entre a formação soberana da vontade política e o juízo racional apodítico. Esta teoria pretende, por exemplo, que o processo legislativo, enquanto ação racional veiculadora de pactos societais, através de leis gerais e abstratas, exclua do objeto de sua deliberação e mesmo no processo de deliberação, todos os interesses não-generalizáveis, somente admitindo normas que garantam liberdades iguais para todos. Ver nesse sentido o texto de HABERMAS, Jürgen. *La soberanía popular como procedimiento: un concepto normativo de lo público.* In Jürgen Habermas: moralidad, ética y política. Madrid: Alianza editorial, 1993, p. 35.

[400] HABERMAS, Jürgen. *La soberanía popular como procedimiento: un concepto normativo de lo público.* Op. cit, p. 53.

em especial em face do fenômeno da globalização.[401] Tal fato tem atingido, de forma muito intensa, conceitos institucionais como o de soberania, poder político nacional, autonomia e independência internacional do Estado territorial, etc., o que contribui no processo de fragilização dos lugares clássicos do poder oficial e interfere na centralidade deliberacionista de políticas públicas locais (forma vigente de organização da gestão pública).[402]

Sustentamos tal perspectiva a partir da mesma teoria da democracia referida anteriormente, o que nos autoriza a constituir uma teoria do político e do jurídico, fundada no fato de que uma decisão majoritária (uma lei ou uma política pública) só deve constituir-se de maneira que seu conteúdo possa considerar-se como resultado racionalmente motivado, embora falível, de uma discussão sobre o correto que, por sua vez, se deu por ultimada, provisoriamente, diante da necessidade de se ter que chegar a uma decisão. Diz Habermas, nesse particular, que a integração majoritária de uma vontade uniforme só resulta compatível com o princípio de que todas as vontades individuais têm igual validez se se combina com o princípio de reduzir o erro pela via do convencimento.[403]

Importa, pois, verificar como se articulam todas estas questões na formatação do que estamos chamando de novo tecido social e suas instâncias de mobilidade política.

7.2. A nova constituição do espaço público e as dimensões não-estatais da ação política

Tradicionalmente, tem-se sustentado que as relações entre Estado e Sociedade podem ser compreendidas a partir da idéia de espaço público e espaço privado. Neste particular e sob a ótica liberal clássica, o espaço

---

[401] Como já referimos em momento anterior, entendemos a globalização como um processo de homogeneização, isto é, de padronização e estandardização das atitudes e comportamentos em todo mundo, colocando em risco a diversidade cultural da humanidade. Nestes termos ela é, em geral, vista como um fenômeno que se contrapõe aos laços de solidariedade social existentes nos planos local e nacional. Neste sentido o trabalho de VIEIRA, Liszt. *Os (des)caminhos da globalização*. In: Cidadania e Globalização. Rio de Janeiro: Record, 1998, p. 48. Podemos afirmar, com o mesmo autor, que este fenômeno da globalização caracteriza-se, entre outras coisas, pelo fim da guerra fria e da bipolaridade entre EUA e URSS; pelo surgimento dos "novos movimentos sociais"(ecológicos, étnicos, de mulheres); descentralização da produção; desterritorialização das empresas multinacionais, tornadas agora transnacionais; fragmentação das grandes ideologias e visões de mundo na multiplicidade "pós-moderna".

[402] A despeito de o Estado-Nação constituir uma experiência historicamente recente, que vincula os direitos e a comunidade ao território, a sua supremacia sempre foi débil e está cada vez mais questionada por se contrapor a identidades, comunidades e valores mais locais e particulares ou mais gerais e não territoriais (democracia e pluralismo). Veja-se que não estamos, de forma alguma, questionando aqui a importância do Estado em todo o tema sob comento.

[403] HABERMAS, Jürgen. *The New Obscurity: the crisis os the Welfare State and the exhaustion of utopian energies*. In HABERMAS, Jürgen. *The New Conservatism*. Cambridge: Mass, 1992, p. 67.

público é um cenário restrito às ações estatais, um campo de mobilidade da política institucional regrada, pontualmente, por normativas cogentes que informam as suas possibilidades (ao Estado só é permitido fazer aquilo que a lei lhe permite).[404] Já para a esfera privada, sob a mesma perspectiva, temos um cenário turvo em que se mesclam Sociedade e Mercado, como momentos e fenômenos apartados entre si (neste âmbito está proibido o ingresso do Estado, salvo disposição autorizativa de lei).

É óbvio que a lógica animadora dessa concepção é a da regulação espontânea das relações sociais e de mercado, pressupondo que ambas se movem à mesma direção e de forma harmônica, tese absolutamente falseada pela historicidade econômica do Ocidente, em que essas relações são muito mais colidentes e excludentes, gerando um custo social desumano e marginalizante.[405]

Decorre daí, o esgotamento das concepções estagnadas e fracionadas de espaço público e privado, apontando para o caminho da integração e não de divisão, até porque fica claro que o que caracteriza uma esfera e outra é o mesmo fenômeno: as relações políticas e sociais contemporâneas, notabilizadas pela suas multifacetadas dimensões, conectadas com o mundo todo, a despeito de suas especificidades.

Neste diapasão, temos, de um lado, que o Estado é fruto de pactos societais matriciais que o criam e lhe dão sentido, estando, pois, necessariamente influenciado e mesmo, determinado por eles; de outro lado, que a Sociedade e o Mercado não têm linhas divisórias radicalmente postas, mas, talvez, momentos de subordinação conjunturalmente estabelecidos. Por tudo isso, a conclusão que se impõe é a de que, tanto o espaço público como o espaço privado, constituem espécies não excludentes, mas integradoras, de interlocuções polifônicas de múltiplos atores sociais; são espaços tensionais de comunicação e mobilidade política, em direção ao entendimento, por mais efêmero que seja.[406]

Bem ou mal, entendemos que o Estado não mais pode ser concebido como uma entidade monolítica – ou neutral – a serviço de um projeto político invariável, mas deve ser visualizado como um sistema em permanente fluxo, internamente diferenciado, sobre o qual repercutem também, diferencialmente, demandas e contradições da sociedade civil e do mercado.

---

[404] Ver o texto de SANDEL, Martin. *Liberalism and the Limits of Justice.* Stanford: Stanford Press University, 1998, p. 46 e seguintes.

[405] Ver o texto de EPSTEIN, Bárbara. *Cultural Politics and Social Movements.* Philadelphia: Temple University Press, 1999, p. 54 e ss.

[406] Com tal perspectiva, o Estado, por exemplo, assume o papel de articulador e organizador da sociedade, independente de sua condição de suporte de certas relações de dominação, adotando o papel de fiador de relações sociais. Nestes termos, o nominado Estado capitalista não é diretamente o Estado dos capitalistas, mas trata-se de um Estado que tem de exercer funções contraditórias, de acumulação e de legitimação, para criar as bases de um consenso através da ação das suas instituições. Ver o texto de JACOB, Pedro. *Movimentos Sociais e Políticas Públicas.* São Paulo: Cortez, 1993, p. 8.

O Estado contemporâneo, assim, fica dividido entre tarefas e exigências dificilmente conciliáveis, e, nessa medida, freqüentemente, as políticas governamentais refletem ambigüidades. Decorre disto, como quer Jacob, a emergência freqüente de uma crise de legitimação, fruto do fato de que a intervenção maior do Estado e a expansão dos seus aparelhos não são acompanhadas de nenhum aprofundamento de participação política democrática. *A crise de legitimação surge quando as demandas crescem mais rapidamente do que as recompensas ou respostas.*[407]

Ao lado da crise de legitimação, apresentam-se, no mínimo, duas outras crises: a de identidade e a de eficácia. Correlatas da primeira, eis que, em nível de identidade, o Estado passa não mais a distinguir quais suas funções originárias e efetivamente públicas, servindo como mero instrumento de assalto ao poder por interesses e corporações pouco representativas da sociedade como um todo;[408] em nível de eficácia, o Estado, por ter perdido sua legitimidade e sua identidade, não consegue – e sequer prioriza – atender as demandas efetivas e operacionais da comunidade que representa oficialmente.[409]

Diante da ausência do poder público no campo das relações intersubjetivas e mercadológicas, causando uma anomia decisional e executória de políticas públicas ordenatórias do cotidiano, resta o caos de uma desordem antropofágica estrutural, geradora de lesões insanáveis à condição humana dos cidadãos sem barganha e força política ou econômica.[410]

Cambaleante e premida pela necessidade de sobrevivência, a esfarrapada cidadania esquecida – principalmente em países como o Brasil – articula, com o tempo, uma resistência ao estado em que se encontra e à condição de súdita/consumidora imposta por aquele modelo. Tal resistência civil deixa de ser individual,[411] passiva ou silenciosa, passando a constituir-

407 JACOB, Pedro. *Movimentos Sociais e Políticas Públicas*. Op. cit., p. 8.

408 Neste sentido, ver as contribuições de PHILLIPS, Armand. *Democracy and Difference*. Cambridge: Polity Press, 2000, p. 82.

409 Desenvolvemos este tema em nosso livro LEAL, Rogério Gesta. *Teoria do Estado: cidadania e poder político na modernidade*. 2ª edição. Porto Alegre: Livraria do Advogado, 2001.

410 Alguns autores como Céli Regina Jardim Pinto, no texto *Democracia representativa versus democracia participativa: um debate oportuno em ano de eleições municipais*. (inédito,cópia xerografada) sustenta que tal situação se deve a uma crise da democracia representativa, que se percebe através, dentre outros fatores, dos seguintes: a incapacidade dos partidos em dar conta de suas funções de sintetizadores dos interesses da sociedade civil; a presença cada vez mais marcante da mídia como pautadora das questões públicas; a distância entre a questão do político e o mundo ordinário dos cidadãos em sociedades complexas, onde cada vez mais a política torna-se um monopólio de especialistas, pouco ou nada compreensível ao mundo dos cidadãos comuns.

411 Importante registrar que desde o século XVIII, o movimento da Ilustração reivindica o direito à associação, à reunião e ao debate, e isso cristaliza-se em vários tipos de associações como as academias e as sociedades científicas e de leitura e as tertúlias, porém, ensejando um fomento notadamente individual e não coletivo. Ver o trabalho de JAMES, Erold (Ed.) *The Nonprofit Sector in International Perspective: Studies in Comparative Culture and Policy*. New York: Oxford University Press, 1989, p. 35/39.

se como ação coletiva, organizada e dirigida à obtenção de bem demarcados projetos e resultados, aqui se podendo destacar: o movimento dos sem-terra; o movimento dos sem-teto; movimento indígena; movimento dos aposentados; movimento associativo de bairros e moradores;[412] etc.

Veja-se que no país, conforme Dallari, a maior parte dos movimentos populares atuais foi organizada de forma defensiva. Depois de destruídos ou subordinados os movimentos existentes antes de 1964, houve uma extrema vigilância do governo para evitar o surgimento de novas organizações populares. O bloqueio dos canais institucionais de representação popular – como os partidos políticos, as câmaras legislativas, os sindicatos e associações de massas – estimularam o uso dos laços primários de solidariedade na sobrevivência diária da população. Relações de vizinhança, parentesco, compadrio ou amizade permitiam a proteção imediata dos indivíduos diante de um clima social de medo. Foi em boa parte o desenvolvimento desses laços diretos entre pessoas que confiavam umas nas outras, que deu origem a vários movimentos de base. Associações comunitárias, grupos políticos de crescimento molecular, comissões de fábrica, movimentos culturais, clubes de mães ou de jovens, grupos de oposição sindical, tendências estudantis, enfim, uma variada gama de movimentos localizados e dispersos fundamentava-se na confiança direta entre os seus membros e na consciência de seu desamparo diante das instituições mais vastas.[413]

Lembra o autor, com muita procedência, que, no que tange à participação popular no município, a atuação da Igreja foi exponencial, concentrando-se nas Comunidades Eclesiais de Base, que proliferaram por todo o Brasil, nas áreas urbanas e rurais, atingindo um número seguramente superior a 50.000 na década de 1990. A expressão "comunidade de base" começou a aparecer, em documentos do episcopado, a partir da segunda metade dos anos 60. É certo, porém, que suas origens estão no Concílio Vaticano II, a partir do qual a Igreja se preocupou com uma ação evangelizadora mais ampla e mais intensa, alargando as possibilidades de participação dos leigos. Essa orientação foi consagrada na reunião do episcopado latino-americano (CELAM) realizada em Medellin, em 1968, em cujas conclusões se consignou, expressamente, a defesa dos direitos dos pobres e oprimidos e se definiram as comunidades eclesiais de base como primeiro e fundamental

[412] Não vamos adotar aqui a tese de alguns estudiosos do tema que sustentam que, enquanto a transformação da realidade social é a razão que sustenta o movimento social, a realização de iniciativas e a execução de projetos para a integração social são o que dá sentido à existência das organizações associativas, de voluntariado e das ONGs, até porque não aceitamos esta divisão tão radical em termos universais. Ver o trabalho de AYALA, Vladimir R. *Voluntariado Social, Incorporación Social y Solidaridad: Independencia, Interdependencia y Ambigüedades.* In *Documentación Social. Revista de Estudios Sociales y de Sociología Aplicada,* 94, Jan.-Mar.: 141-56, 1994.

[413] Conforme DALLARI, Adilson Abreu. *A participação popular no município contemporâneo. Experiência no Brasil.* In: "El Municipio". Buenos Aires: Ciudad Argentina, 1996, p. 35.

núcleo eclesial, célula inicial da estruturação eclesial, foco de evangelização e fator primordial de promoção humana e desenvolvimento. Cada CEB agrega cerca de cinqüenta indivíduos, de ambos os sexos e de diversas faixas etárias, que se reúnem em função do fator vizinhança. Normalmente, a estruturação começa pela organização de pequenos grupos, estimulados por agentes de pastoral (padres, irmãos, líderes de outras comunidades), que discutem problemas de família, desentendimento entre pais e filhos, educação dos filhos, falta de dinheiro e, especialmente, problemas comuns dos fiéis da paróquia, como lixo, água encanada, favelas, transportes coletivos, etc. Algumas CEBs mais avançadas chegam a sustentar que a reivindicação de seus direitos é apenas um passo, que não afeta, nem abala, as estruturas sociais que determinam as carências percebidas. Numa reflexão mais profunda, chega-se à percepção da necessidade da construção de uma sociedade mais igualística e mais justa, liberta das injustiças inerentes ao capitalismo. Isto foi traduzido na mensagem dos bispos reunidos na CELAM de Puebla, em 1979. Aqueles setores eclesiásticos, comprometidos com os pobres, encontraram na experiência das CEBsm o lugar deste compromisso, que redunda no exercício e no aprendizado de práticas embrionárias de participação democrática. Essas práticas incluem a discussão em grupo, o treino da fala, o domínio de auditórios maiores (por ocasião dos encontros em nível arquidiocesano, por exemplo), o exercício da escrita, o manuseio de mimeógrafos e outros modestos veículos de comunicação, a prática reiterada do voto para toda e qualquer decisão.

A despeito de tais características informadoras dos novos movimentos sociais,[414] ao menos em suas vertentes primeiras, é verdade que, muitas vezes não apresentaram um potencial transformador, na medida em que não conseguiram transcender a dimensão específica de suas demandas para um contexto mais amplo.[415] De qualquer sorte, estes movimentos podem e devem ser pensados como processos abertos de ação social e política, sujeitos a contradições internas e pautados por uma composição heterogênea que potencializa a emergência de diferentes formas de ação coletiva e de interação e/ou negação em face do Estado.

Segundo Rodrigues,[416] até meados dos anos 90 *as organizações da sociedade civil sem fins lucrativos tiveram quase sempre papel marginal, vistas ou como forma de assistencialismo e caridade, associada sobretudo à religião, ou como forma de movimento político, associada a ONGs, ou,*

[414] Considerados assim em face de sua diversidade e heterogeneidade, formadores que são de uma identidade sociocultural, configurando a formação de uma nova cultura política, ativa e damasiadamente crítica.

[415] Ver o texto de NISBET, Robert. *Citizenship: two traditions.* In Social Research, vol.41/4. New York: Balsor & Taimble, 2002, p. 612-637.

[416] RODRIGUES, M. C. P. *Demandas sociais versus crise de financiamento: o papel do terceiro setor no Brasil*. Rio de Janeiro: Revista de Administração Pública, vol.32(5):25-67, Set./Out., 1998, p. 33.

ainda, de defesa de interesses corporativos, relacionada a sindicatos e associações.

É inegável reconhecer, pois, que a lógica de funcionamento desses movimentos, se antes era fomentada pela ausência de governo e de políticas gerenciais de interesses coletivos, agora, mesmo tendo-se revitalizado a Administração Pública – em alguns países – como gestora desses interesses, ainda assim, os movimentos se mantém com uma prática de reivindicação e, por vezes, de contestação do poder instituído, eis que o aprendizado forjado na sua história fez valorar a importância da participação na construção de seu cotidiano.[417]

Por outro lado, também se revela inexorável o impacto institucional que os movimentos sociais causam à democratização das relações sociais. Como assevera Jacob:

> Diversos estudos destacam o fato de os movimentos estarem desafiando as práticas políticas tradicionais, propondo novas alternativas de comportamentos políticos. Se, de fato, isto ocorre, principalmente a partir do momento em que os movimentos sociais urbanos chamam a atenção para temas tais como a participação popular, as demandas sociais e a identidade popular, o seu impacto institucional e o seu potencial transformador dependem não apenas de um reconhecimento de sua legitimidade, mas de uma avaliação dessa legitimidade, que é medida por sua capacidade de respeitar e promover os direitos que a população está se atribuindo.[418]

Este universo composto por associações, organizações não-governamentais, sem fins lucrativos e de voluntariado, dedicadas a distintos campos de atuação, legalizadas sob diferentes formas jurídicas e diferentes mecanismos de financiamento, com distintas origens e igualmente diversas tendências ideológicas, conforma um quadro heterogêneo e complexo, próprio da sociedade contemporânea. Em face disso, suas existências não se enquadram num sistema fechado e auto-suficiente de normatividade e jurisdicidade. Pelo contrário, as estreitas relações destas organizações com a sociedade são uma de suas características principais, das mais apreciadas e defendidas. Nesta rede de relações sociais deve-se sublinhar a crescente importância do Estado, estabelecida por meio de mecanismos como as par-

---

[417] Esclarece CARVALHO, Cristina Amélia Pereira de. *Preservar a identidade e buscar padrões de eficiência: questões complementares ou contraditórias nas organizações governamentais.* (Inédito, cópia xerográfica): "As entidades sem fins lucrativos, as organizações de voluntariado (que utilizam trabalho voluntário), as organizações não governamentais/ONG ou qualquer outra forma de organização gestada nos Novos Movimentos Sociais/NMS e situada na amálgama que é o Terceiro Setor, convivem sob uma combinação dos elementos políticos, ideológicos, econômicos e sociais que caracterizam um determinado momento histórico de um país que, por definição, será diferente de qualquer outro cenário geográfico e temporal".

[418] JACOB, Pedro. *Movimentos Sociais e Políticas Públicas.* Op. cit.,p. 17. Ver também , na perspectiva da ampliação da capacidade organizacional da sociedade civil, o texto de JAMES, Eduard. *Economic Theories of Nonprofit Sector: a Comparative Perspective.* In H. K. Anheier, W. Seibel (Eds.) The Third Sector: Comparative Studies of Nonprofit Organizations. Berlin-New York: Walter de Gruyter, 1998.

cerias, o financiamento compartilhado, a regulamentação e o ordenamento jurídico. Ou seja, o Estado não precisa estar perdendo o controle ou o poder que o caracteriza, mas pode/deve, tão-somente, reconfigurar seu perfil e significado em face de uma decisão que lhe é constitutiva, a saber: a da soberania popular articulada em termos de representação não necessariamente institucional.

Em termos de experiência, e mesmo nomenclatura estrangeira, podemos citar aqui as possibilidades de articulação social advinda de um movimento político nominado de setor, alternativo ao Estado (primeiro setor), Mercado (segundo setor), que é a Sociedade (terceiro setor), conforme se vê na história mais recente de alguns países europeus e mesmo dos Estados Unidos da América.[419]

Este campo do Terceiro Setor não é, também, homogêneo, a não ser pelo fato de incluir uma grande variedade de organizações com características distintas como as Associações de Moradores, os Grêmios, as Associações de Pais, as organizações beneficentes e as Organizações Não-Governamentais, entre outras. Com o intuito de compreender melhor as características comuns e diferenciadas dessas organizações formadoras do chamado Terceiro Setor, é que a literatura especializada faz uso de numerosas tipologias que, de acordo com o aspecto que é posto em destaque, categoriza as organizações conforme os propósitos da análise.[420]

Todas as nomenclaturas sinalizadas evidenciam o mesmo fenômeno, a saber: a capacidade da sociedade civil alcançar um grau de articulação e ação política capaz de propor uma interlocução eficaz com o poder instituído e o mercado, perseguindo sempre a maximização da sua qualidade de vida e de suas prerrogativas fundamentais.

No destaque apropriado de Céli Pinto, podemos notar que nas últimas três décadas o Brasil, em particular, tem experimentado um processo de amadurecimento da sociedade civil, eis que nunca tantos grupos e vontades coletivas e associativas foram manifestadas como neste período. Neste sentido, a organização da sociedade civil pode ser pensada como *a expressão do transbordamento do campo político, quer pela robustez da sociedade quer pelo raquitismo do campo político (leia-se aqui partidos),de qualquer forma a construção de discursos reinvidicatórios através de canais de par-*

[419] Temos nos Estados Unidos o país líder em termos de desenvolvimento do Terceiro Setor – ainda que este seja um setor com características diferentes do que aqui consideramos. Conforme HEIDER, Donald. *Panorámica del Sector sin Ánimo de Lucro en USA*. Documento de trabalho (fotocopiado). Primer Encuentro sobre Entidades Sin Ánimo de Lucro. Seminarios del IESE. Madrid, 1997.

[420] Neste sentido, é importante o trabalho de OFFE, Clauss. Reflexiones sobre la Autotransformación Institucional de la Actividad Política de los Movimientos: Modelo Provisional Según Estadios, in R. J. Dalton, M. Kuechler (compiladores) Los nuevos movimientos sociales. València: Alfons el Magnànim, 1992.

ticipação alternativos às instituições representativas indicam, sem dúvida, a existência de um fenômeno novo a ser considerado.[421]

Enquanto organização constituída pela vontade política dos seus atores, os movimentos sociais representativos das relações societais contam hoje, no Brasil, com um marco regulatório que fomenta suas existências e desenvolvimento, temas que passamos a abordar agora.

7.3. Marcos regulatórios dos movimentos sociais no Brasil

Na definição dos movimentos sociais, em suas múltiplas formas no Brasil, figura, em primeiro plano, sua pressuposta independência frente aos poderes instituídos. No entanto, estes movimentos não podem prescindir, absolutamente, dos governos para realizar algumas ações, até em face da natureza dos interesses que as identificam – especificamente públicas. Assim é que, por um lado, há uma preocupação em constituir um marco normativo que determina o modelo organizacional, operacional, jurídico e fiscal pelo quais devem guiar-se. Por outro lado, está o problema das relações institucionais (nacionais ou internacionais) e a política geral do país a respeito, tendo por exemplo, aporte de recursos por parte de organismos nacionais e internacionais e as ingerências exteriores nas questões nacionais.

A relação institucional entre as administrações públicas e as organizações sociais varia muito, segundo o contexto de cada época e país. Entre os países europeus, as diferenças são marcantes e vai desde uma patente debilidade no ordenamento jurídico específico, até a regulamentação específica consolidada.[422]

Para Paulo Modesto,[423] por exemplo, as organizações sociais representam uma forma de parceria do Estado com as instituições privadas de fins públicos (perspectiva *ex parte principe*) ou, sob outro ângulo, uma forma de participação popular na gestão administrativa (perspectiva *ex parte populi*).

Na mesma direção, refere o autor que, no aspecto da parceria, as organizações sociais definem-se como instituições do terceiro setor (pessoas privadas de fins públicos, sem finalidade lucrativa, constituídas voluntaria-

[421] PINTO, Céli Regina Jardim. *Democracia representativa versus democracia participativa: um debate oportuno em ano de eleições municipais*. Rio de Janeiro: Vozes, 2001, p. 4.

[422] FUNES RIVAS, Martin Javier. *Las Organizaciones Voluntarias en el Proceso de Construcción de la Sociedad Civil*. In Revista de Ciencias Sociales, 117: 55-69, 1993.

[423] MODESTO, Paulo. *Organizações sociais no Brasil*. In www.teiajuridica.com.br , artigos, acessado em 20 de junho de 2001.

mente por particulares, auxiliares do Estado na persecução de atividades de relevante interesse coletivo), pois possuem o mesmo substrato material e formal das tradicionais pessoas jurídicas privadas de utilidade pública, com a diferença fundamental de possuirem um título jurídico especial, conferido pelo Poder Público, em vista do atendimento de requisitos gerais de constituição e funcionamento previstos expressamente em lei.[424]

No Brasil, recentemente, foram aprovadas as Leis n° 9.637/1998, que regulamenta matéria atinente às organizações sociais, a n° 9.790/99, que normatiza, de forma mais pontual, as relações entre Estado e as organizações sociais, flexibilizando o acesso destas aos recursos públicos, desde que assumam a condição de organizações da Sociedade Civil de Interesse Público/Oscip, mais a Lei 9.608/98, denominada Lei do Voluntariado.[425]

Pelos termos da Lei nº 9.637/98, as organizações sociais são conceituadas como entidades privadas – pessoas jurídicas de direito privado – sem fins lucrativos, destinadas ao exercício de atividades dirigidas ao ensino, à pesquisa científica, ao desenvolvimento tecnológico, à proteção e preservação do meio ambiente, à cultura e à saúde. A partir desta conceituação, o Poder Público, em nosso entender, desde que solicitado, deve – e não pode – qualificar como tais, as organizações que se enquadrarem nesta tipificação, sob pena de, aceita a facultatividade da qualificação por parte do Estado,[426] criarmos uma séria possibilidade de arbitrariedades e favoritismos corporativos aos amigos do poder que desejarem constituir uma entidade com tal perfil.

Veja-se que, ainda, demanda a lei que o pretendente à qualificação atenda os seguintes requisitos constitutivos: (a)comprove o registro de seu ato constitutivo, dispondo sobre os requisitos previstos no artigo 2º, entre

---

424 CARVALHO, Cristina Amélia Pereira de.op. cit., p. 5, adverte para o fato de que "o campo do Terceiro Setor não é particularmente homogêneo a não ser pelo fato de incluir uma grande variedade de organizações com características distintas como as Associações de Moradores, os Grêmios, as Associações de Pais, as organizações beneficentes e as Organizações Não Governamentais entre outras. Com o intuito de compreender melhor as características comuns e diferenciadas dessas organizações formadoras do chamado Terceiro Setor é que a literatura especializada faz uso de numerosas tipologias que, de acordo com o aspecto que é posto em destaque, categoriza as organizações conforme os propósitos da análise".

425 Considera-se serviço voluntário, para os fins dessa Lei, a atividade não-remunerada, prestada por pessoa física a entidade pública de qualquer natureza, ou a instituição privada de fins não-lucrativos, que tenha objetivos cívicos, culturais, educacionais, científicos, recreativos ou de assistência social, inclusive mutualidade. A Lei deixa claro que este serviço não gera vínculo empregatício, nem obrigação de natureza trabalhista, previdenciária ou afim. De outro lado, o serviço voluntário será exercido mediante a celebração de termo de adesão entre a entidade, pública ou privada, e o prestador do serviço voluntário, dele devendo constar o objeto e as condições de seu exercício. Nos termos do art. 3º da norma, o prestador do serviço voluntário poderá ser ressarcido pelas despesas que comprovadamente realizar no desempenho das atividades voluntárias, desde que expressamente autorizadas pela entidade a que for prestado o serviço voluntário.

426 Registramos que a dicção do art. 1º da referida lei permite dedução sobre a natureza facultativa da qualificação, dependendo da atenção e disponibilidade do Poder Público.

os quais, a natureza social de seus objetivos, finalidade não-lucrativa, obrigando-se a investir o excedente financeiro no desenvolvimento das próprias atividades; (b)preveja a existência de um conselho de administração[427] e uma diretoria;[428] (c) o Poder Público e a comunidade deverão estar representados nessas entidades, cujos membros serão de notória capacidade profissional e idoneidade moral.

O conselho de administração exigido pela lei supracitada (art. 4º) tem um amplo leque de ações e responsabilidades, dentre as quais: aprovar a proposta orçamentária e o programa de investimentos da organização, bem como o contrato de gestão (art.5º) entre o Poder Público e a organização social, para a formação de parceria, com o objetivo de fomentar a execução de atividades correspondentes às suas áreas de atuação; este contrato deverá ser aprovado pelo Conselho de Administração e submetido ao Ministro de Estado ou à autoridade supervisora da área correspondente à atividade fomentada, observados os princípios da legalidade, moralidade, impessoalidade, publicidade e economicidade (art. 7º).[429] Ao largo disso, demanda a norma que esses contratos disponham sobre a especificação do programa de trabalho e estipulação dos limites e critérios para a despesa com remuneração e vantagens dos dirigentes e empregados.

Em termos de fomento à constituição e desenvolvimento das organizações sociais, a Lei nº 9.637/98 elenca uma série de prerrogativas, dentre as quais: (1) podem ter destinadas, a seu favor, recursos orçamentários e bens públicos necessários à execução do contrato de gestão (e de acordo com seu cronograma de desembolso) – por óbvio que respeitado o plexo orçamentário existente, e bens públicos; (2) tal disposição de recursos e bens tem dispensada a prévia licitação, mediante permissão de uso, de acordo com cláusula expressa no contrato de gestão; (3) podem ter servidores públicos cedidos pelo poder público para o desenvolvimento de suas atividades, com ônus ao cedente.[430]

Em nome da transparência das suas atividades e do seu controle público, as organizações sociais se obrigam (nos termos do art. 17 da Lei sob comento), a partir da assinatura do contrato de gestão, em noventa dias, a

---

[427] O Conselho de Administração tem, entre suas atribuições privativas, a de aprovar por maioria, de no mínimo dois terços de seus membros, o regulamento contendo os procedimentos a serem adotados na contratação de obras, serviços, compras e alienações, a proposta do contrato de gestão dessa entidade e os demonstrativos financeiros e contábeis e as contas anuais da entidade, com o auxílio de auditoria externa, bem como fiscalizar o cumprimento das diretrizes e metas definidas.

[428] O conselho deverá, segundo os estatutos, ter composição e atribuições normativas e de controle básicas, previstos nesse diploma legal.

[429] Interessante destacar que os bens públicos necessários ao cumprimento do contrato de gestão e destinados a essas organizações, mediante permissão de uso, ficam dispensados da licitação.

[430] Na hipótese de cessão de servidor público, este poderá obter privilégios de vencimentos se a organização social assim dispuser, o que não será repassado em termos de suportabilidade posterior ao Poder Público cedente, consoante os termos do art. 14 da Lei.

publicar o regulamento que enuncia os procedimentos que vai utilizar à contratação de obras e serviços, compras e emprego de recursos provenientes do Poder Público, sob pena de ver comprometido o próprio contrato. Esta publicação, salvo melhor juízo, deve-se dar a fim de garantir um âmbito de publicidade atinente ao interesse e patrimônio público envolvidos, adotando-se como critério de veículo de publicação, o mesmo da Lei de Licitações.

Em nosso sentir, quando a Lei, em seu art. 20, estabelece que será criado o programa nacional de publicização social, com o fito de estabelecer critérios e diretrizes à qualificação de organizações sociais, a fim de absorção de atividades desenvolvidas por entidades ou órgãos públicos que atuem nas áreas agora próprias das organizações, o faz mal, eis que, primeiro, estabelece, como instrumento de decisão desta matéria, o Decreto do Poder Executivo, enclausurando um tema dessa complexidade ao convencimento do Presidente da República, e, impedindo o Parlamento de refletir maturadamente sobre ela; segundo, não prevê a participação das organizações e mesmo de segmentos sociais interessados, para discutir tais critérios.

Estes entes deverão, obrigatoriamente, prestar contas ao Tribunal de Contas, nos termos do parágrafo único do art. 70 da Constituição Federal. Qualquer cidadão, partido político, associação ou sindicato é pessoa legítima para denunciar irregularidades ou ilegalidade perante o TCU, aplicando-se, no que couber, aos Tribunais de Contas dos Estados e do DF e aos Tribunais de Contas e Conselhos de Contas dos Municípios. Todavia, pensamos que a própria Lei deveria ter previsto formas mais incisivas de controle e prestação de contas, como talvez a do acompanhamento do Ministério Público de suas contas e gestão, dada a importância dos compromissos e responsabilidades que são outorgados às organizações sociais.

Com o advento da Lei federal nº 9.790, de 23 de março de 1999, tivemos um detalhamento muito importante sobre o tema das organizações sociais, agora denominadas de organizações da sociedade civil de interesse público sem fins lucrativos.[431] Estas organizações são definidas em termos de suas finalidades, a saber (art. 3º): promoção da assistência social; promoção da cultura, defesa e conservação do patrimônio histórico e artístico; promoção gratuita da educação, observando-se a forma complementar de participação das organizações de que trata esta Lei; promoção gratuita da saúde, observando-se a forma complementar de participação das organizações de que trata esta Lei; promoção da segurança alimentar e nutricional;

---

[431] O conceito de sem fins lucrativos aqui é especificado como próprio da pessoa jurídica de direito privado que não distribui, entre os seus sócios ou associados, conselheiros, diretores, empregados ou doadores, eventuais excedentes operacionais, brutos ou líquidos, dividendos, bonificações, participações ou parcelas do seu patrimônio, auferidos mediante o exercício de suas atividades, e que os aplica integralmente na consecução do respectivo objeto social, nos termos do art. 1º da Lei.

defesa, preservação e conservação do meio ambiente e promoção do desenvolvimento sustentável; promoção do voluntariado; promoção do desenvolvimento econômico e social e combate à pobreza; experimentação, não lucrativa, de novos modelos sócio-produtivos e de sistemas alternativos de produção, comércio, emprego e crédito; promoção de direitos estabelecidos, construção de novos direitos e assessoria jurídica gratuita de interesse suplementar; promoção da ética, da paz, da cidadania, dos direitos humanos, da democracia e de outros valores universais; estudos e pesquisas, desenvolvimento de tecnologias alternativas, produção e divulgação de informações e conhecimentos técnicos e científicos que digam respeito às atividades mencionadas neste artigo.

Ademais, de forma bastante pontual, em seu art. 2º, a lei veda a condição de organizações sociais dessa natureza, às seguintes pessoas jurídicas: I – as sociedades comerciais; II – os sindicatos, as associações de classe ou de representação de categoria profissional; III – as instituições religiosas ou voltadas para a disseminação de credos, cultos, práticas e visões devocionais e confessionais; IV – as organizações partidárias e assemelhadas, inclusive suas fundações; V – as entidades de benefício mútuo destinadas a proporcionar bens ou serviços a um círculo restrito de associados ou sócios; VI – as entidades e empresas que comercializam planos de saúde e assemelhados; VII – as instituições hospitalares privadas não-gratuitas e suas mantenedoras; VIII – as escolas privadas dedicadas ao ensino formal não-gratuito e suas mantenedoras; IX – as organizações sociais; X – as cooperativas; XI – as fundações públicas; XII – as fundações, sociedades civis ou associações de direito privado, criadas por órgão público ou por fundações públicas; XIII – as organizações creditícias que tenham quaisquer tipo de vinculação com o sistema financeiro nacional a que se refere o art. 192 da Constituição Federal.[432]

Vai mais longe ainda a Lei, quando disciplina, em seu art.4º, cláusulas mínimas que devem conter os estatutos dessas organizações, descendo a minúcias interventivas, tais como: (1) a adoção de práticas de gestão administrativa, necessárias e suficientes a coibir a obtenção, de forma individual ou coletiva, de benefícios ou vantagens pessoais, em decorrência da participação no respectivo processo decisório; (2) as normas de prestação de contas a serem observadas pela entidade, que determinarão, no mínimo: a) a observância dos princípios fundamentais de contabilidade e das Normas

---

[432] Ao que tudo indica, não basta tão-somente as pessoas jurídicas se organizarem, formalmente, prevendo tais atividades como objeto de suas existências, mas é necessário explicitar de forma muito direta que compromissos e modalidades de efetivação desenvolvem, eis que há a exigência de que a dedicação às atividades nele previstas configure-se mediante a execução direta de projetos, programas, planos de ações correlatas, por meio da doação de recursos físicos, humanos e financeiros, ou ainda pela prestação de serviços intermediários de apoio a outras organizações sem fins lucrativos e a órgãos do setor público que atuem em áreas afins (parágrafo único do art. 3º).

Brasileiras de Contabilidade; b) que se dê publicidade por qualquer meio eficaz, no encerramento do exercício fiscal, ao relatório de atividades e das demonstrações financeiras da entidade, incluindo-se as certidões negativas de débitos junto ao INSS e ao FGTS, colocando-os à disposição para exame de qualquer cidadão; c) a realização de auditoria, inclusive por auditores externos independentes, se for o caso, da aplicação dos eventuais recursos objeto do termo de parceria conforme previsto em regulamento; d) a prestação de contas de todos os recursos e bens de origem pública recebidos pelas Organizações da Sociedade Civil de Interesse Público será feita conforme determina o parágrafo único do art. 70, da Constituição Federal.

Ao lado dessas questões, também exige a Lei comentada, que os estutos prevejam a observância dos princípios constitucionais insculpidos no art.37, *caput*, da CF/88; a existência de conselho fiscal ou órgão equivalente; o repasse do patrimônio,[433] em caso de dissolução ou perda da caracterização de organização,[434] para outra entidade com tal caracterização, preferencialmente com o mesmo objeto social.

Preenchidos todos esses requisitos, o interessado poderá requerer, ao Ministério da Justiça, a qualificação instituída pela Lei.

O mecanismo jurídico que a Lei regulamenta para que as organizações sociais descritas por ela possam desenvolver atividades de natureza pública, repassadas pelo Estado, vem nominado de termo de parceria (art. 9°), identificado como o *instrumento passível de ser firmado entre o Poder Público e as entidades qualificadas como Organizações da Sociedade Civil de Interesse Público destinado à formação de vínculo de cooperação entre as partes, para o fomento e a execução das atividades de interesse público previstas no art. 3° desta Lei.*

O referido termo apresenta algumas cláusulas necessárias, descritas no art. 10, § 2°, a saber: a do objeto, que conterá a especificação do programa de trabalho proposto pela Organização da Sociedade Civil de Interesse Público; a de estipulação das metas e dos resultados a serem atingidos e os respectivos prazos de execução ou cronograma; a de previsão expressa dos critérios objetivos de avaliação de desempenho a serem utilizados, mediante indicadores de resultado; a de previsão de receitas e despesas a serem realizadas em seu cumprimento, estipulando, item por item, as categorias

[433] Registre-se que caso a organização adquira bem imóvel com recursos provenientes da celebração do Termo de Parceria, este será gravado com cláusula de inalienabilidade, conforme o art. 15 da Lei.

[434] É de se notar que a perda da condição de Organização da Sociedade Civil de Interesse Público, dá-se a pedido ou mediante decisão proferida em processo administrativo ou judicial, de iniciativa popular ou do Ministério Público, no qual serão assegurados, ampla defesa e o devido contraditório, nos termos do art. 7° da Lei. Além disso, "vedado o anonimato, e desde que amparado por fundadas evidências de erro ou fraude, qualquer cidadão, respeitadas as prerrogativas do Ministério Público, é parte legítima para requerer, judicial ou administrativamente, a perda da qualificação instituída por esta Lei". (art. 8°).

contábeis usadas pela organização e o detalhamento das remunerações e benefícios de pessoal a serem pagos, com recursos oriundos ou vinculados ao Termo de Parceria, a seus diretores, empregados e consultores; a que estabelece as obrigações da Sociedade Civil de Interesse Público, entre as quais a de apresentar ao Poder Público, ao término de cada exercício, relatório sobre a execução do objeto do Termo de Parceria, contendo comparativo específico das metas propostas com os resultados alcançados, acompanhado de prestação de contas dos gastos e receitas efetivamente realizados, independente das previsões mencionadas no inciso IV; a de publicação, na imprensa oficial do Município, do Estado ou da União, conforme o alcance das atividades celebradas entre o órgão parceiro e a Organização da Sociedade Civil de Interesse Público, de extrato do Termo de Parceria e de demonstrativo da sua execução física e financeira, conforme modelo simplificado estabelecido no regulamento desta Lei, contendo os dados principais da documentação obrigatória do inciso V, sob pena de não-liberação dos recursos previstos no Termo de Parceria.

Em termos de execução do objeto do termo de parceria, resta claro na Lei (art. 11), o necessário acompanhamento e fiscalização prévia e intercorrente no âmbito dos atos de gestão e execução das competências previstas, e não a insuficiente prestação de contas posterior, o que amplia a possibilidade eficacial do controle e gestão do interesse público levado a cabo pela organização, fazendo menção explícita à competência solidária para o monitoramento permanente do andamento do termo dos nominados Conselhos de Políticas Públicas envolvidos. Na mesma direção, o § 3º do art. 11 da Lei faz menção a outras formas de controle da execução do termo, os chamados mecanismos de controle social previstos na legislação.

Aqui, aliás, convém explorar um pouco os significados dessa figura intitulada de Conselho de Políticas Públicas, sua concepção, natureza, finalidades, competências, constituição, etc. Nesse sentido, podemos fazer uma analogia, no que tange aos Conselhos de Políticas Públicas, com a forma de organização e mesmo concepção, dos Conselhos Municipais (ou Estaduais), que operam no âmbito da gestão pública com os poderes instituídos.[435] Tais instituições são concebidas a partir da idéia de co-gestão da cidadania em temas que lhe dizem respeito, com intuito de participar efetivamente do processo de formação de políticas públicas e suas execuções.[436]

[435] Estamos fazendo referência aqui à experiência dos conselhos municipais da criança e do adolescente, da mulher, de saúde, de educação, etc., que vicejam em todo o território nacional a partir da Constituição Brasileira de 1988, e que têm auxiliado em muito às Administrações Públicas na gestão cotidiana das demandas sociais. Ver neste sentido o texto de MELUCCI, Alberto. *A invenção do presente: movimentos sociais nas sociedades complexas.* Petrópolis: Vozes, 2001.

[436] Falamos em concepção dessas instituições porque é possível termos situações em que os referidos espaços de participação social na administração dos negócios e interesses públicos seja mais formal do que material, isto é, apesar de ser garantido um lugar de participação institucional, ele é cooptado, manipulado, induzido pelo próprio Estado ou outros interesses corporativos hegemônicos, utilizando-se dos conselhos como instrumentos de gerenciamento de projetos mais privados do que públicos.

Aqueles responsáveis pela fiscalização do termo de parceria estão obrigados a denunciar ao Ministério Público e ao Tribunal de Contas qualquer irregularidade ou ilegalidade cometida na utilização dos recursos ou bens de origem pública pela organização parceira, sob pena de responsabilidade solidária, nos termos do art.12 da Lei.[437]

Da mesma forma que a Lei das organizações sociais (Lei nº 9.637/98), a presente Lei está a exigir que a organização parceira publique, no prazo máximo de trinta dias, contado da assinatura do Termo de Parceria, regulamento próprio contendo os procedimentos que adotará para a contratação de obras e serviços, bem como para compras com emprego de recursos provenientes do Poder Público, nos termos de seu art.14.

Dada a novidade do instituto, a norma está permitindo que as já existentes organizações jurídicas de direito privado sem fins lucrativos, com base nos instrumentos normativos anteriores ao novo estatuto, possam qualificar-se pelos termos ora comentados, desde – é claro – que atendidas as exigências anteriormente referidas.

A despeito de toda a natureza pública destas organizações, notabilizadas pela sua constituição societal, importa lembrar que sua natureza jurídica é inexoravelmente de direito privado, não se confundindo – como já se disse antes – com as atividades descentralizadas do próprio Estado, através das suas autarquias ou paraestatais. Assim, elas não possuem qualquer tipo de privilégios ou prerrogativas pertinentes às pessoas de direito público, sejam processuais ou de autoridade; da mesma forma, não se expõem à tutela policialesca do Estado, respondendo tão-somente pela execução das atividades pactuadas e pela regular aplicação dos recursos públicos outorgados.

É interessante o registro feito por Díez e Yañez,[438] quando lembram que, sujeitas às exigências das subvenções públicas para a execução dos projetos, as organizações sociais sob comento começam *a funcionar como empresas e intermediários financeiros, o que significa que, ao tempo em que contam com um importante número de voluntários, necessitam de pessoal fixo e especializado que obtenha seus salários dos projetos aprovados*. Em outras palavras, a burocratização dessas organizações sociais, por vezes, faz aumentar os custos de pessoal, de infra-estrutura e comunicação, junto aos de *marketing* e arrecadação de fundos, igualando-as em diversos níveis às demais pessoas jurídicas de direito privado e, até público, que estão no mercado há mais tempo.

---

[437] Nesse aspecto, a lei prevê recursos drásticos para responsabilizar responsáveis por fraudes ou desvios de verbas e bens destinados àquelas atividades, como seqüestro de bens, exame e bloqueio de bens, contas bancárias e aplicações, no país e no exterior – art. 13.

[438] Díez, A., M. Yáñez. ONGs: Cooperación o Solidaridad, de Sur a Sur – Revista Andaluza de solidaridad, Paz y Cooperación. nr. 8, Jun.-Set. 30-1, 1995, p. 31.

7.4. Considerações finais

O tema esboçado neste ensaio se apresenta, tão-somente, como uma tentativa de problematizar, dentre outros temas conexos, diretamente a questão da Democracia contemporânea e suas formas de densificação na vida das pessoas comuns, efetivamente as que são mais alvo do que sujeitos de governo e de gestão pública. Nesse particular, destaca-se, em especial, possibilidade de participação da sociedade civil no exercício do poder político que, até agora, esteve centrado, fundamentalmente, na órbita dos poderes instituídos do Estado, em sua forma mais clássica e moderna (Poderes Executivo, Judiciário e Legislativo).

Os índices de artificialidade e distanciamento com que aquele Estado Moderno se manteve em face da sociedade administrada, no âmbito da Administração Pública, foram fortes suficiente para dar causa a profundas crises de legitimidade, identidade e eficácia dos lugares tradicionais de gestão do espaço público, gerando uma conseqüente reação societal, tanto individual como coletiva, algumas mais passivas, outras mais ativas e de mobilização intensa (lícitas e ilícitas – como vimos), todas visando, ou à satisfação de suas demandas localizadas e fragmentas, ou a mudanças estruturais na forma de organização e exercício daquele poder político.[439]

Diante de um quadro muitas vezes de desrespeito por parte dos governantes em face dos governados, foi-se construindo, ao longo das últimas décadas, a perspectiva de que os governos e gestores públicos, efetivamente democráticos, são aqueles que buscam garantir um alto nível de engajamento e participação cívica nas ações de constituição de políticas públicas e de atendimento de demandas prioritárias comunitárias – eliminando os resultados negativos do controle social que surgem onde os níveis de participação são baixos ou quase inexistentes. Todavia, para que se garanta este novo padrão de governo/governante/governado, mister é que sejam fomentados outros valores e princípios informativos de organização coletiva.

Estamos falando, por certo, de um novo modelo de democracia, mais interlocucional e comunicativo, fundado numa ética discursiva que estabe-

---

[439] Ver o texto de UTZIG, José Eduardo. *Orçamento Participativo e performance governamental.* Versão modificada de uma parte de "paper" escrito no programa SPURS (Special Program for Urban and Regional Studies) no MIT (Massachusetts Institute of Technology), Cambridge, Estados Unidos, no primeiro semestre de 1999, Disponível em: www.portoalegre.org.gov.br. Refere o autor que "o amplo catálogo de direitos que usualmente vigora nas democracias representativas permite, em tese pelo menos, grande debate público e mobilização popular para influenciar os processos de decisão política. Entretanto, nada disso invalida a assunção básica de que os mecanismos da democracia representativa terminam por favorecer a dupla face de fraca participação popular e a transformação da política em atividade profissional. Mais ainda, a aguda e incontornável separação entre eleitores (cidadãos) e representantes (políticos profissionais) que caracteriza a democracia representativa tem de fato se constituído em combustível para aprofundar a burocratização do estado, quer dizer, para reduzir a influência da sociedade nos assuntos públicos".

lece a justificação das normas de conduta da vida dos cidadãos e do Estado, a partir do acordo racional daqueles que estão sujeitos a elas, eis que o igual respeito pelos indivíduos se reflete na liberdade de cada participante para admitir ou rechaçar razões oferecidas por via de justificação, enquanto que o interesse pelo bem comum se funda no sentido de exigir que cada participante leve em consideração necessidades, interesses e sentimentos de todos os demais e lhes conceda igual peso, tais quais os seus próprios.[440]

O poder público deve, levando em conta os novos agentes sociais que interagem no cenário público (cada vez mais amplo e includente), realçar que a idéia de poder público e administração pública, estão diluídos numa nova correlação de forças, cujos interlocutores são migratórios e polifônicos, desde os tradicionais sujeitos/mecanismos de democracia representativa (parlamento, executivo e judiciário, voto, partidos políticos), como os novos sujeitos de organização e pressão sociais (ONGS, associações civis, movimentos sociais não-institucionais, etc.), formando cenários que não mais se adaptam às formas de controle ou coação estatais (polícia, exército e ordens judiciais), mas que demandam uma lógica do entendimento e comunicação, o menos coatada possível.

Em síntese, a ação social, enquanto participação popular, na administração dos interesses públicos no Brasil, a partir da edição dos marcos regulatórios que analisamos, deixa de ser retórica eleitoral e passa a figurar como condição de possibilidade governamental, sob pena da anomia institucional em face do seu descrédito e a agudização dos flagelos e exclusões sociais.

---

[440] Lembramos que Habermas trabalha com a idéia de uma concepção procedimentalista de democracia deliberativa. Nesse sentido ver o texto de HABERMAS, Jürgen. *The New Obscurity: the crisis os the Welfare State and the exhaustion of utopian energies.* In HABERMAS, Jürgen. *The New Conservatism.* Cambridge: Mass, 1992, p. 84.

Conclusão

Ao longo deste trabalho, procuramos desenvolver uma reflexão sobre o tema das relações entre Estado, Administração Pública e Sociedade, a partir de uma perspectiva mais filosófica e sociológica do que propriamente jurídico-dogmática, utilizando como referencial de base as reflexões de Jürgen Habermas.

Na avaliação histórica e presente que fizemos, restou patenteado o fato de que vivemos num tempo em que os conceitos clássicos de tempo e espaço estão no mínimo flexibilizados, atingidos pelas revoluções tecnológicas e de informação, o que tem provocado um acelarado movimento de atores e interesses corporativos de massas, nas mais diversas experiências civilizatórias ocidentais e orientais. Costumeiramente tem-se atribuído a este fenômeno multifacetado,[441] a denominação genérica de globalização ou transnacionalização de sujeitos sociais.

Tal fenômeno mercadológico, político e cultural opera no tecido social de formas diferenciadas, a saber: (a) no plano econômico, ele repete, com formas e efeitos mais sofisticados, a experiência da internacionalização das práticas produtivas e comerciais desenvolvidas pelo capitalismo em sua fase expansionista do século XIX,[442] universalizando ainda mais a lógica do lucro e da racionalidade instrumental que o informa; (b) no plano político, temos a precarização da política, reduzida a uma dimensão institucional clássica da representação política (através dos poderes estatais instituídos), que não resiste à força daquele capital e mercado transnacionalizado, o que provoca a emergência de relações hierárquicas de dependência e subordinação, cada vez maior, dos interesses públicos em relação aos privados;[443] (c) enfim, no plano cultural, ele provoca um processo de

---

[441] No sentido de estar constituído de inúmeros fatos geradores, advindos dos mais distintos quadrantes da cultura, do mercado e da política. Ver, neste sentido, o trabalho de AXFORD ,Bill. *New Media and Politcs: the transformation of: political communication, democracy, public sphere and citizenship.* London: Macmillann, 2001, p. 84 e seguintes.

[442] Conforme o trabalho de BECK ,Urlich. *Un nuevo mundo feliz: la precariedad del trabajo en la era de la globalizacion.* Traducción de Bento Moreno Carrillo. Barcelona: Civitas, 2000, p. 36 e seguintes.

[443] Neste aspecto, temos o trabalho de ARATO, Arthur. *Sociedad civil y teoria politica.* México: Sigloveinteuno, 2000, p. 72 a 91.

homogeneização, isto é, de padronização e estandardização das atitudes e comportamentos em todo mundo, desconsiderando a diversidade e o pluralismo cultural dos povos.[444]

Em face destas particularidades, este fenômeno se contrapõe aos laços de solidariedade social existentes nos planos local e nacional, fragilizando com algumas tradições e crenças das Idades Moderna e Contemporânea, dentre as quais o de Estado-Nação, Soberania e, o próprio conceito de Federação, ao menos em suas feições mais tradicionais.[445]

Veja-se que estes processos acima identificados não acontecem de forma ordenada e seqüencial (dentro de uma perspectiva temporal e espacial clássica), mas de forma concomitante e, paradoxalmente, sem identificar – de maneira explícita – o que é causa e o que é efeito de um e outro momento/plano. Na verdade, o global e o local se interpenetram e se tornam inseparáveis. O global investe o local, e o local impregna o global. Não se trata mais de duas instâncias autônomas que se relacionam de uma determinada maneira, influenciando-se reciprocamente mas, mantendo cada uma, sua identidade. Trata-se agora de um processo que engloba, em seu movimento, o local e o global combinados, porém, com perversos efeitos para o local, já que ele, em regra, tende a perder suas feições e identidades próprias.[446]

Lizt Vieira ainda tenta estabelecer uma diferenciação, na globalização, entre localismo globalizado e globalismo localizado. O primeiro se refere à globalização de um fenômeno local, como, por exemplo, a atividade mundial de empresas multinacionais, a transformação da língua inglesa em língua franca, a globalização da música popular ou do *fast food* americano, a adoção mundial das leis americanas de direito autoral sobre programas de computador. Já o globalismo localizado diz respeito ao impacto específico de práticas transnacionais sobre condições locais que se desestruturam ou se reestruturam para atender aos imperativos transnacionais. São exemplos

---

[444] Ver o texto de BARBIER, Michel. *Mondialisation et societes multiculturelles: l'incertain du futur.* Paris: Dalloz, 2000, p. 67 a 79.

[445] Importa referir que temos consciência dos aspectos positivos que este fenômeno trouxe à espécie humana enquanto tal: a universalização da informação, as tecnologias e as descobertas e invenções da inteligência humana compartilhadas em grande escala, a ampliação da cultura e da comunicação em tempo real. Todavia, para os fins deste ensaio, queremos dar destaque aos aspectos da globalização que estão conectados com o surgimento do poder local e das novas relações de poder societal daí decorrentes.

[446] Conforme bem pontua VIEIRA, Lizt. Os (des)caminhos da globalização. In: *Cidadania e Globalização.* Rio de Janeiro: Record, 1998, p. 69-109. O autor refere que: "O paradigma clássico das ciências sociais, baseado nas sociedades nacionais, está sendo substituído por um paradigma emergente, baseado na sociedade global. Começam a sofrer reformulação conceitos clássicos como as noções de soberania e hegemonia, associadas ao Estado-Nação como centro de poder. As novas forças que operam na atual ordem mundial, dominada pela economia capitalista de cunho neo-liberal, reduzem os espaços do Estado-Nação, obrigando à reformulação de seus projetos nacionais. As nações buscam proteger-se formando blocos geopolíticos e celebrando acordos sob o controle de organizações internacionais, como FMI, OMC (ex – GATT), BIRD, ONU etc. Ao mesmo tempo, surgem novos centros de poder que agem em todos os níveis, do local ou global, estabelecendo normas e leis nacionais que podem contrariar os interesses públicos da sociedade civil."

os enclaves de livre-comércio, o desmatamento e a destruição de recursos naturais para pagar a dívida externa, o uso turístico de sítios históricos e ecológicos, a conversão de agricultura sustentável em agricultura de exportação, como parte dos ajustes estruturais exigidos pelo FMI.[447]

De qualquer sorte, é preciso entender com postura crítica esta face dual da globalização, uma provocando um certo crescimento econômico em vários níveis e esferas (internacional, nacional, estadual, regional e local), mas sem um claro compromisso com o desenvolvimento social (uma vez que tais práticas e políticas não se preocupam com os efeitos de exclusão e marginalização que provocam); outra, criando alternativas de acesso à informação e formação dos povos, constituindo uma aldeia global de indivíduos e culturas, fator necessário para a construção e ampliação de ações que visem ao bem-estar e à vida digna de todos, o que ainda não ocorre exatamente em razão de inexistirem condições objetivas/materiais de universalização da informação e formação, bem como pelo fato de que os padrões de informação e formação, não raro, são artificiais e desconectados com as particularidades e especificidades culturais de cada localidade e região, provocando a massificação alienante de comportamentos e condutas individuais e comunitárias.[448]

Todos estes fatores têm gerado ou uma reação em cadeia de inclusão social passiva e fragmentada de uma parte ínfima do tecido social que tem condições de se integrar nas estruturas econômicas, políticas e culturais identificadas,[449] ou, o que tem se revelado como a regra para a maior parte quantitativa das pessoas, um sentimento de desconsideração e exclusão social, tanto pela inexistência de meios para se sentirem incluídos, como pelo fato de que os modos de vida apresentados não dizem respeito às suas vidas.

Este sentimento, por sua vez, tem sido potencializado ao longo dos últimos tempos, passando de uma forma ainda conformista com os cenários existentes, para manifestações ativas de irresignação e protestos, cada vez mais consistentes (em termos de articulação e expressão)[450] e eficazes em termos de reconhecimento social e institucional.

---

[447] Idem, ibidem, p. 75.

[448] Há um excelente trabalho nesta direção, de KYMLICKA, Walter. *The rights of minority cultures.* Oxford: Oxford University Press, 2000, 152p.

[449] Tal inclusão se dá de forma significativamente silente e, muitas vezes, inconsciente, pois este grupo de pessoas se deixa levar pelos acontecimentos e situações, com uma postura de expectador dos acontecimentos, sem a menor preocupação reflexiva em relação a isto. Ver o trabalho de GIANNI, Martinni. *Cittadinanza Differenziata e Integrazione Multiculturale.* In Rivista Italiana di Scienza Politica, nº03. Millano: Editricce, 1998, p. 39 a 55.

[450] Estamos falando das experiências dos movimentos sociais organizados que se constituíram nas últimas quatro décadas no Brasil e mesmo na América Latina, desde as experiências dos movimentos eclesiais de base e das pastorais populares, até os atuais movimentos dos sem terra, sem teto, dos consumidores, etc. Neste sentido, ver o texto de ALVAREZ, Sônia; DAGNINO, Esther. *Cultures of Politics, Politics of Cultures: revisioning Latin American social movements.* Boulder: Westview Press, 1998, p. 48 a 61.

Ao lado disto, no caso particular do Estado brasileiro, ele sequer tem tentado assumir o papel de articulador e organizador da sociedade independente de sua condição de suporte de certas relações de dominação, adotando o papel de fiador de relações sociais.[451] Nestes termos, como quer O'Donnell,[452] o Estado capitalista, ao menos em sociedades mais desenvolvidas, não é diretamente o Estado dos capitalistas. Trata-se de um Estado que tem de exercer funções contraditórias, de acumulação e de legitimação, para criar as bases de um consenso através da ação das suas instituições. Ocorre que, tais instituições, no Brasil, chegaram a um ponto de exaustão dos seus limites de legitimidade representativa, como vimos anteriormente, eis que encontram-se tomadas pelas condições impostas pelo modelo transnacionalizado dos mercados e das suas políticas autopoiéticas de lucro e acumulação, que só agudizam as condições precárias de uma cidadania esvaziada em suas prerrogativas e promessas constitucionais.

A conseqüência imediata do cenário descrito é o surgimento de múltiplos blocos de representação política – estatal e não-estatal – dispersos em também múltiplos espaços da vida pública e privada, sendo que é o movimento organizado de grupos sociais que vai criando ações de compressão das clássicas estruturas institucionais de representação política, evidenciando, de um lado, a crise de identidade e eficácia que lhes atingem, por suas inércias e indiferenças em face das demandas populares emergentes[453] e, de outro lado, é mister que surjam, a uma, outros mecanismos e instrumentos de ação política efetivamente comprometidos com aquelas demandas, e de entra, que se alterem também os comportamentos de ação e reação à gestão de todos estes temas (tanto públicos como privados), e que isto seja realmente possível, partindo da própria vontade popular de se organizar para resolver seus próprios problemas, contando com a sensibilidade e responsividade dos poderes instituídos para incorporar tais espaços como legítimos no processo de constituição do Estado Democrático de Direito.

---

[451] Vale lembrar que no Brasil pós-64, a posição das políticas sociais no contexto das prioridades governamentais caracterizou-se pela implementação de um novo conceito de eficiência no qual os interesses econômicos prevaleceram sobre os interesses sociais. Como reflexo disto, as políticas governamentais nas áreas de bem-estar coletivo – saúde pública, saneamento, educação, habitação e nutrição – tiveram pouca importância na agenda governamental. Deste modo, não se alterou histórica e significativamente o perfil de desigualdade social dominante, o que, somado à compressão salarial e ao desemprego, configurou um crescente agravamento das condições gerais da população. Neste sentido, ver o texto de JACOB, Pedro. *Movimentos Sociais e Políticas Públicas*. São Paulo: Cortez, 1993, p. 10.

[452] O'DONNELL, Guillermo. *Modernization and bureaucritic-authoritarianism: studies in South American Politics*. Berkeley: Institute of International Studies University of California, 1973, p. 81.

[453] Neste sentido está certo Jacob, quando assevera que o "Estado contemporâneo fica dividido entre tarefas e exigências dificilmente conciliáveis, e nessa medida, freqüentemente, as políticas governamentais refletem ambigüidade. Decorre disto a emergência freqüente de uma crise de legitimação, fruto do fato de que a intervenção maior do Estado e a expansão dos seus aparelhos não são acompanhadas de nenhum aprofundamento de participação política democrática. A crise de legitimação surge quando as demandas crescem mais rapidamente do que as recompensas ou respostas". JACOB, Pedro. *Op. cit.*, p. 7.

Assim é que exsurgem aqueles dantes referidos (a) movimentos sociais com ações localizadas (comunidades eclesiais de base, associação de moradores de bairros, conselho de pais e mestres em escolas, pastorais de juventude); (b) movimentos com ações mais gerais (associações de consumidores, de donas de casas, de aposentados, de agricultores, de comerciantes, da indústria), com repercussão nacional e até internacional, todos, em regra, com práticas de contestação e ação no âmbito da legalidade oficial do ordenamento jurídico vigente, voltadas aos seus interesses pontuais.

Ao lado destes movimentos, vimos se desenvolver um outro tipo, de caráter mais tensional e que opera num campo sinuoso de aparente ilegalidade, ao menos em face da dicção oficial do Estado. Estamos falando do movimento dos sem-terra e o movimento dos sem-teto, por exemplo, responsáveis por uma série de invasões de propriedades no país, em busca de sensibilizar os órgãos governamentais para dar uma resposta e atenção efetiva aos seus problemas, elevando o discurso e suas propostas para uma perspectiva reflexiva sobre o modelo de desenvolvimento nacional adotado historicamente.[454]

De qualquer sorte, a despeito das críticas que se possam fazer em relação aos movimentos sociais, no sentido de suas demandas serem parciais em relação ao país e não versarem sobre alternativas macroestruturais ao modelo vigente de desenvolvimento e de governo, é inquestionável que eles servem para redimensionar alguns conceitos tradicionais da política e de Administração Pública, notadamente os de versão estatal mais tradicionais, fazendo ver que o lugar do poder não é só o do Estado, mas o da sociedade civil organizada que se dá conta da sua condição de fonte soberana de justificação e fundamentação do poder e do governo.[455]

É com tal perspectiva que as possíveis formas de resistência à onda de transnacionalização globalizada de moedas, mercados, produtos, cultura e exclusão social começem a ser pensadas e testadas, ou seja, se os Estados Nacionais não têm força institucional para resistir a esta onda involutiva da espécie humana, força é reconhecer que alguém tem de fazê-lo enquanto há tempo, e neste particular, a multipolaridade de blocos de poder neste trabalho analisada, desperta a criatividade para se estabelecer um novo centro de resistência e criação de alternativas: o de uma cidadania que se mobiliza em razão dos laços de solidariedade locais e regionais que cria, buscando reconstruir a identidade perdida.[456]

---

[454] Ver o texto de GOHN, Maria da Glória. *Movimentos Sociais no início do século XXI.* Petrópolis: Vozes, 2003.

[455] Fizemos uma abordagem mais específica sobre estas questões em nosso texto LEAL, Rogério Gesta. *Teoria do Estado: cidadania e poder político na modernidade.* Porto Alegre: Livraria do Advogado, 2001, 2 edição.

[456] Muitos destes movimentos, em razão de sua diversidade e heterogeneidade, são considerados novos movimentos sociais, eis que há uma preocupação neles pela formação de uma identidade sociocultural,

Pensamos que daqui decorre um dos principais fundamentos da idéia de poder local, ou seja, a de um poder que resgata sua matriz moderna, a saber: a vontade popular veiculada na direção da decisão política e de sua execução, agora conformada nos limites ou contornos do espaço em que ela será efetivada.[457]

É óbvio que este conceito exemplificativo de poder local não esgota suas potencialidades significativas, em permanente construção, e, tampouco, tem efeito desconstitutivo, em face dos clássicos poderes institucionais vigentes. Na verdade, ele pretende se apresentar como um espaço de interlocução política orgânica, em que todos os atores sociais – institucionais ou não – têm garantidas suas prerrogativas de manifestação de opinião e decisão sobre os temas que dizem respeito às suas vidas em comunidade. Significa dizer que o Estado, a partir daqui, não mais pode ser concebido como uma entidade monolítica a serviço de um projeto político invariável, mas deve ser visualizado como um sistema aberto e em permanente fluxo, internamente diferenciado, sobre o qual repercutem também, diferencialmente, demandas e contradições da sociedade civil organizada, enquanto elementos constitutivos do exercício do poder político.

As formas convencionais de representação política até então vigentes, não perdem a sua importância no processo de fazer o político, mas vêem-se complementadas com a participação direta da comunidade, articulada a partir de centros locais ou regionais de demandas. Tal realidade, que já vige no cenário brasileiro – conforme algumas experiências destacadas neste trabalho, demanda uma nova tomada de postura, tanto dos cidadãos brasileiros como de suas instituições, eis que é impossível aceitar-se o *modus operandi* vigente, autoritário e paternalista, dos Poderes Públicos, tratando a cidadania como súditos ou consumidores de serviços e ações empacotadas em fórmulas velhas e ineficientes de políticas públicas.

A partir dos fatos e fatores anteriormente elencados, em especial no âmbito dos novos atores sociais e a forma decisiva com que (devem e) participam do processo político de governo, também não se pode deixar de reconhecer que, em parte, tais ocorrências se deram com um alto grau de espontaneísmo do movimento de massas, a despeito de contar com certa reflexão crítica dos seus membros sobre o que implica a participação da

---

configurando a formação de uma nova cultura política, de participação dos negócios públicos de forma ativa. Ver o trabalho de GOHN, Maria da Glória. *Teoria dos Movimentos Sociais: paradigmas clássicos e contemporâneos*. São Paulo: Loyola, 1997.

[457] Estamos falando, por exemplo, da idéia rousseauniana de vontade geral como fonte do poder político: "Quando uma lei é proposta na assembléia popular, o que é perguntado a eles não é tanto se eles aprovam ou rejeitam a proposição, mas sim se ela está de acordo com a vontade geral, que também é a deles. Toda pessoa ao votar dá a sua opinião a respeito dessa questão e a vontade geral é então deduzida da contagem dos votos. Portanto, quando uma opinião contrária à minha prevalece, isso apenas prova que eu estava equivocado e que aquilo que eu supus ser a vontade geral não o era". ROUSSEAU, Jean Jacques. *O Contrato Social*. São Paulo: Abril, 1987, p. 87.

sociedade na administração de interesses comuns.[458] Estas ações geraram– progressivamente – uma tomada de consciência política significativa destas pessoas, dando vezo ao que Parsons chamou de revolução educacional:o *foco da nova fase é a revolução educacional que sintetiza de certa maneira os temas das revoluções industriais e democráticas: igualdade de oportunidades e igualdade de cidadania.*[459]

Para Habermas, esta revolução educacional é fundamental quando se trata do contexto da formação de uma sociedade civil como base para os processos públicos e inclusivos de formação da opinião e da vontade de parceiros do direito (Sociedade Civil e Estado), livremente associados.[460]

Fundamental, porque as medidas para demarcarmos as condições de legitimação democrática do poder político e da Administração Pública, pautadas pela ordem constitucional vigente, estão umbilicalmente *dependentes de processos de comunicação públicos não organizados, à medida que a pretensão de legitimidade dos modernos sistemas de direito for resgatada, de fato, através da igualdade concreta dos cidadãos.*[461] Por sua vez, para que tal igualdade concreta se dê, além da revolução educacional referida – desencadeada pela experiência dos movimentos sociais e pela novas práticas de inclusão social fomentadas por uma gestão pública compartida – mister é que se amplie ainda mais as possibilidades de participação efetiva em todos os momentos da ação pública de constituição do político, enquanto espaço de todos e para todos.

Mas qual é o perfil demandado de um cidadão que pretenda dar concretude àquela possibilidade? Sem dúvidas, preliminarmente, é preciso superar os modelos convencionais de cidadania inscritos na história ocidental recente, referidas por Marshall como sendo uma cidadania possuidora de *civil, political and social rights.*[462]

Segundo esta perspectiva, os direitos liberais civis protegem o sujeito de direito privado contra intromissões ilegais do Estado na vida privada, especialmente nos temas da liberdade e da propriedade; os direitos de participação política possibilitam ao cidadão ativo uma participação no processo democrático da formação de opinião e da vontade social; e os direitos de participação social garantem ao *cliente* do Estado do Bem-Estar, segu-

[458] Ver, neste sentido, o texto de PRZWORSKI, Arthur. *Democracy, Accountability and Representation.* Cambridge: Cambridge University Press, 2000, p. 72 a 94.

[459] PARSONS, Talcon. *The System of Modern Societies.* New York: Englewood Cliffs, 1971, p. 97. Tradução livre do autor: *The focus of the new phase is the educational revolution which in a certain sense synthesizes the themes of the industrial and the democratic revolutions: equality of opportunity and equality of citzenship.*

[460] No seu texto HABERMAS, Jürgen. *Direito e Democracia: entre a faticidade e a validade.* Rio de Janeiro: Tempo Brasileiro, 1997, p. 106.

[461] HABERMAS, Jürgen. Op. cit. p. 107.

[462] MARSHALL, Thomas. *Class, Citizenship and Social Development.* Westport: Conn, 1973.

rança social e um rendimento mínimo. Se estas particularidades da cidadania em suas feições mais históricas foram importantes para a ampliação do seu *status* desde a Idade Moderna, todavia, apresentam-se insuficientes diante das demandas individuais e coletivas que se avolumam geometricamente.

Indo mais longe, voltamos com Habermas para lembrar que não há uma relação necessária entre Democracia e Estado de Direito e Estado Social – modelos de Estados que contemplaram aqueles direitos de cidadania – , porque *direitos de liberdade e de participação podem significar igualmente a renúncia privatista de um papel de cidadão, reduzindo-se então às relações que um cliente mantém com administrações que tomam providências.*[463]

De uma certa forma, isto efetivamente aconteceu na maior parte das experiências políticas e governamentais do Ocidente, a partir da era moderna, ocorrendo uma progressiva profissionalização e elitização da ação político-governamental, que resultou em consectária burocratização do Estado e suas instâncias administrativas – como dantes visto –, por vezes, até, criando uma nova categoria societal: os tecnoburocratas, responsáveis pela manipulação do aparelho do Estado para atender seus próprios interesses ou interesses corporativos (igualmente rentáveis economicamente).[464]

Em tal estrutura de poder, os direitos e garantias dos cidadãos, além de estarem demarcados de forma restritiva por normas adredemente forjadas por um processo legislativo comprometido mais com o privado do que com o público, encontram-se mitigados, ou mesmo esvaziados, por procedimentos estatais burocratizados e desviantes de suas finalidades matriciais, o que torna o cidadão – em tese – um mero usuário do Poder Público, e não sua fonte constitutiva-fundacional.

Se política e culturalmente o perfil de uma cidadania passiva e consumidora de serviços prestados pelo Estado vai se alterando, em face, tanto da ineficácia deste Estado sequer cumprir com sua função de fornecedor de serviços e ações que dão conta das demandas envolvidas, como da mobilidade organizacional e reivindicatória de grupos de indivíduos reunidos em movimentos sociais – o que por si provoca uma mudança de comportamento de passivo para ativo da cidadania, ainda temos, no Brasil, a partir da Constituição de 1988, um marco normativo-regulatório que formaliza/sintetiza a história de lutas e conquistas dos diversos atores sociais envolvidos nos embates tencionais em sede de poder político e Administração Pública.

---

[463] HABERMAS, Jürgen. Op. cit. p. 109.

[464] Ver o trabalho de KLIKSBERG, Bernardo. *El rediseño del Estado: una perspectiva internacional.* México: Fondo de Cultura Económica, 1996.

Este marco normativo-regulatório, enquanto estatuto político e jurídico, inaugura um novo *topoi* a partir do qual vai se compreender a cidadania nacional: o espaço público democrático de direito.

Estamos querendo pontuar a importância dos elementos multidisciplinares presentes (pressupostos) nos direitos postos pela Carta Política de 1988, pois, vêm-se presentados desde os princípios constitucionais inscritos no título primeiro da Lei, passando pelas normas igualmente principiológicas, esparsas ao longo do texto, contando, por fim, com as regras jurídicas propriamente ditas.

Podemos fazer referência, por exemplo, à decisão do constituinte em alçar, à condição de princípio fundamental da República Federativa brasileira, a cidadania, nos termos do seu art. 1°, inciso II, o que implica reconhecer a sua importância destacada em nível de sistema jurídico. Mas o que significa isto em termos materiais? Para responder, necessário se faz levar em conta a concepção, a partir da qual, se estruturam as normas jurídicas neste modelo de constituição vigente.

Em outras palavras, significa dizer que o texto constitucional, por sua própria essência, evidencia mais do que comandos generalíssimos estampados em normas. Expressa opções políticas fundamentais, configura eleição de valores éticos e sociais como fundantes de uma idéia de Estado e de Sociedade. Sua estrutura normativa, nesta direção, não expressa somente um sistema jurídico, mas também, política, ideológica e social, como, de resto, o Direito e as demais normas de qualquer sistema jurídico. Contudo, expressam uma natureza política, ideológica e social, normativamente predominante, cuja eficácia, no plano da práxis jurídica, deve-se impor de forma altaneira e efetiva.[465]

Estamos a defender, deste modo, que a cidadania enquanto um dos centros neurais da Constituição, revela-se prioridade absoluta da República, devendo informar quaisquer ações ou políticas de gestão pública dos poderes instituídos e dos comportamentos privados. O desrespeito a ela, além de configurar uma violação à legitimidade fundante do poder político, evidencia-se como o cometimento de uma inconstitucionalidade direta, passível de reparos jurisdicionais.

A leitura proposta vem ratificada, sistematicamente, por outras normas da própria Constituição. Assim, ocorre com o direito de petição e a obtenção de certidões em repartições públicas para a defesa de direitos, a todos assegurado (art. 5°, inc.XXXIV); a proibição de privação da liberdade e dos bens sem o devido processo legal (art. 5°, inc.LIV); a previsão do

[465] Aqui lembramos a idéia de ENTERRIA, Eduardo Garcia de. *La constitución como norma y el tribunal constitucional*. Madrid: Civitas, 1985, p. 81, quando nos lembra que a constituição deve ser vista sempre como norma jurídica obrigatória.

mandado de injunção como instrumento de proteção dos direitos da cidadania (art. 5º, inc. LXXI); a figura da ação popular, tendo como titular o cidadão, à proteção do patrimônio público (art. 5º, inc.LXXIII); a gratuidade do *habeas corpus* e *habeas data*, para o exercício da cidadania (art. 5º, inc.LXXVII); a edição da Lei nº 9.265/1996, que prevê a gratuidade dos atos necessária ao exercício da cidadania.

Enfim, no plano normativo, a posição da cidadania está destacada, inclusive no aspecto infraconstitucional, haja vista as disposições da nova legislação que regulamenta a matéria atinente às organizações sociais, Leis nºs 9.637/98 e 9.790/99, que normatiza, de forma mais pontual, as relações entre Estado e as organizações sociais, flexibilizando o acesso destas aos recursos públicos, desde que assumam a condição de organizações da Sociedade Civil de Interesse Público/Oscip, mais a Lei nº 9.608/98, denominada Lei do Voluntariado.[466]

O que queremos demarcar aqui é como se explicita este novo conceito de cidadania, material e formalmente, considerando seus aspectos histórico-políticos e jurídicos, eis que elementos que se fundem para viabilizar uma compreensão mais ampliada da importância e indisponibilidade dos cidadãos no âmbito do Estado Democrático de Direito e de sua gestão compartilhada, concebido notadamente como um processo permanente de afirmação e concretização das prerrogativas sociais já mencionadas.

No caso brasileiro, a cidadania tem recuperado sua consciência histórica e futura, tendo em conta a contribuição prestada à frágil democracia brasileira e sua função capital para viabilizar bases de fortalecimento e ampliação da Sociedade Democrática de Direito. Para tanto, fortalecem-se os laços de solidariedade local e regional, espaços mais específicos em que se viabilizam as mobilizações e projetos de resistência à barbárie e de efetivações dos direitos constitucionais vigentes, bem como – o que caracteriza a cidadania ativa de que estamos falando – a invenção/criação de novos direitos e ações , que emergem de lutas específicas e da sua prática concreta. *A disputa histórica é também pela fixação do significado de direito e pela afirmação de algo enquanto um direito*.[467]

---

[466] Considera-se serviço voluntário, para os fins dessa Lei, a atividade não remunerada, prestada por pessoa física a entidade pública de qualquer natureza, ou a instituição privada de fins não lucrativos, que tenha objetivos cívicos, culturais, educacionais, científicos, recreativos ou de assistência social, inclusive mutualidade. A Lei deixa claro que este serviço não gera vínculo empregatício, nem obrigação de natureza trabalhista, previdenciária ou afim. De outro lado, o serviço voluntário será exercido mediante a celebração de termo de adesão entre a entidade, pública ou privada, e o prestador do serviço voluntário, dele devendo constar o objeto e as condições de seu exercício. Nos termos do art. 3º da norma, o prestador do serviço voluntário poderá ser ressarcido pelas despesas que comprovadamente realizar no desempenho das atividades voluntárias, desde que expressamente autorizadas pela entidade a que for prestado o serviço voluntário.

[467] DAGNINO. Evelina (org.). op. cit., p. 107.

A partir desta perspectiva, a cidadania brasileira ativa que está a exigir os cenários conjunturais em que se vive e a própria previsão normativa constitucional, vê-se credenciada a não só participar daquilo que está pronto em termos de gestão dos interesses comunitários, mas de criar/constituir os pressupostos e modelos de desenvolvimento social que digam respeito às suas demandas, instituindo novos conceitos de democracia, sociedade e direito, levando em consideração suas conquistas em termos de garantias, universalmente consagradas, como patrimônio da humanidade, tais como os direitos humanos e fundamentais.

Ocorre que, numa sociedade cada vez mais complexa e multifacetada, as possibilidades formais e reais de participação – algumas mediadas pelo direito (como as formas constitucionais de participação jurisdicional do cidadão no controle do Poder Público, por exemplo[468]) – se avolumam, o que não se apresenta, ainda, como suficiente para fomentar ou eficacializar a esperada participação. Uma das leituras possíveis para este fenômeno, a qual utilizamos, é a de Habermas, quando sustenta que há uma crescente e perceptível *síndrome de privativismo da cidadania*, causado pela alocação do cidadão – por ele mesmo e pelo Estado – como consumidor de fórmulas e ações políticas prontas advindas dos poderes instituídos, colocando-o em situação periférica diante dos centros decisionais no âmbito da política do seu cotidiano, a despeito de reconhecer a sua condição de *membro da organização social*.[469]

Estamos sustentando, pois, que a condição de cidadania no país capaz de viabilizar uma gestão pública compartilhada dos seus próprios interesses, sob a perspectiva constitucional vigente, perquire mais do que simples previsão de prerrogativas normativas, mas demanda, substancialmente, o acontecer destas garantias, o que não depende exclusivamente do Estado, até porque algumas delas podem eventualmente ir de encontro com os interesses oficiais mais momentosos, afigurando-se, como fundamental, que a cidadania mobilizada politicamente busque, através de uma interlocução permanente e visível entre si e com suas representações corporativas (públicas e privadas), constituir e espaço público/ arena da reflexão e deliberação de gestão dos interesses em tela.

Significa dizer que muito pouco há de já demarcado no âmbito das prioridades públicas emergentes – sendo algumas intocáveis porque princípios fundacionais da própria sociedade, tais como os direitos humanos e fundamentais assegurados – e que a tarefa de delimitá-las é absolutamente negociada, resultado do embate de proposições de idéias e projetos (individuais e coletivos), racionalmente justificados e fundamentados, devendo

[468] Estamos falando das ações constitucionais, tais como a ação popular, o mandado de segurança, os controles de constitucionalidade, etc.
[469] In HABERMAS, Jürgen. Op. cit., p. 110.

ter como norte o atendimento da maior parte quantitativa dos interesses comunitariamente articulados.

Com Hannah Arendt, podemos sustentar que no novo espaço público de uma cidadania democrática viabilizadora de uma Administração Pública igualmente democrática, ter direitos significa pertencer a uma comunidade política na qual as ações e opiniões de cada um encontram lugar na condução dos negócios humanos, condução necessariamente compartida com o maior número de interessados possível. Nesse sentido, cada um pode ser julgado por suas ações e opiniões, e não pelo que são, enquanto classe, origem ou raça.[470]

Por todas estas razões, as práticas sociais, num regime democrático que se pretende de direito – haja vista a proposição normativa do texto constitucional brasileiro de 1988 – pretendem constituir uma ação emancipatória e de autonomia dos atores sociais em face dos poderes instituídos, ampliando as possibilidades da democracia para o campo da participação popular/soberania popular.

Esta nova articulação consiste, exatamente, na redefinição de espaço público e atores sociais deliberativos e executivos, fazendo ressurgir e fortalecer, por exemplo, o âmbito local do poder político, agora visualizado como a integração – tensa e conflitual – entre poderes instituídos tradicionais e novos movimentos sociais da cidadania ativa organizada, única maneira de efetivação das promessas constitucionais e da Sociedade Democrática de Direito.

Qualquer outro caminho ou proposta de gestão dos interesses públicos pode-se afigurar como ausente de sentido democrático e esvaziado em termos de legitimidade, a despeito de sabermos que tal tarefa é notadamente experimental, ou seja, vamos aprender democracia vivendo democraticamente.

---

[470] Ver o texto de ARENDT, Hannah. *On Revolution*. New York: Viking Press, 1983, p. 192.

BIbliografia

ABENDROTH, Wolfgang. *El Estado Social.* Madrid: Centro de Estudios Constitucionales, 1996.

ADMINISTRAÇÃO PÚBLICA MUNICIPAL. *Guia do Orçamento Participativo.* Porto Alegre: Município de Porto Alegre, 2002.

——-. *Orçamento Participativo 2004: participação é com a gente.* Porto Alegre: Município de Porto Alegre, 2004.

——. *Orçamento Participativo.* Porto Alegre: Município de Porto Alegre, 2003.

AGERE, Saul. *Promoting Good Governance: principles, practices and perspectives.* London: Martheson, 2002.

ALEINIKOFF, Alexander. *Semblances of sovereignty.* Boston: Harvard University Press, 2001.

ALESSI, Renato. *Instituciones de Derecho Administrativo.* Buenos Aires: Casa Editorial, 1990.

——. *Principi di Diritto Amministrativo.* Milano: Giuffrè, 1990.

ALEXY, Robert. *Teoria de los Derechos Fundamentales.* Madrid: Centro de estúdios constitucionales, 1997.

ALFONSO, Luciano Parejo. *Derecho Administrativo.* Madrid: Arial, 2003.

ANTUNES, Luis Felipe Colaço. *Para um Direito Administrativo de garantia do cidadão e da administração.* Lisboa: Almedina, 2004.

ARAGÃO, Lucia Maria de Carvalho. *Razão Comunicativa e Teoria Social Crítica em Jürgen Habermas.* Rio de Janeiro: Tempo Brasileiro, 1992.

ARENDT, Hanna. *On Revolution.* New York: Hortsseiner, 1989.

ARISTÓTELES. *A Politica.* III, 1278 b, Barcelona: Paidós, 1990.

——. *Ética à Nicômacos.* Brasília: UNB, 1997.

——. *Metafisica.* Livro V. Madrid: Paidós, 1990.

ÁVILA, Humberto. *Teoria dos Princípios: da definição à aplicação dos princípios jurídicos.* São Paulo: Malheiros, 2003.

AVRITZER, Leonardo. *Cultura Política, atores sociais e democratização: uma crítica às teorias da transição para a democracia.* In Revista Brasileira de Ciências Sociais. Nº28, Ano 10. São Paulo: USP, 1995.

——. *Sociedade civil:além da dicotomia Estado-Mercado.* In AVRITZER, Leonardo (org.). Sociedade Civil e Democratização. Belo Horizonte: Del Rey, 1994.

——. *Teoria democrática, esfera pública e participação local.* In Revista Sociologias, ano1, nº2, julho/dezembro de 1999. Porto Alegre: UFGRS, 1999.

AYALA, Vladimir R. *Voluntariado Social, Incorporación Social y Solidaridad: Independencia, Interdependencia y Ambigüedades.* In *Documentación Social. Revista de Estudios Sociales y de Sociología Aplicada,* 94, Jan.-Mar.: 141-56, 1994.

BARACHO, José Alfredo de Oliveira. *Processo Constitucional.* Rio de Janeiro: Forense, 1984.

BARKER, Edmund. *Greek Political Theory: Plato and his predecessors.* London: Goodwin, 1988.

BARRETO, Plínio. *A Cultura Jurídica no Brasil (1822/1922).* Rio de Janeiro: Imprensa Nacional, 1938.

BASBAUM, Leôncio. *História Sincera da República.* 04 volumes. São Paulo: Alfa-Ômega, 1981.

BASTOS, Aureliano Cândido Tavares. *A Província: estudo sobre a descentralização no Brasil.* Brasília: Nacional, 1970.

BASTOS, Aurélio Wander. *Poder Judiciário e Crise Social.* In Revista Ajuris, Vol.43. Porto Alegre: RTJRGS, 1988.

BATTAGLINI, Cosi Orsi. *Attività vincolata e situazioni soggettive.* Padova: Daltricce, 2004.

BAUMAN, Zygmunt. *Globalização:as consequências hum*anas.Rio de Janeiro:Jorge Zahar, 1999.

BERNSTEIN, Richar. *Habermas and Modernity.* Cambridge: Polity Press, 1995.

BETANCOR, August. *Las Administraciones independientes: um reto para el Estado social y democratico del Derecho.* Madrid: Siglo veinteuno, 2002.

BIELSA, Rafael. *Derecho Administrativo.* Buenos Aires: La Ley, 1975.

BOBBIO, Norberto. *Democrazia, maggioranza e minoranza.* Bologna: Il Mulino, 1981

——. *Dicionário de Política.* Brasília: UNB, 1996.

——. *Teoria do Ordenamento Jurídico.* Brasília: UNB, 1990.

—— *Estado, Governo e Sociedade.* Rio de Janeiro: Paz e Terra, 1987.

——. *Origen y fundamentos del poder politico.* México: Grijalbo, 1998.

BODILLO, Juán. *El Derecho Político Romano.* Madrid: Dastria, 1996.

BOHMAN, James. *Public Deliberation: Pluralism, Complexity and Democracy.* Boston: Madinson, 2002.

BONAVIDES, Paulo. *Curso de Direito Constitucional.* São Paulo: Malheiros, 1998.

BONNARD, Roger. *Précis de Droit Administratif.* Paris: LGDJ, 2001.

BRANDÃO, Antônio José. *Moralidade Administrativa,* in Revista de Direito Administrativo, n. 25, p. 454/467. São Paulo: Revista dos Tribunais, 1999.

CAETANO, Marcelo. *Princípios Fundamentais do Direito Administrativo.* Coimbra: Almedina, 1996.

CALMON DE PASSOS, J. J. *Comentários ao Código de Processo Civil.* Volume III. Rio de Janeiro: Forense, 2001.

CANCLINI,Nestor García. *Consumidores e cidadãos: conflitos multiculturais da globalização.* Rio de Janeiro:UFRJ,1999.

CANOTILHO, José Joaquim Gomes. *Direito Constitucional.* Coimbra: Almedina, 1997.

CARNOY, Martin. *Estado e Teoria Política.* São Paulo: Papirus, 1988.

CARRIÓ, Genaro. *Princípios Jurídicos e Positivismo Jurídico.* Buenos Aires: Abeledo-Perrot, 1987.

CARVALHO, Cristina Amélia Pereira de. *Preservar a identidade e buscar padrões de eficiência: questões complementares ou contraditórias nas organizações governamentais.*(Inédito, cópia xerográfica). Rio de Janeiro, 2000.

CASSAGNE, Juan Carlos. *El Acto Administrativo.* Buenos Aires: Abeledo-Perrot, 1990.

——. *Los principios generales del derecho en el derecho admininistrativo.* Buenos Aires: Abeledo-Perrot, 1990.

CASSIN, Barbara. *Ensaios Sofísticos.* São Paulo: Ciciliano, 1990.

CASTELS, Manuel. *La sociedad de redes.* Madrid: Paidós, 2001.

CASTORIADIS, Cornelius. *As encruzilhadas do labirinto.* Vol.I. São Paulo: Paz e Terra, 1986.

CAVALCANTI, Themístocles Brandão. *Tratado de Direito Administrativo.* São Paulo: Freitas Bastos, 1986.

CERRONI, Umberto. *Reglas y valores en la democracia.* México: Alianza Editorial, 1991.

CHAUI, Marilena. *Cultura e Democracia.* São Paulo: Brasiliense, 1989.

——. *Fantasias da Terceira Via.* In Jornal Folha de São Paulo, Caderno MAIS, edição de 19/12/1999, p. 04.

COELHO, Inocêncio Mártires. *Interpretação Constitucional.* Porto Alegre: Fabris, 1997.

COHEN, John. *Civil Society and Political Theory.* Cambridge: MIT, 1992.

COOKE, Maeve. *Language and reason: a study of Habermas pragmatics.* Cambridge: MIT, 2000.

COSTA Frederico Lustosa da & CAVALCANTI, Bianor Scelza. *Mudança organizacional do setor público.* In Revista de Administração Pública. Rio de Janeiro: FGV, 25(3): 173-84, julho/setembro de 1991.

——. *Estado, reforma do Estado e democracia no Brasil da nova república.* In Revista de Admin. Pública, FGV, vol.32(4):71/82. Rio de Janeiro, 1998.

COULANGES, Fustel de. *A cidade antiga.* Porto Alegre: Globo, 1984.

COX, Raymund. *Economic Globalization and the Limits to Liberal Democracy.* In Antony McGrew (ed.), The Transformation of Democracy?. New York: Polity Press, 1997.

CRETELLA JR., José. *Os Cânones do Direito Administrativo,* publicado na Revista de Informação Legislativa, Brasília, n.97, Janeiro/Março de 1988, p. 05/52.

DAGNINO, Eva. *Os movimentos sociais e a emergência de uma nova noção de cidadania.* In Os anos 90: política e sociedade no Brasil. São Paulo: Brasiliense, 1994.

DALLARI, Adilson Abreu. *A participação popular no município contemporâneo. Experiência no Brasil.* In: "El Municipio". Buenos Aires: Ciudad Argentina, 1996.

DE LA TORRE, Sanches. *Los principios clásicos del derecho.* Madrid: Paidós, 1981.

DEL VECCHIO, Giorgio. *Los principios generales del derecho.* Barcelona: Edille, 1979.

DELGADO, José Augusto. *A Administração Pública indireta na constituição federal de 1988 – alguns aspectos.* In Revista Síntese, volume 79, Janeiro de 1996. Porto Alegre: Síntese, 1996.

DEMO, Pedro. *Pobreza Política.* Campinas: Autores Associados, 1996.

DEMOCRACIA DELEGATIVA? *In Novos Estudos Ceprab.* São Paulo, out.1991.

DERATHÉ, Robert. *Jean-Jacques Rousseau et la science politique de son temps.* Paris: Vrin, 1984.

DIAZ, Elias. *Estado de Derecho y Sociedad Democrática.* Madrid: Editorial Cuadernos para el Dialogo, 1975.

DICEY, Carl. *Introduction to the study of the law the constitution.* London: MacMillan, 1981.

DÍEZ, A., M. Yáñez. *ONGs: Cooperación o Solidaridad, de Sur a Sur – Revista Andaluza de solidaridad, Paz y Cooperación*. nr. 8, Jun.-Set. 30-1, 1995, p.31.

DIEZ, Manoel Maria. *El acto administrativo*. Buenos Aires: Depalma, 1995.

ENGELS, Friedrich. *A origem da Família, da Propriedade Privada e do Estado*. São Paulo: Alfa-Omega, 1989.

ENTERRÍA, Eduardo García de. *Democracia, Jueces y Control de la Administración*. Madrid: Civitas, 2001.

——. *La Constitución como norma y el Tribunal Constitucional*. Madrid: Técnos, 1981.

ENZENSBERGER, Hans Magnus. *Guerra Civil*. São Paulo: Companhia das Letras, 1995.

EPSTEIN, Bárbara. *Cultural Politics and Social Movements*. Philadelphia: Temple University Press, 1999.

ESPIELL, Hector Gross. *Estudios sobre Derechos Humanos*. Madrid: Civitas.1988.

FANO, Enrico (org.). *Trasformazioni e Crisi delol Welfare State*. Piemonte: Donato, 1993.

FAORO, Raymundo. *Os donos do poder*. Rio de Janeiro: Globo, 1987.

FARIA, José Eduardo. *Retórica Política e Ideologia Democrática*. Rio de Janeiro: Graal, 1984.

——. *Justiça e Conflito*. São Paulo: Revista dos Tribunais, 1991.

FEATHERSTONE, Mike. *Cultura Global – nacionalismo, globalização e modernidade*. Vozes: Petrópolis, 1998.

FIGUEIREDO, Lucia Valle. *Curso de Direito Administrativo*. São Paulo: Malheiros, 1999.

FILHO, Alberto Venâncio. *Das Arcadas ao Bacharelismo*. São Paulo: Perspectiva, 1982.

FORSTHOFF, Ernst. *Tratado de Derecho Administrativo*. Madrid: Druma, 1994,

MEDAUAR, Odete. *Direito Administrativo Moderno*. São Paulo: Revista dos Tribunais, 1998.

FRAGOLA, Umberto. *Degli atti amministrativi*. Milano: Giuffrè, 1992.

FREITAS, Juarez. *A Interpretação Sistemática do Direito*. São Paulo: Malheiros, 1995.

FREYRE, Gilberto. *Casa Grande e Senzala*. Rio de Janeiro: Tempo Brasileiro, 1978.

FRIEDRICH, Carl J. *Authority, Reason and Discretion*. New York: Harvard University Press, 1998.

FUNES RIVAS, Martin Javier. *Las Organizaciones Voluntarias en el Proceso de Construcción de la Sociedad Civil*. In Revista de Ciencias Sociales, 117: 55-69, 1993.

FUNG, Norbert. *Deepening Democracy*. London: Verso Press, 2002.

——. *Gênese e apocalipse: elementos para uma nova teoria da crise institucional latino-amerana*. In Novos Estudos Ceprab. São Paulo (20):110-118, março de 1998.

GENRO, Tarso. *O novo espaço público*. Jornal Folha de São Paulo, Edição de 09/06/96, Caderno Mais:p.03.

——. *Orçamento participativo e o Estado*. In: Orçamento participativo: experiência de Porto Alegre. Tarso Genro (Org.) Porto Alegre: Fundação Perseu Abramo, 1997.

GIDDENS, Anthony. *A terceira via*. Rio de Janeiro: Record, 1999.

GOLDMANN, Lucien. *Epistemologie et philosophie politique*. Paris: Denöel/Gonthier, 1988.

GORDILLO, Agustín. *Tratado de Derecho Administrativo*. Buenos Aires: Fundación de Derecho Administrativo, Tomo I, 1998.

GRAMSCI, Antonio. *Os intelectuais e a organização da cultura*.Rio de Janeiro: Civilização Brasileira, 1985.

GRAU, Eros Roberto. *A Ordem Econômica na Constituição de 1988- Interpretação e Crítica*. São Paulo: Revista dos Tribunais, 1991.

——. *Ensaio e discurso sobre a interpretação/aplicação do direito*. São Paulo: Malheiros, 2002.

——. *O direito posto e o direito pressuposto*. São Paulo: Malheiros, 1998.

GRAU, Nuria Cunill. *Repensando lo público a través de la sociedad: nuevas formas de gestión pública y representación social*. Caracas: Nueva Sociedad, 1997.

GRECO, Guido. *Argomenti di Diritto Amministrativo*. Milano: Giuffrè, 2002.

GÜNTHER, Klaus. *The sense of appropriateness: aplication discourses in morality and law*. New York: State University of New York, 1999.

HÄBERLE, Peter. *Hermenêutica Constitucional*. Porto Alegre: Fabris, 1997.

HABERMAS, Jürgen. *Faticidade e Validade*. Rio de Janeiro: Civilização Brasileira, 1992.

——. *A Constelação Pós-Nacional*. São Paulo: Littera Mundi, 2001.

——. *Aclaraciones a la ética del discurso*. Madrid: Trotta, 1998.

——. *Direito e Moral*. Lisboa: Instituto Piaget, 1999.

——. *Erkenntnis und Interesse*. Frankfurt: Verlag, 1973.

——. *Faktizität und Geltung. Beiträge zur Diskurstheorie des Rechts und des demokratischen Rechtsstaats*. Frankfurt: Verlag, 1994.

——. *La soberanía popular como procedimiento: un concepto normativo de lo publico*. In Jürgen Habermas: Moralidad, ética y política. Madrid: Alianza Editorial, 1993.

——. *Mudança Estrutural da Esfera Pública*. Rio de Janeiro: Civilização Brasileira, 1988.

——. *Nos limites do Estado*. In Especial para a Folha de São Paulo, Caderno MAIS!, Página: 5-4.Edição: Julho de 1999.

——. *On the pragmatics of social interaction*. Cambridge: MIT, 2002.

——. *Pensamento pós-metafísico*. Rio de Janeiro: Tempo Brasileiro, 1990.

——. *Strukturwandel der Öffentlichkeit*. Boon: Darmstadt, 1978.

——. *Teoria de la Acción Comunicativa*. Madrid: Paidós, 2000.

——. *The New Obscurity: the crisis of the Welfare State and the exhaustion of utopian energies*. In HABERMAS, Jürgen. *The New Conservatism*. Cambridge: Mass, 1992.

——. *Theorie und Praxis*. Frankfurt: Verlag, 1992.

——. *Consciência Moral e Agir Comunicativo*. Rio de Janeiro: Tempo Brasileiro, 1989.

HART, Herbert L. A. *The concept of law*. Stanford: Stanford University Press, 1990.

HAURIOU. Maurice. *Precis Élémentaire de Droit Administratif*. Paris: Dalloz, 1976

HEIDER, Donald. *Panorámica del Sector sin Ánimo de Lucro en USA*. Documento de trabalho (fotocopiado). Primer Encuentro sobre Entidades Sin Ánimo de Lucro. Seminarios del IESE. Madrid, 1997.

HELD, David. *Democracy and the Global Order*. New York: Polity Press, 1995.

——. *Modelos de Democracia*. Belo Horizonte: Paidéia. 1995.

HERVADA, Javier. *Qué es el Derecho?* Navarra: Edicciones Universitárias, 2002.

HESSE, Konrad. *A força normativa da constituição*. Porto Alegre: Fabris,1991.

HOLANDA, Sérgio Buarque. *Raízes do Brasil*. Rio de Janeiro: Globo, 1982.

HURTADO, Juan Guillermo Ruiz. *El Estado, el Derecho y el Estado de Derecho*. Columbia: Facultad de Ciencias Jurídicas y Socio-Economicas, 1986.

HUSSERL, Edmund. *A crise das Ciências Européias*. Brasília: UNB, 1989.

IGLÉSIAS, Francisco. *Trajetória Política do Brasil*. São Paulo: Companhia das Letras, 1993.

JACOB, Pedro. *Movimentos Sociais e Políticas Públicas*. São Paulo: Cortez, 1993.

JAEGER, Werner. *Paideia.* México: Fondo de Cultura Económica, 1992.

JAMES, Eduard. *Economic Theories of Nonprofit Sector: a Comparative Perspective.* In H. K. Anheier, W. Seibel (Eds.) The Third Sector: Comparative Studies of Nonprofit Organizations. Berlin-New York: Walter de Gruyter, 1998.

JAMES, Erold (Ed.) *The Nonprofit Sector in International Perspective: Studies in Comparative Culture and Policy.* New York: Oxford University Press, 1989.

JOIN-LAMBERT, Christian. *LEtat moderne et ladministration.* Paris: LGDJ, 1997.

KEELER, John Thomas. *Opening the window for reform: mandates, crises, and extraordinary decision-making.* In Review of Compararive Politicial Studies, vol.25, p.433-86. Pricepton, 1999.

KELSEN, Hans. *What is Justice?* Los Angeles: University of California Press, 1997.

KENICHI, Ohmae. *The end of the Nation State: the rise of Regional Economies.* London: HarperCollins, 1995.

LANDI, Guido. *Manuale di Diritto Amministrativo.* Milano: Giuffrè, 1990.

LARENZ, Karl. *Metodologia da Ciência do Direito.* Lisboa: Fundação Calouste Gulbenkian, 2000.

LEAL, Hamilton. *História das Instituições Políticas do Brasil.* Brasília: Ministério da Justiça, 1994.

LEAL, Rogério Gesta. *Perspectivas Hermenêuticas dos Direitos Humanos e Fundamentais no Brasil.* Porto Alegre: Livraria do Advogado, 2001.

——. *Significados e Sentidos do Estado Democrático de Direito enquanto modalidade ideal/constitucional do Estado Brasileiro.* Artigo publicado na Revista Redes, do Programa do Mestrado em Desenvolvimento Regional da UNISC, vol.3, julho de 1998. Santa Cruz do Sul: Edunisc, 1998.

——. *A função social da cidade e da propriedade no Brasil.* Porto Alegre: Livraria do Advogado, 1998.

——. *Direito Urbanístico.* Rio de Janeiro: Renovar, 2003.

——. *Direitos Humanos no Brasil: desafios à democracia.* Porto Alegre: Livraria do Advogado, 1997.

——. *Hermenêutica e Direito: considerações sobre a Teoria do Direito e os Operadores Jurídicos.* 2. ed. Santa Cruz do Sul: Edunisc, 1999.

——. *Significados e Sentidos do Estado Democrático de Direito enquanto modalidade ideal/constitucional do Estado Brasileiro.* Artigo publicado na Revista Redes, do Programa do Mestrado em Desenvolvimento Regional da UNISC, vol.3, julho de 1998. Santa Cruz do Sul: Edunisc, 1998.

——. *Teoria do Estado: cidadania e poder político na modernidade.* 2. ed. Porto Alegre: Livraria do Advogado, 2002.

LEFORT, Claude. *As formas da história.* São Paulo: Brasiliense, 1979.

——. *LInvention Democratique.* Paris: Puff, 1989.

LIMA, Ruy Cirne. *Princípios de Direito Administrativo.* Porto Alegre: Globo, 1984.

LOCKE, John. *The Second Tratiese of Civil Governament.* Berckley: U.P.Berckley, 1980.

LOEWENSTEIN, Karl. *Political Power and the Governmental Process.* Chicago: University of Chicago Press, 1995.

LYRA, Augusto Tavares. *Organização Política e Administrativa do Brasil.* Rio de Janeiro: Olympio, 1954.

MACPHERSON, C. B. *Ascensão e queda da justiça econômica.* São Paulo: Paz e Terra, 1991.

—— *La Democracia Liberal y su época.* Madrid: Alianza Editorial, 1991.

——. *A Teoria Política do Individualismo Possessivo.* Rio de Janeiro: Paz e Terra, 1979.

MAIRAL, Héctor. *Control Judicial de la Administración Pública.* V.I. Buenos Aires: Depalma, 1990.

MALANDI, Orlando. *El nuevo derecho publico.* Buenos Aires: Astrea, 1995.

MANIN, Bárbara. *The principles of representative government.* Cambridge: Cambridge University Press, 1999.

MARCUSE, Herbert. *Idéias sobre uma teoria crítica da sociedade.* Rio de Janeiro: Zahar, 1982.

MARSHALL, T. S. *Americans no more: the death of citizenship.* Boston: Harvard University Press, 2002.

MARTINS JR., Wallace Paiva. *Transparência Administrativa.* São Paulo: Saraiva, 2004.

MARTINS, José de Souza. *O senso comum e a vida cotidiana.* São Paulo: Tempo Social - Revista Sociologia. USP, 1998.

MARTINS, Lúcio. *Reforma da administração pública e cultura política no Brasil: uma visão geral.* Brasília: Enap, 1997.

MAXIMILIANO, Carlos. *Hermenêutica e Aplicação do Direito.* Rio de Janeiro: Forense, 1992.

MEDAUAR, Odete. *Direito Administrativo Moderno.* São Paulo: Revista dos Tribunais, 1998.

MELLO, Celso Antônio Bandeira de. *Ato Administrativo e Direito dos Administrados.* São Paulo: Revista dos Tribunais, 1995.

——. *Curso de Direito Administrativo.* São Paulo: Malheiros, 1997.

——. *Discricionariedade e Controle Jurisdicional.* São Paulo: Revista dos Tribunais, 1992.

——. *Elementos de Direito Administrativo.* São Paulo: Revista dos Tribunais, 1996.

——. *Princípios Gerais de Direito Administrativo.* Volume 1, Rio de Janeiro: Forense, 1969.

MELLO, D. Albuquerque. *Curso de Direito Internacional.* São Paulo: Saraiva. 1990.

MELLO, Oswaldo Aranha Bandeira de. *A teoria das constituições rígidas.* São Paulo: José Bushatsky Editor, 1980.

——. *Princípios Gerais do Direito Administrativo.* Rio de Janeiro: Forense, 1969.

MELUCCI, Alberto. *A invenção do presente: movimentos sociais nas sociedades complexas.* Petrópolis: Vozes, 2001.

MERLIN, Pierre. *Lurbanisme.* Paris: Presses Universitaires de France, 1996.

MODESTO, Paulo. *Organizações sociais no Brasil.* Diponível em: www.teiajuridica.com.br, artigos, acessado em 20 de junho de 2001.

MOREIRA NETO, Diogo de Figueiredo. *Curso de Direito Administrativo.* Rio de Janeiro: Forense, 1996.

——. *Direito de Participação Política.* Rio de Janeiro: Renovar, 1993.

——. *Legitimidade e Discricionariedade.* Rio de Janeiro: Forense, 1991.

MÜLLER, Friedrich. *Direito, Linguagem e Violência.* Porto Alegre: Fabris, 1995.

——. *Quem é o povo? A questão fundamental da democracia.* São Paulo: Max Limonad, 1998.

NINO, Carlos Santiago. *Ética y Derechos Humanos.* Buenos Aires: Astrea, 1989.

NISBET, Robert. *Citizenship: two traditions.* In Social Research, vol.41/4. New York: Balsor & Taimble, 2002.

O'DONNELL, Guillermo. *Transitions from authoritarian rule: prospects for democracy.* Baltimore: Johns Hopkins University Press, 1996.

——. *Democracia Delegativa?* In Novos Estudos Ceprab. São Paulo, out.1991.

——. *Sobre o Estado, a democratização e alguns problemas conceituais.* In Novos Estudos Ceprab. São Paulo (36):123-45, jul.1993).

OFFE, Clauss. *Demokratie und Wohlfahrtsstaat: Eine Europaeische Regimeform Unter dem Stress der Europaeischen Integration.* Frankfurt: Streek, 1998.

——. *Problemas Estruturais do Estado Capitalista.* Rio de Janeiro: Tempo Brasileiro, 1994.

——. Reflexiones sobre la Autotransformación Institucional de la Actividad Política de los Movimientos: Modelo Provisional Según Estadios, in R. J. Dalton, M. Kuechler (compiladores) Los nuevos movimientos sociales. Valência: Alfons el Magnànim, 1992.

OLIVEIRA, Francisco de. *Os sentidos da democracia.* Petrópolis,RJ: Vozes, 1999.

PAUPÉRIO, Arthur Machado. *Teoria Democrática do poder.* Rio de Janeiro: Pallas, 1976.

PELLISSIER, Gilles. *Le príncipe d'égalité em droit public.* Paris: EJA, 2003.

PEREIRA, Luiz Carlos Bresser. *A diferença está no debate.* In Jornal Folha de São Paulo, edição de 20 de dezembro 1999, Seção Opinião, pp.01-03.

——; SPINK, Peter Kevin.*Reforma. do Estado e Administração Pública Gerencial.* 3.ed. Rio de Janeiro: Editora FGV,1999.

PÉREZ, Jesus González. *El princípio general de la buena fe en el derecho administrativo.* Madrid: Civitas, 1986.

PHILLIPS, Armand. *Democracy and Difference.* Cambridge: Polity Press, 2000.

PIMENTA, Carlos César. *A reforma gerencial do Estado Brasileiro no contexto das grandes tendências mundiais.* In Revista de Administração Pública, FGV, vol.32(5):173-99, Rio de Janeiro, 1998.

PINTO, Céli Regina Jardim. *Democracia representativa versus democracia participativa: um debate oportuno em ano de eleições municipais.* Rio de Janeiro: Vozes, 2001.

PLANT, Raymond. *Cidadania e Mudança Política.* In Reinventando a Esquerda. São Paulo: UNESP, 1997.

PLATÃO. *Dialoghi.* Torino: Giapichelli, 1970.

PONT, Raul. *Democracia Representativa e Democracia Participativa.* Disponível em: www.portoalegre.gov.rs.

POULANTZAS. Niklos. *La Crise de l'Etat.* Paris: Presses Universitaires de France, 1978.

PRADO JR., Caio. *História do Desenvolvimento Econômico do Brasil.* Rio de Janeiro: Círculo do Livro, 1996.

PRZEWORSKI, Anthon. *Democracy, Accoutability and Representation.* Cambridge: Cambridge University Press, 2001.

REALE, Miguel. *Filosofia do Direito.* São Paulo: Saraiva, 1999.

RIVERO, Jean. *Droit Administratif.* Paris: Dalloz, 1981.

RODRIGUES, M. C. P. *Demandas sociais versus crise de financiamento*: *o papel do terceiro setor no Brasil* . Rio de Janeiro: Revista de Administração Pública, vol.32(5):25-67, Set./Out., 1998.

ROUSSEAU, Jean J. *O contrato social.* São Paulo: Abril, 1988.

——. *Ouvres Complètes.* Paris: Gallimard, 1984.

SABINE, George H. *Historia de la teoria politica.* México: Fondo de Cultura Económica, 1994.

SACHS. Ignacy. *O Estado e os parceiros sociais: negociando um pacto de desenvolvimento.* In PEREIRA, Luis Carlos Bresser & WILHEIM, Jorge. Sociedade e Estado em Transformação. São Paulo: UNESP, 1999.

SÁNCHES, Ramiro. *Demandas de calidad de la Administración Pública: un derecho de la ciudadania.* Madrid: Dykinson, 2004.

SANCHÍS, Luís Pietro. *Sobre Princípios y Normas: problemas del razonamiento jurídico.* Madrid: Centro de Estúdios Constitucionales, 1998.

SANDEL, Martin. *Liberalism and the Limits of Justice.* Stanford: Stanford Press University, 1998.

SANTOS, Boaventura de Sousa *Pela mão de Alice – o social e o político na pós-modernidade.* São Paulo: Cortez, 1995.

——. *Reinventar a democracia: entre o pré-contratualismo e o pós-contratualismo.* In Os sentidos da Democracia. Petrópolis: Vozes, 1999.

SANTOS, Boaventura de Sousa. *Reivindicar a democracia: entre o pré-contratualismo e o pós-contratrualismo.* In Os sentidos da democracia. Petrópolis,RJ: Vozes, 1999.

——. *O Estado e os modos de produção de poder social.* São Paulo: Cortez, 1995.

SANTOS, Milton. *Metamorfoses do espaço habitável.* São Paulo: HUCITEC, 1997.

SARTORI, Giovanni. *Elementi di Teoria Política.* Milano: Giuffrè, 1999.

SCHONBERGER, Roland Jordan. *Legitimate expectations in administrative law.* Oxford: Oxford Press, 2000.

SILVA, José Afonso da. *Direito Constitucional Positivo.* São Paulo: Malheiros, 1997,p.85.

SMEND, Rudolf. *Filosofia del Derecho.* Madrid: Civitas, 1990.

SOARES, Fabiana de Menezes. *Participação Popular no Estado: fundamentos da democracia participativa..* In: Direito administrativo de Participação. Belo Horizonte: Del Rey, 1997.

SCHONBERGER, Roland Jordan. *Legitimate expectations in administrative law.* Oxford: Oxford Press, 2000.

SOLA, Lourdes. *Reformas do Estado para qual democracia? O lugar da política.* In PEREIRA, Luis Carlos Bresser & WILHEIM, Jorge. Sociedade e Estado em Transformação. São Paulo: UNESP, 1999.

SOLA, Luis. *Estado, Mercado, Democracia.* São Paulo: Paz e Terra, 1996.

SOLER, Jorge. *Derecho, Filosofia e Lenguaje.* Buenos Aires: Astrea, 1985.

SOUSA, António Francisco de. *Fundamentos Históricos de Direito Administrativo.* Lisboa: Editores Associados, 1925.

SOUZA, Herbert de. *O Estado e o desenvolvimento capitalista no Brasil.* Rio de Janeiro: Paz e Terra, 1987.

SOUZA, JESSÉ (Org.). *Democracia hoje: novos desafios para a teoria contemporânea.* Brasília: UnB, 2001.

STEIN, Rosa Helena. *A descentralização político-administrativa na Assistência Social.* In Serviço Social & Sociedade. Ano XX, março de 1999. São Paulo: Cortez, 1999.

STRECK, Lenio Luiz; MORAIS, José Luis Bolzan de. *Ciência Política e Teoria Geral do Estado.* Porto Alegre: Livraria do Advogado, 2000.

TELLES, Vera da Silva *Sociedade civil e espaços públicos: os caminhos (incertos) da cidadania no Brasil atual.* Belo Horizonte: UFMG, 1999.

——. *O pobre ou o cidadão: as figuras da questão social.* Belo Horizonte: UFMG, 1999.

THOMAS, Anderson. *Democracy and Polity Development: some examples relating to environmental policies.* In Journal of Commonwealth and Comparative Politics, vol. 34, nº3, p.38-67, March. New York: Paulsen, 2003.

TOURAINE, Alain. *Comment sortir du libéralisme ?* Paris: Arthème Fayard, 1999.

TRAVESSO, Juan Antonio. *Historia de los derechos humanos y garantías*. Buenos Aires: Heliasta, 1993.

ULHÔA, Joel Pimentel de. *Rousseau e a utopia da soberania popular*. Goiânia: UFG, 1996.

UNGER, Roberto Mangabeira. *Democracy Realized*. New York: Verso. 1998.

UTZIG, José Eduardo. *Orçamento Participativo e performance governamental*. Versão modificada de uma parte de "paper" escrito no programa SPURS (Special Program for Urban and Regional Studies) no MIT (Massachusetts Institute of Technology), Cambridge, Estados Unidos, no primeiro semestre de 1999. Disponível em: www.portoalegre.org.gov.br .

VERDOODT, Antoain. *Naissance et signification de la Declaration universelle des droits de l'homme*. Paris: Louvain. 1973.

VIANNA, Ana Luiza. *Abordagens metodológicas em políticas públicas*. In Revista de Administração Pública. Vol.30. Rio de Janeiro, 1996.

VIANNA, Luiz Werneck (org.). *A democracia e os três poderes no Brasil*. Belo Horizonte: UFMG, 2002.

VIEIRA, Liszt. *Cidadania e Controle Social*. Rio de Janeiro: Editora Fundação Getúlio Vargas, 1999.

——. *Os (des)caminhos da globalização*. In: Cidadania e Globalização. Rio de Janeiro: Record, 1998.

VIGO, Rodolfo. *Los princípios generales del derecho*. Buenos Aires: Abeledo-Perrot, 1996.

WARAT, Luis Alberto. *Fobia al Estado de Derecho*, in Anais do Curso de Pós-graduação em Direito, Universidade Integrada do Alto Uruguais e Missões – URI, 1994.

——. *Senso Comum Teórico: as vozes incógnitas das verdades jurídicas*. In: *Introdução Geral ao Direito*. Porto Alegre: Fabris, 1994.

WEBER, Max. *Economía y Sociedad*. México: Fonde de Cultura Económica, 1992.

——. *Sociologia do Direito*. Vol. 1. São Paulo: Civilização Brasileira, 1998.

XESTA, Fernando y VAZQUEZ, Ernesto. *La Orden Civil de la Republica. Ciudadania y distincion en el Estado igualitario*. Madrid: Civitas, 2001.

YOUNG, Martin. *Inclusion and Democracy*. Oxford: Masters, 2002.

ZALUAR, Alba. *Exclusão e políticas públicas: dilemas teóricos e alternativas políticas*. In Revista Brasileira de Ciências Sociais, vol. 12, nº 35, outubro de 1997. São Paulo: Cortez, 1997.

ZARKA, Yves-Charles. *Hobbes et la pensée politique moderne*. Paris: PUF, 1999.

Impressão:
Editora Evangraf
Rua Waldomiro Schapke, 77 - P. Alegre, RS
Fone: (51) 3336.2466 - Fax: (51) 3336.0422
E-mail: evangraf@terra.com.br